史料をよむ

日本史 史料問題

第２版

會田康範 [編]

分析と解説

山川出版社

まえがき

　あらゆる歴史の叙述には，必ず個々の歴史的事象の妥当性を実証する根拠となるものがあります。その中でも，文字で記された史料はきわめて重要な役割を担うものといえるでしょう。そのため高等学校の日本史学習においても，史料を講読することの重要性が説かれ，史料講読を併用した実証的で系統的な通史学習の形態がとられることも少なくありません。また，定期テストや大学入試では，史料の読解力が問われる出題も数多く見受けられます。

　そこで，こうした高等学校の授業に際しての予習・復習，あるいは大学入試において日本史を受験科目とする皆さんに，その便宜を図るためこの本を編みました。皆さんが問題に接した際，史料がどのように問題化されて出題されるか，その傾向を把握し対策を講じられるようにしてあります。

　史料問題と一言でいっても千差万別ですが，ここでは近年の大学入試で実際に出題されている内容を参考にし，それに比較的類似したオーソドックスな設問を創作しました。そうして各章ごとに配列されている史料をみると，定期テストや大学入試で出題される史料は，そのほとんどが基本的な重要史料であることに気づきます。大学入試とはいっても，やはり，基本史料を読み込み，問題演習を徹底しておくことがもっとも大切であることは，ここに収録した問題を解いてみれば，なるほど，と納得してもらえると思います。

　それでも，実際の大学入試問題では，未見の史料が出題されることがあるかもしれません。しかし，そのような場合でも決して臆することはないでしょう。本書を使って問題演習を積み重ねておけば，未見史料でもその問題が何を問わんとしているのか，また，たとえ長文の引用史料で全文を正確に解釈することができなくとも，問われているポイントがどこにあるのか，推測することも可能となっているはずだからです。つまり，問題演習の積み重ねで史料問題を解くコツがわかっていれば，身につけた知識から自信をもって正解を導き出すことができるようになっているものなのです。

　本書では，各節に問題に即した分析と解説を施しました。問題を解くのみでなく，分析・解説を読むことでそれぞれの史料が伝える史実や出題意図の理解を深めるとともに，関連事項も確認でき応用力も身につくような工夫をしました。本書を手にした皆さんが，史料問題を解く要領をつかみ，それぞれの目標を達成されることを期待しています。

2015年7月

會田　康範

本書を利用するにあたって

1. 本書は，古代から現代までを8章に分けて構成しています。
2. 収録している問題はすべて創作問題で，内容を見出しとして冒頭に付し，それらを 実戦問題・演習問題・補充問題 に区分しました。
3. 実戦問題 は，近年の大学入試で実際に出題された問題に類似した創作問題で，近年の出題傾向が把握できるようにつとめました。演習問題 は，実戦問題に準じるものや論述形式の設問を含むものなど，幅広い視点から作問したものです。また，随所に配した 補充問題 は，各テーマに関連づけて問われる可能性がある設問を配置しました。
4. 引用した史料には，文意が変わらない範囲で適宜書き改めている箇所があります。また，出題に合わせて略した部分やルビ，ふりがな，句読点など編者の判断で手を加えたものもあります。
5. 各節ごとに記した 分析・解説 は，本書の要です。ここに記した内容は，教科書・参考書・用語集などの記述に準拠し，史料に即してそのポイントをおさえてわかりやすく記したものです。問題演習を行うだけでなく，ぜひ，この部分を何度も繰り返して読み，史料問題を解くコツをつかんで下さい。

目　次

第1章　古代国家の形成
- 第1節　小国の分立と邪馬台国 …………………………………… 2
- 第2節　ヤマト政権と倭の五王 …………………………………… 4
- 第3節　推古朝の政治 ……………………………………………… 7
- 第4節　仏教の伝来と興隆 ………………………………………… 9

第2章　律令国家の展開
- 第1節　大化改新 …………………………………………………… 11
- 第2節　律令国家の形成 …………………………………………… 13
- 第3節　律令体制の展開 …………………………………………… 16
- 第4節　鎮護国家の思想と天平文化 ……………………………… 19
- 第5節　律令体制の再編 …………………………………………… 22
- 第6節　摂関政治と藤原氏の繁栄 ………………………………… 25
- 第7節　律令的支配の変質と政治の混乱 ………………………… 27
- 第8節　荘園の発展 ………………………………………………… 30
- 第9節　国風文化と浄土教 ………………………………………… 32

第3章　武家政権と中世の社会
- 第1節　院政と平氏政権 …………………………………………… 35
- 第2節　鎌倉幕府の成立 …………………………………………… 37
- 第3節　執権政治の展開 …………………………………………… 40
- 第4節　御成敗式目と地頭の非法 ………………………………… 44
- 第5節　蒙古襲来 …………………………………………………… 47
- 第6節　鎌倉幕府の衰退 …………………………………………… 49
- 第7節　鎌倉時代の仏教 …………………………………………… 51
- 第8節　鎌倉・南北朝期の史論 …………………………………… 54
- 第9節　建武の新政 ………………………………………………… 56
- 第10節　南北朝の動乱と室町幕府 ………………………………… 58
- 第11節　守護大名の成長 …………………………………………… 60
- 第12節　室町幕府の対外交渉 ……………………………………… 62
- 第13節　撰銭令と都市・惣村の発達 ……………………………… 64
- 第14節　一揆と応仁の乱 …………………………………………… 66
- 第15節　幕府権威の失墜と戦国大名の分国統治 ………………… 70

第4章　幕藩体制の確立と展開
- 第1節　織豊政権 …………………………………………………… 72
- 第2節　江戸幕府の大名・公家統制 ……………………………… 77
- 第3節　江戸幕府の農政 …………………………………………… 80
- 第4節　江戸幕府の貿易統制と鎖国政策 ………………………… 83

| 第5節 | 文治政治の展開 | 86 |
| 第6節 | 近世前期の社会・学問思想・流通経済 | 89 |

第5章　幕藩体制の動揺
第1節	享保の改革の諸政策	92
第2節	田沼時代の政治と社会	94
第3節	寛政の改革	97
第4節	天保の改革	102
第5節	武士の困窮と近世後期の学問・思想	105

第6章　近代国家の成立・発展
第1節	開国要求への対処	108
第2節	条約の調印	111
第3節	江戸幕府の滅亡	114
第4節	明治政府の基本方針	116
第5節	近代化の諸政策	119
第6節	明治初期の国際問題	122
第7節	自由民権運動	125
第8節	自由民権運動の弾圧と私擬憲法	128
第9節	立憲国家の成立	131
第10節	教育勅語と初期議会	134
第11節	日清戦争	137
第12節	日露戦争	142
第13節	社会問題の発生	145
第14節	韓国併合	148
第15節	明治期の近代思想	150

第7章　大正・昭和の日本とアジア
第1節	護憲運動	153
第2節	第一次世界大戦と日本の参戦	155
第3節	社会運動の勃興	159
第4節	普通選挙法と治安維持法	161
第5節	国際協調外交	164
第6節	恐慌と強硬外交	167
第7節	満州事変とファシズムの展開	169
第8節	太平洋戦争	173

第8章　戦後の世界と日本
第1節	占領期の政治	177
第2節	冷戦の開始と講和	181
第3節	日本の経済大国化と新しい国際関係	184

第2版
史料をよむ
日本史史料問題
分析と解説

第1章 古代国家の形成
第1節 小国の分立と邪馬台国

1 中国史書にみる古代の倭国

実戦問題 次の史料Ⅰ・Ⅱ・Ⅲを読み，あとの問いに答えよ。

> Ⅰ 建武中元二年，倭の奴国，貢を奉じて朝賀す。使人自ら大夫と称す。倭国の極南界なり。a光武，賜ふに印綬を以てす。　①　の永初元年，倭の国王帥（師）升等，生口百六十人を献じ，請見を願ふ。桓霊の間，b倭国大いに乱れ，更相攻伐して歴年主なし。
> Ⅱ 夫れ　②　海中に倭人有り。分れて百余国と為る。歳時を以て来り献見すと云ふ。
> Ⅲ 景初二年六月，c倭の女王，　③　難升米等を遣し郡に詣り，d天子に詣りて朝献せんことを求む。太守劉夏，吏を遣し，将て送りてe京都に詣らしむ。
> （注）景初二年は景初三年の誤り。

問1　史料Ⅰ・Ⅱ・Ⅲについて，それぞれの出典名を記せ。
問2　各史料を記されている内容に即して年代順に並べたとき，2番目になるものはどれか，記号で答えよ。
問3　下線部aについて，この印綬に刻印されている文字を答えよ。
問4　空欄①に適する語を次の中から選び，記号で答えよ。
　　ア．明帝　　イ．安帝　　ウ．武帝　　エ．文帝
問5　下線部bについて，この時代に戦闘があったことを示す考古学上の遺構にはどのようなものがあるか。2つ答えよ。
問6　空欄②に適する語を次の中から選び，記号で答えよ。
　　ア．楽浪　　イ．山東　　ウ．臨屯　　エ．慶尚
問7　下線部cについて，この女王の名を答えよ。また，この女王に対して贈られた称号を答えよ。
問8　空欄③に適する語を次の中から選び，記号で答えよ。
　　ア．勅使　　イ．僧　　ウ．大臣　　エ．大夫
問9　下線部dの「天子」とは誰を指すか。次の中から選び，記号で答えよ。
　　ア．光武帝　　イ．明帝　　ウ．霊帝　　エ．桓帝
問10　下線部eはどこのことか。次の中から選び，記号で答えよ。
　　ア．建康　　イ．長安　　ウ．洛陽　　エ．西安

補充問題
問1　史料Ⅰにみられる「生口」とは何か。漢字2文字で答えよ。
問2　史料Ⅲの「郡」の名称を答えよ。
問3　下線部cの女王が亡くなったあと，その後継者となった一族の女性は誰か。

分析・解説

史料はいずれも中国歴代の正史で，紀元前後の日本の古代史を考察する上での基本史料である。史料Ⅰは5世紀の宋の范曄と晋の司馬彪の撰，史料Ⅱが1世紀の班固の撰，史料

Ⅲは晋の陳寿の撰で，弥生中・後期の倭国の様子を知る貴重な文献史料として出題率もきわめて高い。設問に内容に即して年代順を問うものがあるが，中国の年号が示されているので，建武中元2年は57年，景初3年は239年であることを確実におさえておこう。

また，史料Ⅱの『漢書』地理志では，空欄②の「楽浪」の記載に注目しなければならない。これは前漢の武帝が前108年に朝鮮半島を支配するために設置した4郡の1つである楽浪郡のこと(その他は真番郡・臨屯郡・玄菟郡)である。楽浪郡は現在のピョンヤン(平壌)付近を中心とした地域と推定され，中国風の高い文化をもち，4郡の中でも中心的な位置にあった。ここから史料Ⅱが倭国についてもっとも古い内容であるとみてよい。この文献にみえる「歳時を以て来り献見すと云ふ」の部分からは，当時すでに倭の小国が「歳時を以て」，すなわち定期的に，楽浪郡に遣使し朝貢していたことがわかり，そこから都の長安へ伝達されたと推測される。朝貢の目的は中国との交渉によって先進技術や政治的権威を獲得し，それによって小国の内部統合を強化することなどであった。

史料Ⅰの『後漢書』東夷伝は，57年に倭の奴国の王の使者が後漢の都(洛陽)におもむき，光武帝から「漢委奴国王」と刻印された金印紫綬を賜与されたと伝えている。奴国は現在の福岡県博多付近にあったとみなされる小国で，金印はこの地の志賀島で江戸時代の1784(天明4)年に発見されたと伝わっている。「桓霊の間，倭国大いに乱れ」とあり，倭国内での大乱があったとされるが，この時期を断定するには「桓霊の間」が後漢の桓帝(在位147～167年)と霊帝(在位168～189年)の時代であるという知見が必要である。ここから2世紀後半の倭国の大乱が，小国の王権強化と地域的統合の進展過程で起こった混乱と理解しよう。

史料Ⅲは，三国時代の歴史書『三国志』の1つ，『魏書』の東夷伝倭人の条で「魏志」倭人伝として通称されている。この文献からは邪馬台国の位置(九州説と近畿説)，社会・習俗(大人・下戸の身分，租税，刑罰，交易，地方官吏など)，政治(シャーマニズム，神権政治)，外交(魏との交渉の背景)など，その様子を詳細に知ることができる部分も多い。

九州説と近畿説については，論述問題として出題されることも多いが，その違いをよく理解しておくことが肝要である。近畿説をとれば，3世紀前半には近畿中央部から九州北部まで比較的広域な範囲を支配する政治連合が成立していたことになり，のちに成立するヤマト政権につながるものと考えられる。一方，九州説ならば，ヤマト政権とは別の勢力であった可能性や東遷してヤマト政権を形成したことが考えられる。

さて史料Ⅲによれば，2世紀後半の倭国大乱後，諸国が共同して邪馬台国の女王卑弥呼を擁立し，これを中心とした30国ほどの邪馬台国連合が誕生した。しかし当時，邪馬台国の南に位置した狗奴国はこれに服属せず，卑弥呼は239年，大夫難升米らを派遣し，帯方郡の太守を介して魏の都洛陽に朝貢し，これにより明帝から「親魏倭王」の称号を得るとともに，多数の銅鏡などを贈られた。このことは，魏とのいわゆる朝貢・冊封の関係に入ったことと同様の意味をもつ。こうした魏との対外交渉は，国内の対立勢力への対策とともに，朝鮮半島の高句麗やそれと結ぶ中国の呉との対抗関係のためと考えられ，邪馬台国は3世紀の東アジア世界の中で一定の役割を演じる存在であったことも推測できよう。

卑弥呼が亡くなると，大きな墓が造られ，男女の奴隷100人ほどがともに葬られている。この墓は，邪馬台国の所在地について近畿説をとる論者には奈良県桜井市にある纒向遺跡の中の箸墓古墳とみる見解がある。卑弥呼の死後擁立されたのは男王であったが，国内は再び乱れ，卑弥呼の宗女である壱与(台与)が王となってようやくおさまったという。

第1節　小国の分立と邪馬台国　3

第2節 ヤマト政権と倭の五王

1 倭の五王

実戦問題 次の史料Ⅰ・Ⅱ・Ⅲを読み，あとの問いに答えよ。

Ⅰ 百残・①は旧是れ属民なり。由来朝貢す。而るに倭，a辛卯の年よりこのかた，海を渡りて百残を破り新羅を□□し，以て臣民と為す。

Ⅱ b興死して弟②立つ。……順帝のc昇明二年，使を遣して上表して曰く，「封国は偏遠にして，藩を外に作す。昔より祖禰躬ら甲冑を擐き，山川を跋渉して寧処に遑あらず。東は③を征すること五十五国，西は衆夷を服すること六十六国，渡りて海北を平ぐること九十五国。……」と。

Ⅲ 其の児名は加差披余，其の児名はd乎獲居臣，世々杖刀人の首と為り，奉事し来り今に至る。e獲加多支鹵大王の寺，斯鬼宮に在る時，吾，④を左治し，此の百練の利刀を作らしめ，吾が奉事せる根原を記す也。

問1 空欄①～③に適する語を入れよ。
問2 下線部aは西暦何年と推定されているか。
問3 下線部bは『日本書紀』によれば，何天皇に該当すると考えられるか。
問4 下線部cは西暦何年に推定されているか。
問5 下線部dの「乎獲居臣」の「臣」のような称号は，地方豪族を大王の支配体制下に組み入れるためのヤマト政権の政治制度に由来すると考えられる。この制度とは何か。
問6 下線部eは史料Ⅱにみられる空欄②のことと考えられているが，それは『日本書紀』では何天皇に該当すると考えられるか。
問7 史料Ⅰ・Ⅱ・Ⅲについて，それぞれの典拠を次の中から選び，記号で答えよ。
　　ア．『漢書』地理志　　　イ．『後漢書』東夷伝
　　ウ．『宋書』倭国伝　　　エ．高句麗好太王碑文
　　オ．『日本書紀』　　　　カ．稲荷山古墳出土鉄剣銘
　　キ．隅田八幡宮人物画像鏡　ク．『上宮聖徳法王帝説』
　　ケ．『古事記』
問8 空欄④に適する語を次の中から選び，記号で答えよ。
　　ア．朝鮮　イ．倭国　ウ．天下　エ．大王
問9 史料Ⅱは5世紀のヤマト政権の大王が宋などの中国の南朝に朝貢した内容を記した史料だが，ここに出てくるヤマト政権の大王を総称して何というか。
問10 史料Ⅲにもっとも類似する内容を記した鉄刀が出土した遺跡はどれか。次の中から選び，記号で答えよ。
　　ア．江田船山古墳　イ．箸墓古墳　ウ．荒神谷遺跡　エ．唐古・鍵遺跡

補充問題
問1 史料Ⅱにみられる「祖禰」とは何か。
問2 史料Ⅲの「杖刀人の首」とはどのように解釈されているか。

2 ヤマト政権の地方支配

実戦問題 6世紀前半の地方の反乱に関する次の史料を読み，あとの問いに答えよ。

a 継体天皇二十一年夏六月壬辰の朔甲午，近江毛野臣，衆六万を率て，①　に往きて　②　に破られし南加羅・喙己呑を為復し興建てて，①　に合せむとす。是に，b 筑紫国造　③　陰に叛逆くことを謀りて，猶預して年を経。……　②　，是を知りて，密に貨賂を　③　が所に行りて，勧むらく，毛野臣の軍を防遏へよと。是に，　③　，火・豊，二つの国に掩ひ拠りて，使修職らず。……
二十二年冬十一月甲寅の朔甲子，大将軍　④　c 大連麁鹿火，親ら賊の師　③　と，筑紫の御井郡に交戦ふ。……遂に　③　を斬りて，果して疆場を定む。十二月に，筑紫君葛子，父のつみに坐りて誅せられむことを恐りて，糟屋　⑤　を献りて，死罪贖はむことを求む。
（『日本書紀』）

問1　空欄①・②に適する地名を入れよ。
問2　空欄③には当時の九州北部を支配していた地方豪族名が入る。それは何か。
問3　また，その人物が葬られたとされる古墳はどれか。次の中から選び，記号で答えよ。
　　ア．稲荷山古墳　　イ．江田船山古墳　　ウ．藤ノ木古墳　　エ．岩戸山古墳
問4　空欄④には，この反乱を鎮定するために派遣された豪族名が入る。それは何か。
問5　空欄⑤には，反乱鎮圧後に九州北部に設置されたヤマト政権の直轄地を示す語が入る。それは何か。
問6　この史料の事件が起こった6世紀前半には，継体天皇を擁して中央で権勢をほこった豪族が加耶4県割譲問題で失脚している。その豪族とは誰か。
問7　下線部aの天皇の時代に，五経博士によって日本に伝えられたものは何か。
問8　下線部bは主に現在の何県の古称か。
問9　下線部cについて，この時期にヤマト政権に参画した最有力豪族の姓（地位）を2つ答えよ。

分析・解説

1 は4世紀末から6世紀にかけてのヤマト政権の対外関係，2 は国内支配に関する問題である。4世紀末の朝鮮半島は，高句麗・新羅・百済（史料中の百残は百済のこと）の3国が立ち並び，南部の加耶諸国は未統一であった。そこで倭国は加耶を足がかりにし，朝鮮半島の先進的な技術と鉄資源を求めて出兵し，高句麗と交戦した。このことが 1 の史料Ⅰに記されている。その後，1 の史料Ⅱでは，5世紀に倭の五王が次々に中国の南朝に朝貢したことがわかる。倭の五王に関しては，『宋書』倭国伝によるところが多いが，圧倒的に出題頻度の高いのは，この「武の上表文」の部分である。だが，それを含め5人の名も確認し，それぞれ「記紀」によって比定されている天皇名もおさえておこう。当時，倭の五王たちは，高句麗の南下に抵抗して朝鮮半島の南部を確保するため南朝の宋に朝貢し，その支配の正当性を示すため爵号を求めたのである。史料Ⅱの空欄②は武が入るが，これはワカタケル大王のことであり，「記紀」にいう雄略天皇に比定されるが，ここに大王が天下を支配するという「天下」思想がみられることにも注目したい。国内では地方豪族が大王に服属し，その見返りとして鉄の分与が行われた可能性がある。地方豪族の古墳の副葬品

第2節　ヤマト政権と倭の五王　5

には鉄製の武具などがみられるのも，このことを物語っているといえよう。

　しかし，6世紀に入ると，ヤマト政権の国内支配は揺らいだ。512年，**大伴金村**は加耶西部の4県を百済に割譲し，527年には**2**の史料にみられるように筑紫国造**磐井**の乱により朝鮮半島進出が阻まれ，562年には加耶諸国の地盤を喪失することになる。磐井の乱は中央豪族である**大連**の**物部麁鹿火**によって平定され，平定された九州北部にはヤマト政権の直轄地として**屯倉**が設定された。**屯倉制**は6世紀のヤマト政権の国制（地域支配・民衆統治）を考える上で，**部民制**とともに重要な要素である。そして，6世紀後半には仏教受容問題ともあいまって物部氏・蘇我氏の政権内部での権力争いが起こり，蘇我氏が勝利をおさめた。

第3節 推古朝の政治

1 憲法十七条

演習問題 次の史料を読み，あとの問いに答えよ。

> 一に曰く，　①　を以て貴しと為し，忤ふること無きを宗と為よ。
> 二に曰く，篤く三宝を敬へ。……三宝とは　②　・　③　・　④　なり。
> 三に曰く，a詔を承りては必ず謹め。君をば則ち天とす。臣をば則ち地とす。
> 十二に曰く，b国司・c国造，百姓に斂ること勿れ。国に二の君非し。民に両の主無し。率土の兆民，王を以て主と為す。所任官司は，皆是れ王の臣なり。何ぞ敢て公とともに百姓に賦め斂らむ。
> 十七に曰く，d夫れ事は独り断むべからず。必ず衆と論ふべし。
> 　　　　　　　　　　　　　　　　　　　　　　　　　　　　（『日本書紀』）

問1　この史料は何とよばれるものか。その名称を答えよ。
問2　この史料が制定されたとされるのは何年か。次の中から選び，記号で答えよ。
　　　ア．552年　　イ．593年　　ウ．604年　　エ．645年
問3　この史料が制定された時の天皇は誰か。
問4　また，この天皇の摂政になったといわれる人物は誰か。
問5　空欄①～④に適する語を入れよ。
問6　下線部aの意味を簡潔に答えよ。
問7　下線部bの「国司」は律令制下に設けられた地方官であるが，国司が政務を執り行う政庁を何というか。
問8　下線部cはヤマト政権の地方官として，その多くは地方豪族が任命されたが，のちに律令制下では何とよばれる地方官になるか。
問9　下線部dの意味を簡潔に答えよ。

2 遣隋使の派遣

演習問題 次の史料を読み，あとの問いに答えよ。

> a開皇二十年，倭王あり，姓は阿毎，字は多利思比孤，阿輩雞彌と号す。使を遣して闕に詣る。……
> b大業三年，其の王多利思比孤，c使を遣して朝貢す。使者曰く「聞くならく，海西の菩薩天子，重ねて仏法を興すと。故，遣して朝拝せしめ，兼ねて沙門数十人，来りて仏法を学ぶ」と。其の国書に曰く「日出づる処の天子，書を日没する処の天子に致す。恙無きや」云々と。d帝，之を覧て悦ばず，　　　に謂ひて曰く「e蛮夷の書，無礼なる有らば，復た以て聞する勿れ」と。明年，上，f文林郎g裴清を遣して倭国に使せしむ。

問1　下線部aは西暦600年のことであるが，当時の隋の皇帝は誰か。
問2　下線部bは西暦何年のことか。
問3　下線部cは誰のことか。
問4　下線部dは誰のことか。

第3節　推古朝の政治　7

問5　空欄に適する語を次の中から選び，記号で答えよ。
　　ア．国司　　イ．大王　　ウ．沙門　　エ．鴻臚卿
問6　下線部eは，倭国からの国書に中国の皇帝が怒っていることを示している。しかし，それにもかかわらず中国の皇帝が倭国に答礼使を派遣したのはなぜか，当時の国際情勢に着目して40字以内で説明せよ。
問7　下線部fは隋の官僚のことであるが，この官僚についての説明として適するものを次の中から選び，記号で答えよ。
　　ア．外交事務をつかさどる官僚のこと
　　イ．文史を撰録する官僚のこと
　　ウ．武官を指揮した文官のこと
　　エ．隋における地方官僚のこと
問8　下線部gについて，この人物の正式名を答えよ。
問9　問8の人物の帰国の際に留学生として中国に渡り，帰国後，大化改新では僧旻とともに国博士として活躍した人物は誰か。
問10　この史料の出典は何か。

> **分析・解説**
>
> 　**1**・**2**ともに，きわめてオーソドックスな出題である。**憲法十七条**では，これに関連して当時の官僚制として制定された**冠位十二階**が出題されることもある。また，**遣隋使**の派遣では，『日本書紀』から史料問題が作問される場合もあるが，設問は**2**と同様なことが多い。『**隋書**』**倭国伝**にみられる「日出づる処の天子，書を日没する処の天子に致す。恙無きや，云々」の部分は，日本書紀では「東の天皇，敬みて西の皇帝に白す」とあり，倭国が対中国外交を対等に展開しようとしたとする説の根拠とされている。しかし，倭国から派遣された**小野妹子**に対して，答礼使として倭国に派遣された**裴世清**の地位はそれほど高くなく，中国王朝は倭国を対等な国とは考えていなかったと思われる。
>
> 　また，裴世清の帰国に学問僧として同行して隋・唐に留学した人物の中には**南淵請安**がいたことも忘れてはならない。生没年は不詳で，大化改新前に没したらしいが，請安によって伝えられた新知識は**大化改新**で大きな影響を与えたといわれている。

8　第1章　古代国家の形成

第4節 仏教の伝来と興隆

1 壬申年説

実戦問題 古代仏教の展開に関する次の史料を読み，あとの問いに答えよ。

百済の①王，……釈迦仏の金銅像一軀，幡蓋若干，経論若干巻を献る。……(a天皇)乃ち群臣に歴問して曰く，「西蕃の献れる仏の相貌端厳し。全ら未だ曾て有ず。礼ふべきや不や」と。蘇我b大臣②宿禰奏して曰さく，「西蕃の諸国，一に皆礼ふ。豊秋日本，豈独り背かむや」と。物部大連③，c中臣連鎌子，同じく奏して曰さく，「我が国家の，天下に王とましますは，d恒に天地社稷の百八十神を以て，春夏秋冬，祭拝りたまふことを事とす。方に今改めてe蕃神を拝みたまはば，恐らくは国神の怒を致したまはむ」と。天皇曰く，「情願ふ人②宿禰に付けて，試に礼ひ拝ましむべし」と。

問1　空欄①～③に適する語を入れよ。
問2　下線部aの天皇とは誰か。
問3　下線部bについて，ヤマト政権の中で蘇我氏と同じ「大臣」の立場に任じられた氏族として正しいものを次の中から選び，記号で答えよ。
　　ア．大伴氏　　イ．平群氏　　ウ．磐井氏　　エ．村主氏
問4　下線部cについて，中臣氏の朝廷での職掌について記したものとして正しいものを次の中から選び，記号で答えよ。
　　ア．祭祀を専門につかさどった。　　イ．財政を専門につかさどった。
　　ウ．外交を専門につかさどった。　　エ．文筆を専門につかさどった。
問5　下線部dに関連し，古来より玄界灘の孤島において日本列島と中国・朝鮮間の航行の安全を祈念する祭祀が行われていた。祭祀遺跡があるその島の名称を答えよ。
問6　また，その島には，福岡県の神社の沖津宮があり，現在も海神がまつられているが，その神社名を答えよ。
問7　下線部eは具体的に何を指すか。
問8　この史料の出典は何か。
問9　この史料は，西暦何年の記事か。
問10　この史料とは別に，仏教伝来についての史料として知られているものを2つ答えよ。

2 戊午年説

演習問題 次の史料を読み，あとの問いに答えよ。

a志癸嶋天皇の御世に，b戊午の年の十月十二日に，□国の主明王，始めて仏の像経教並びに僧等を度し奉る。勅して蘇我稲目宿禰大臣に授けて興し隆えしむ。

問1　下線部aと同一人物の天皇名を次の中から選び，記号で答えよ。
　　ア．継体天皇　　イ．欽明天皇　　ウ．用明天皇　　エ．推古天皇
問2　下線部bは西暦何年のことか。

問3 空欄に適切な語を入れよ。
問4 この史料以前にわが国で仏像を礼拝した例として知られる人物は誰か。
問5 仏教受容論争で蘇我氏が仏教の受容を支持した背景を，その職掌に関連させて80字前後で説明せよ。

補充問題

次の史料を読み，あとの問いに答えよ。

> ① 天皇即位十六年壬寅，大唐の漢人 a 案部村主司馬達止，此の年の春二月に入朝す。即ち草堂を ② 国高市郡坂田原に結び，本尊を安置し，帰依礼拝す。世を挙げて皆云ふ，「是れ大唐の神なり」と。

問1 空欄①・②に適する語を入れよ。
問2 下線部 a の人物の孫といわれる，飛鳥文化を代表する仏師は誰か。
問3 また，この人物がつくったとされる北魏様式の代表的仏像を1つあげよ。
問4 この史料は仏教が公伝以前に信仰されていたことを示す史料であるが，その出典は何か。

分析・解説

仏教公伝には，『日本書紀』にいう壬申年(552年)説と『上宮聖徳法王帝説』や『元興寺縁起』を根拠とする戊午年(538年)説の2説がある。538年説の方が古い所伝で有力とみられ，この時期，百済は高句麗の南下や新羅の圧迫により，日本の救援を求めて仏像や経典を贈ってきたものと考えられる。6世紀前半は，仏教のほか，五経博士により儒教，観勒により暦法が伝えられるなど，百済との政治的関係により日本列島に多くの大陸文化が伝えられた時期であった。

古代における仏教は信仰のみでなく，工芸や文芸などを含めた多彩な内容を有した総合学術的な側面が強かった。蘇我氏はこれらの技術・素養をもって渡来した渡来系氏族を配下とし，また斎蔵・内蔵・大蔵の三蔵の管理などヤマト政権の財政権を握っていた蘇我氏と渡来人とは，職掌の上でのつながりも強かったことが，蘇我氏が崇仏の立場を主張した背景にある。これに対し，排仏派の中心であった物部氏は，仏教という外来の蕃神を信仰すれば国神の怒りを招くとして仏教崇拝を否定した。両氏の対立はヤマト政権内部の主導権争いでもあったが，587年に蘇我馬子が物部守屋を滅ぼした結果，仏教受容が大きな流れとなり，飛鳥文化の展開をみることになる。豪族の中では氏寺の造営も盛んになり，蘇我馬子は596年に初めて本格的な伽藍をもつ飛鳥寺(法興寺)を建立した。

なお，1 の問5については，福岡県沖ノ島の岩座から4世紀後半～8・9世紀の祭祀遺物が大量出土している。沖ノ島は当時の日本列島と朝鮮半島の海上交通の安全を祈った国家的な祭祀遺跡で，その資料の豊富さと貴重さから「海の正倉院」とも称されている。

また，仏教の伝来は上記の公的なルートのみでなく，渡来人によって私的に持ち込まれ，国内に根づいたことにも注目しよう。補充問題にあげた『扶桑略記』の史料がそれである。

第1章 古代国家の形成

第2章 律令国家の展開
第1節 大化改新

1 改新前の世相

実戦問題 次の史料を読み，あとの問いに答えよ。

（a大化元年九月）甲申，使者を諸国に遣はして，民の元数を録す。仍りて詔して曰く，「古より以降，天皇の時毎に，b代の民を置き標して，名を後に垂る。其れ臣連等・□□□・国造，各c己が民を置きて，情の恣に駈使ふ。又，国県の山海・林野・池田を割りて，己が財として，争ひ戦ふこと已まず。或は数万頃の田を兼ね幷す。或は全ら容819少地も無し。調賦を進る時に，其の臣連・□□□等，先づ自ら收め歛りて，然して後に分ち進る。
（『日本書紀』）

問1　下線部aは西暦何年のことか。
問2　この年のクーデターで中大兄皇子らにより暗殺されたのは誰か。
問3　このクーデターが起こった時の天皇は誰か。またその天皇の譲位をうけて即位した天皇は誰か。
問4　下線部bは，何のことか。
問5　下線部cは，何のことか。
問6　2つの空欄には同じ語句があてはまる。空欄に適する，ヤマト政権において世襲的な職業で朝廷に奉仕する集団を統率した役職は何か。

2 改新の詔

演習問題 次の史料は，7世紀半ばに成立した政権が発布した政治の基本方針である。これを読み，あとの問いに答えよ。

　　①二年春正月甲子の朔，賀正の礼畢りて，即ち改新之詔を宣ひて曰く，
　其の一に曰く，昔在の天皇等の立てたまへる②の民，処々の屯倉，及び別には臣・連・伴造・国造・村首の所有る③の民，処々の④を罷めよ。仍って⑤を大夫より以上に賜ふこと各差有らむ。降りては布帛を以て官人・百姓に賜ふこと，差有らむ。又曰く，大夫は民を治めしむる所なり。能く其の治を尽さば，則ち民これに頼る。故に其の禄を重くするは民のためにする所以なりと。
　其の二に曰く，初めて京師を修め，a畿内・国司・郡司・関塞・斥候・b防人・駅馬・伝馬を置き，c鈴契を造り，山河を定めよ。
　其の三に曰く，初めて戸籍・d計帳・e班田収授の法を造れ。凡そ五十戸を里と為し，里毎に長一人を置け。
　其の四に曰く，旧の賦役を罷めて，田の⑥を行へ。……別に戸別の⑥を収れ。……凡そ⑥の副物の塩と贄とは，赤郷土の出せるに随へ。

問1　空欄①～⑥に適する語を入れよ。
問2　この史料は一般に何とよばれているか。
問3　この方針を発布した天皇は誰か。

問4　下線部aについて，律令制下で畿内に含まれる5カ国として，正しい組み合わせを次の中から選び，記号で答えよ。
　　ア．大和・山城・播磨・河内・和泉
　　イ．大和・山城・摂津・河内・和泉
　　ウ．大和・山城・近江・摂津・河内
　　エ．山城・近江・摂津・河内・和泉
問5　下線部bの説明として誤っているものを次の中から1つ選び，記号で答えよ。
　　ア．律令制下では大宰府に属する防人司によって支配された。
　　イ．律令制下では主に西国の兵士から選任された。
　　ウ．律令制下では任務は3年交代とされた。
　　エ．律令制下では国防上重要な九州防衛のために設置された。
問6　下線部cの説明として正しいものを次の中から選び，記号で答えよ。
　　ア．駅馬・伝馬を利用する際の証明とした。
　　イ．国郡の境界として設置された。
　　ウ．道路上の里程を示すために設置された。
　　エ．官吏の通行を阻止する道具として設置された。
問7　下線部dの「計帳」について，簡単に説明せよ。
問8　下線部eの制度について，簡単に説明せよ。
問9　この史料中のある用語は，当時には使用されていなかったと考えられることからこの政治方針の信憑性について論争となった。この論争の経緯と結果を説明せよ。

（補充問題）
問　史料中の「降りては布帛を以て官人・百姓に賜ふこと，差有らむ。」とはどのように解釈できるか，簡単に述べよ。

分析・解説

1の史料は改新前の諸豪族による土地や人民の私的支配の状況を示している。クーデター（乙巳の変）以前は，政府の実権は**蘇我馬子**の子である**蝦夷**とその子**入鹿**に掌握され，蘇我入鹿は聖徳太子の子で有力な皇位継承者の**山背大兄王**を643年に自害に追い込んでいる。

2の史料は，646（大化2）年正月に**皇極天皇**から譲位された**孝徳天皇**が**難波**（**長柄豊碕宮**）で発布し，大化改新の政治方針を示したものとされる。内容は①公地公民，②行政機構，③班田収授制，④統一税制の4カ条からなる。第1条の**子代の民**は天皇・皇族の部民でその生活の資を貢納した。「**屯倉**」は朝廷の直轄地。**田荘**は豪族の私有地で，その隷属民が**部曲**（かきべ）の民である。こうした王臣家や豪族に隷属した労働集団を**部民**という。これを大化改新では**公地公民制**に改め，その代償として豪族には**食封**が与えられた。第2条の「**関塞**（せきそこ）」は関所・防塁のこと。「**駅馬**」は駅ごとに置かれた緊急用の馬。「**伝馬**」は各郡に置かれた官人用の馬で，これらを使用する際に「**鈴**（すず）・**契**（しるし）」という許可証を要した。第3条の「戸籍」は，最古のものが**庚午年籍**（670年）である。

12　第2章　律令国家の展開

第2節 律令国家の形成

1 律令制度

実戦問題 次の史料Ⅰ・Ⅱ・Ⅲ・Ⅳを読み，あとの問いに答えよ。

Ⅰ 凡そ戸は，五十戸を以て ① と為せよ。 ① 毎に長一人置け。……
　凡そ計帳造らむことは，年毎に六月の卅日の以前に，京国の官司，所部の手実責へ。具に家口・年紀を注せよ。……
　凡そ ② は，六年に一たび造れ。……二通は太政官に申し送れ。一通は国に留めよ。……
　凡そ ② は，a恒に五比留めよ。其れ遠き年のは，次に依りて除け。近江の大津の宮の ③ の年の籍は除くことせず。
（『令義解』戸令）

Ⅱ 凡そ口分田給はむことは，男に ④ 。女は三分が一減せよ。五年以下には給はず。其れ地，寛に，狭きこと有らば，郷土の法に従へよ。……
　凡そ田は，六年に一たび班へ。……
（『令義解』田令）

Ⅲ 凡そ調の絹・絁・糸・綿・布は，並びに郷土の所出に随へよ。正丁一人に，絹・絁八尺五寸，……
　凡そ正丁の ⑤ は十日。若し庸収るべくは，布 ⑥ 。……
　凡そ令条の外の ⑦ は，人毎に均しく使へ。惣べて六十日に過すこと得じ。
（『令義解』賦役令）

Ⅳ 凡そ兵士の京に向ふをば， ⑧ と名づく。……辺守るをば，b防人と名づく。
（『令義解』軍防令）

問1　空欄①〜⑧に適する語を入れよ。
問2　下線部aの意味を記せ。
問3　下線部bは九州防衛のために置かれた兵士であるが，その任期を答えよ。

2 戸籍

実戦問題 次の史料は養老5（721）年の下総国葛飾郡大嶋郷戸籍の一部である。これを読み，あとの問いに答えよ。

a戸主孔王部佐留，年47歳，	残疾	b課戸
母孔王部乎曳売，年73歳，	耆女	
妻孔王部若大根売，年37歳，	丁妻	
男孔王部古麻呂，年15歳，	小子	嫡子
男孔王部麻麻呂，年12歳，	小子	嫡弟
男孔王部勝，年9歳，	小子	
男孔王部小勝，年7歳，	小子	
女孔王部与佐売，年22歳，	丁女	
女孔王部真黒売，年12歳，	小女	

女孔王部小黒売,	年7歳,	小女	
弟孔王部徳太理,	年31歳,	c正丁	兵士
男孔王部古麻呂,	年7歳,	小子	
弟孔王部小足,	年27歳,	正丁	
妹孔王部小宮売,	年44歳,	丁女	
娣孔王部与伎売,	年16歳,	小女	

(『正倉院文書』)

問1 下線部aについて，この戸主は里の下に行政組織の末端として編成された郷戸主であるが，これに対し実際の生活単位としての戸を何というか。
問2 下線部bの課戸とは何か，簡潔に説明せよ。
問3 下線部cについて，その内容を簡単に記せ。
問4 戸籍は，律令の規定では何年ごとに作成することになっていたか。
問5 この戸籍の所在地である下総国とは現在の何県に属するか。

3 農民の生活

実戦問題 次の史料を読み，あとの問いに答えよ。

伏廬の 曲廬の内に 直土に 藁解き敷きて 父母は 枕の方に 妻子どもは 足の方に 囲み居て 憂へ吟ひ 竈には 火気ふき立てず 甑には 蜘蛛の巣懸きて 飯炊く 事も忘れて 鵼鳥の 呻吟ひ居るに いとのきて 短き物を 端截ると 云へるが如く 楚取る a五十戸良が声は 寝屋戸まで 来立ち呼ばひぬ 斯くばかり 術無きものか 世間の道 b世間を憂しとやさしと思へども 飛び立ちかねつ鳥にしあらねば

問1 この長歌は山上憶良が詠んだものだが，何という歌か。
問2 この長歌のほか，長歌・短歌・旋頭歌など約4500首が収録されている古代の代表的な歌集は何か。
問3 山上憶良は筑前守在任中に，問2の歌集の編者の一人とされる人物の父で大宰帥にあった人物と親交を深めた。それは誰か。
問4 下線部aは，農民の租税取り立てなどを職務としたが，その正式な職名を記せ。
問5 下線部bは，過酷な農民生活の窮状を嘆いている部分であるが，困窮した農民の中には本籍地を離れ他国に流浪する者もあらわれた。このうち流浪先で調や庸を納めた者は何とよばれたか。

分析・解説

1の律令制度は，833（天長10）年に清原夏野らによって編集された「養老令」の公式注釈書である『令義解』からの引用である。日本の律令はその多くが散逸しているが，令については，その注釈書によって概要を把握することができる。

内容は，史料Ⅰが戸籍や家族制度，身分などについて規定した「戸令」，史料Ⅱが班田制などの土地制度を規定した「田令」，史料Ⅲが調・庸などの税制を規定した「賦役令」，史料Ⅳが軍事に関する規定である「軍防令」である。

問1の空欄補充と問3に関しては，きわめてオーソドックスなもので，教科書中心の勉

強をしていれば，間違えることはないだろう。一方，この中で難問なのは問2で，「五比」の意味がわからないと正解することはできない。6年を一比と数えるので，これに従えば，戸籍の保存期間は30年ということになる。史料Ⅰでは，その続きに庚午年籍のことが示されているが，これは永久保存とされたことも忘れずに確認しておきたい。

　そして，2では，戸籍の実例として有名な下総国葛飾郡大嶋郷の戸籍を取り上げた。現存する8世紀の戸籍はその多くが東大寺の『正倉院文書』の中に伝存しているが，ここにあげた史料からは，具体的に戸籍に記載されている内容や郷戸と房戸との関係などを知ることができるため，多くの史料集で掲載されている。

　2で出題した問いもほとんどが基本的な事項を問うものなので，難しいものはほとんどないだろう。問2の課戸は，調・庸・雑徭などを負担する成人男性(課口)を含む戸を指すものである。

　この他，戸籍に関する出題例としては，実際に戸籍からどれだけの税を負担することになるのか，あるいは班給される口分田の数値を計算させる問題も充分に考えられる。これについては，班田制や税制の仕組みをしっかり理解していなければ，正確な数値を得ることは難しい。要領よく計算できるよう，何度か練習しておく必要があるだろう。

　また3の農民生活の具体的な様相を伝えた山上憶良の貧窮問答歌は，必ずしも実態そのものではないものの，作品の裏付けとなるような現実は存在していたと考えられるだろう。問5の浮浪もその一例であり，さらには行き先不明となり調・庸も納めない状態の逃亡や，戸籍の性別や年齢を偽って税の負担を軽くしようとする偽籍が行われたことなどが想起されよう。

第3節 律令体制の展開

1 銭貨の流通促進政策

実戦問題 次の史料を読み，あとの問いに答えよ。

> （和銅四年冬十月甲子）詔して曰く，「それ銭の用なるは，財を通して有無を貿易する所以なり。当今，百姓なお習俗に迷ひて未だその理を解せず。僅に売買すと雖も，猶ほ銭を蓄ふる者なし。その多少に随ひて節級して位を授けよ。」
>
> （『続日本紀』）

問1　この詔は何という法令であるか。
問2　この詔が発せられた「和銅四年」は西暦何年か。
問3　この詔が発せられた3年前に鋳造された貨幣は何か。
問4　問3以前の貨幣で，飛鳥池遺跡で発見された国内最古とされる鋳造銅銭は何か。
問5　8～10世紀に律令国家が鋳造した12種類の貨幣を総称して何というか。
問6　また，その最後となった貨幣は何か。

2 鑑真の来朝と遣唐使の停廃

実戦問題 次の史料Ⅰ・Ⅱを読み，あとの問いに答えよ。

Ⅰ 　日本国天平五年歳次癸酉，沙門栄叡・普照等，聘唐大使丹墀真人広成に随ひて唐国に至り，留まりて学問す。是の歳，唐の開元廿一年なり。……（天宝元載冬十月）時にa大和上揚州大明寺に在り，衆僧のために律を講ず。栄叡・普照師大明寺に至り，大和上の足下に頂礼して具に本意を述べて曰く，「仏法東流して日本国に至る。其の法有りと雖も，法を伝ふるの人無し。本国に昔聖徳太子有りて曰く，二百年後に聖教日本に興らむと。今此の運に鍾る。願はくは和上東遊して化を興せ」と。大和上答へて曰く，「昔聞く，南岳の恵思禅師，遷化の後，生を倭国の王子に託して仏法を興隆し，衆生を済度すと。……和上曰く，「是法事のためなり。何ぞ身命を惜しまむ。諸人去かざれば，我即ち去くのみ」と。……天宝十二載歳次癸巳十月十五日壬午，日本国使大使特進藤原朝臣 ① （三人略）等，来りて延光寺に至り，和上に白して曰く，「弟子，早や和上の五遍海を渡りて日本国に向ひ，将て教を伝へむとするを知る。今親しく顔色を奉り，頂礼して歓喜せり。……願はくは和上，自ら方便を作さむことを。……」と。……十一月十日丁未夜，大伴副使艫に和上及び衆僧を招き，己の舟に納れ，惣て知らしめず。……十五日壬子，四舟同じく発つ。……廿一日戊午，第一・第二両舟，同じく阿児奈波嶋に到る。嶋は多禰嶋の南西に在り。第三舟は昨夜已に同処に泊す。十二月六日，南風起る。第一舟石に著きて動かず。第二舟発ち，多禰に向ひて去る。七日，益救嶋に至る。十八日，益救より発つ。十九日，風雨大いに発り，四方を知らず。午時，浪上に山頂を見る。廿日乙酉午時，第二舟薩摩国阿多郡秋妻屋浦に著く。廿六日辛卯，延慶師和上を引いて大宰府に入る。……（二月）四日，京に入る。……（五日）勅使正四位下b吉備朝臣真備来り，口づから詔して曰く，……「朕此のc東大寺を造りて十余年を経，戒壇を立

てて ② を伝受せんと欲す。自ら此の心有りて日夜忘れず、今諸大徳遠く来りて戒を伝ふ。冥く朕の心に契ふ。今より以後、戒を授け律を伝ふること、一ら和上に任ねむ」と。
　　　　　　　　　　　　　　　　　　　　　　　　　　　　（『唐大和上東征伝』）

Ⅱ　諸公卿をして ③ の進止を議定せしめむことを請ふの状
　右、d臣某、謹みて在唐の僧 ④ 、去年三月商客王訥等に附して到る所の録記を案ずるに、大唐の凋弊、之を載すること具なり。……臣等伏して旧記を検するに、e度々の使等、或は海を渡りて命に堪へざりし者有り、或は賊に遭ひて遂に身を亡ぼせし者有り。唯だ、未だに唐に至りて難阻飢寒の悲しみ有りしことを見ず。……国の大事にして、独り身の為めのみにあらず。且く款誠を陳べ、伏して処分を請ふ。謹みて言す。
　　　寛平六年九月十四日 ……
　　　　　　　　　　　　　　　　　　　　　　　　　　　　（『菅家文草』）

問1　下線部aについて、ここでは誰を指すか。
問2　空欄①に適する人名を答えよ。
問3　問2の人物は藤原北家の祖となった人物の子である。藤原北家の祖とは誰か。
問4　下線部bの吉備真備は、唐から帰国したのち、藤原四子の死後に政権を掌握した人物に政治顧問として仕えた。吉備真備が仕えた政権担当者は誰か。
問5　下線部cを建立する詔を出した天皇は誰か。
問6　空欄②に適する語を漢字2文字で記せ。
問7　空欄③に適する語を入れよ。
問8　下線部dは誰のことか。
問9　空欄④に適する語を次の中から選び、記号で答えよ。
　　ア．玄昉　　イ．行基　　ウ．中瓘　　エ．恵慈
問10　下線部eに関する文として、誤っているものを次の中から1つ選び、記号で答えよ。
　　ア．最初に唐に渡航した使節は犬上御田鍬らであった。
　　イ．阿倍仲麻呂は、朝衡と名乗って唐王朝に仕えた。
　　ウ．当初の航路は、博多より朝鮮半島西岸沿いを北上する北路をつかった。
　　エ．高麗との関係が悪化したため、8世紀には南島路や南路をつかった。

3 墾田永年私財法

演習問題　次の史料Ⅰ・Ⅱを読み、あとの問いに答えよ。

Ⅰ　詔して曰く、「聞くならく、墾田はa養老七年の格に依りて、限満つる後、例に依りて収め授く。是に由りて、農夫怠倦して、開きたる地復た荒る、と。b今より以後は、任に私財となし……咸悉くに永年取ること莫れ。其の親王の一品及び一位は五百町、……初位已下は庶人に至るまでは十町、但し郡司には、c大領・少領に三十町、主政・主帳に十町。」
　　　　　　　　　　　　　　　　　　　　　　　　　　　　（『続日本紀』）

Ⅱ　(天平神護元年三月)丙申、勅すらく、「今聞く、墾田は天平十五年の格に縁るに、今より以後は、任に私財と為し、……咸悉くに永年取る莫れ、と。是に由りて、d天下の諸人競ひて墾田を為し、勢力の家は百姓を駈役し、貧窮の百姓は自存するに

暇無し。今より以後は、一切禁断して加墾せしむること勿れ。e但し寺は、先来の定地開墾の次は禁ずる限りに在らず。又、当土の百姓、一、二町は亦た宜しくこれを許すべし。」と。

(『続日本紀』)

問1　下線部aは723年に施行された民間による田地の開墾を奨励する法であるが、これを何というか。

問2　また、この前年には、人口増加による口分田不足を補うために百万町歩の開墾計画が立てられた。当時、右大臣として政界の中心にいた人物は誰か。

問3　下線部bは743年に実施されたが、この制度を何というか。

問4　また、この時の天皇は誰か。

問5　下線部cの大領・少領・主政・主帳はいずれも郡司の職名である。このように律令官制では各官司に4等級の幹部職員が配置される制度があったが、これを何というか。

問6　史料Ⅱが出された時にはある僧侶が政権を握っていた。その僧侶とは誰か。

問7　下線部dは天平十五年の格が実施されたあとの土地制度の影響を示している。その影響とはどのようなものか、内容を説明せよ。

問8　下線部eについて、このように述べられている理由を説明せよ。

分析・解説

　律令政府は平城京建設と同時に鋳銭事業を開始したが、これは中国を範とし国家の威儀を整えようとする政治的・文化的性格が濃い。そのため、実際の当時の社会では銭貨の流通はそれほど活発でなく、**1**のように蓄銭叙位令が発せられたのである。

　遣唐使の派遣は、630年に舒明天皇が犬上御田鍬を使節としたことに始まり、日唐関係が安定した8世紀以降、先進的な唐の文化を摂取する目的で大きな役割を果たした。しかし、**2**のように渡海には多くの苦難もあり、実際に8世紀の遣使のうち、全船往復できたのはわずか1回であった。使節には多数の留学生や留学僧も随行し、総勢100～250人、多い時には500人に及び、「四つの船」に分乗して渡った。839(承和6)年に19回目の派遣事業が行われたあとの遣使は途絶え、894(寛平6)年に遣唐大使に任命された菅原道真は、航路の危険や安史の乱(755～763)以降の唐の衰退を名目に派遣停止を宇多天皇に建議し、以後、遣唐使は廃止されたのである。これは、道真の詩・願文・奏状などを集録した漢詩文集である『菅家文草』を典拠とする。だが、実際には中央財政の窮乏や、9世紀以来唐から商人が大宰府に来航することも多くなり、国家的手段でなくとも中国の文物が入手可能になったことが大きな理由といえるだろう。

　3は、律令制における土地政策を問う基本的な問題で、大学入試ではきわめて出題率が高い。土地政策では班田制の骨格が形成されてからわずか40年で改変を余儀なくされた。その背景は引用史料から読みとれるが、墾田永年私財法の施行は初期荘園の成立に途を開いた。しかし墾田は輸租田として登録されたことから、国家が口分田以外の耕地を拡大させたものとみることもできる。

第4節 鎮護国家の思想と天平文化

1 国分寺の創建

実戦問題 次の史料を読み，あとの問いに答えよ。

> （a 天平十三年三月）乙巳，詔して曰く，「朕薄徳を以て忝く重任を承け，未だ政化を弘めず。寤寐多く慚づ。……頃者，年穀豊かならず，b 疫癘頻りに至る。慙懼交集りて，唯労して己を罪す。……宜しく c 天下諸国をして各敬みて七重塔一区を造り，幷せて ① 最勝王経・妙法蓮華経各一部を写さしむべし。……又国毎の僧寺には d 封五十戸，水田十町を施し，尼寺には水田十町。僧寺には必ず A 僧有らしめ，其の寺の名を ① 四天王護国之寺と為し，尼寺には B 尼ありて，其の寺の名を ② 滅罪之寺と為し，両寺相共に宜しく教戒を受くべし。……」と。
> （『続日本紀』）

問1 この詔は何とよばれるものか。また，これを出した天皇は誰か。
問2 下線部aは西暦何年のことか。
問3 この詔が出された時の都はどこか。
問4 下線部b以後の出来事を次の中から選び，記号で答えよ。
　　ア．藤原不比等が死去した。　イ．長屋王の変が起こった。
　　ウ．薬師寺が建立された。　　エ．橘諸兄が政権を握った。
問5 下線部cについて，諸国に建立された国分寺の中で総国分寺と称された寺院名を答えよ。
問6 空欄①・②に適する語を入れよ。
問7 下線部dは，律令制下で皇族や上級貴族，寺社などに給与されたものだが，これを何というか。
問8 この詔は，前年に起こった大きな政治事件がきっかけとなって出されたものといわれる。その事件とは何か。
問9 空欄A・Bには僧寺・尼寺におかれた僧尼の数が入る。その組み合わせとして正しいものを次の中から選び，記号で答えよ。
　　ア．A：10　B：20　　イ．A：20　B：10
　　ウ．A：100　B：50　　エ．A：200　B：100

2 大仏造立

実戦問題 次の史料を読み，あとの問いに答えよ。

> （a 天平十五年）冬十月辛巳，詔して曰く，「……菩薩の大願を発して，b 盧舎那仏の金銅像一軀を造り奉る。国銅を尽して象を鎔し，大山を削りて以て堂を構へ，広く法界に及ぼして朕が知識と為し，遂に同じく利益を蒙らしめ，共に菩提を致さしむ。夫れ天下の ① を有つ者は c 朕なり。天下の ② を有つ者も朕なり。この富勢を以て，この尊像を造る。事や成り易き，心や至り難き。……もし更に，人情に一枝の草，一把の土を持ちて像を助け造らむと願ふ者有らば，恣に聴せ。」
> （『続日本紀』）

問1　下線部aは西暦何年か。
問2　下線部bの盧舎那仏が安置された寺院を答えよ。
問3　空欄①・②に適する語を，それぞれ漢字1文字で答えよ。
問4　下線部cは誰を指すか。
問5　この詔が発せられた時，天皇は離宮にいたとされているが，その離宮名を答えよ。
問6　政府の要請でこの事業に協力し，大僧正に任じられた僧侶は誰か。
問7　この事業が完成し，盧舎那仏の開眼供養が行われた時の天皇は誰か。また，それは西暦何年か。
問8　その開眼に際し，開眼使となったインドの僧は誰か。

3 史書編纂事業

演習問題 次の史料を読み，あとの問いに答えよ。

　①　言す。是にa天皇詔りたまひしく，「朕聞く，諸家のもてるb帝紀と本辞と，既に正実に違ひ，多く虚偽を加ふ。今の時に当りて其の失を改めずは，幾年も経ずして其の旨滅びなむとす。斯れ乃ち，邦家の経緯，王化の鴻基なり。故，惟に帝紀を撰び録し，旧辞を討ね覈め，偽を削り実を定め，後葉に流へむと欲ふ」と。時に舎人有り。姓は　②　，名はc阿礼，年は廿八。為人聡明にして，目に度り口に誦み，耳に払るれば心に勒む。即ち，阿礼に勅語して，帝皇の日継と先代の旧辞とを誦習はしめたまひき。然れども，運移り世異りて，未だ其の事を行ひたまはざりき。……大抵所記せるは，天地の開闢けしより始めて，d小治田の御世に訖る。……幷せて三巻を録し，謹みて献上る。……
　e和銅五年正月廿八日

問1　空欄①に適する人物を次の中から選び，記号で答えよ。
　　ア．舎人親王　　イ．阿倍仲麻呂　　ウ．太安万侶　　エ．刑部親王
問2　下線部aの天皇とは誰か。
問3　下線部bの『帝紀』とは何か，簡潔に説明せよ。
問4　空欄②に適する語を入れよ。
問5　下線部cの人物がこの事業を担う人物として適任であった理由を史料文から読み解き簡潔に述べよ。
問6　下線部dの時代の天皇は誰か。
問7　下線部eはこの事業が完了した年であるが，それは西暦何年か。
問8　この史料はある史書の序文である。その史書とは何か。

分析・解説

　1・2ともに史料の出典は『続日本紀』である。天平期には，国家的規模での仏教事業が展開された。その背景には，この時期の疫病の流行や農作物の不作といった社会不安とともに，政界での藤原四子（武智麻呂・房前・宇合・麻呂）の死とそれに続く藤原広嗣の乱（740年）などの貴族層の対立もあったことに留意したい。そこで聖武天皇は仏教の力によって社会不安や動揺を鎮めようとする鎮護国家の思想に基づき，国分寺建立の詔（741

年)や**大仏造立の詔**(743年)を発したのであった。諸国の国府近くに**国分寺**と**国分尼寺**が建立され、奈良の**東大寺**は**総国分寺**と称された。この時の聖武天皇は上述したような不安から740〜744(天平12〜16)年の間遷都をくり返したが、大仏造立の詔は近江国**紫香楽宮**で発せられ、752(天平勝宝4)年に聖武天皇の娘である**孝謙天皇**の時代に開眼供養の儀式が実施されている。大仏造立に際し、費用の調達にあたった僧侶は勧進聖とよばれ、民衆からの信頼が厚かった**行基**がその任にあてられた。設問の中では、それほど難解なものはなく、問われていることは概ね基本的なことばかりである。しかし、[2]の問3の①・②は史料文の読み解きができていないと簡単な語でも出てこない。問8の**菩提僊那**は、バラモン出身で婆羅門僧正菩提ともよばれ、736(天平8)年に仏哲らとともに来日した。

　また、[3]の史書や地誌の編纂については、**稗田阿礼**が誦習し、**太安万侶**が筆録した**『古事記』**(712年)、**常陸・出雲・播磨・豊後・肥前**の5カ国のものが伝えられている**『風土記』**(713年)、**舎人親王**が中心となって編纂が進められた**『日本書紀』**(720年)が成立していることをおさえておこう。これらはいずれも、律令国家の建設に伴い、国家意識が高まったことを反映していることに着目したい。

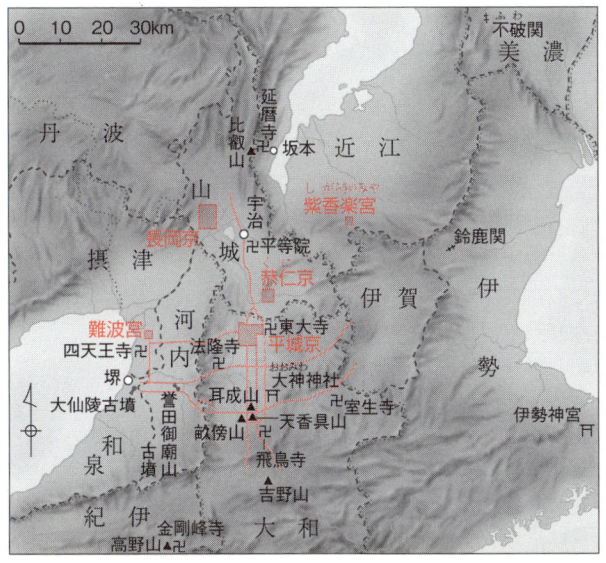

聖武天皇による遷都

第4節　鎮護国家の思想と天平文化　21

第5節 律令体制の再編

1 平安京遷都と徳政相論

演習問題 次の史料Ⅰ・Ⅱを読み，あとの問いに答えよ。

Ⅰ （延暦十二年正月）甲午，大納言藤原小黒麿，左大弁紀古佐美等を遣はし， ① 国葛野郡宇太村の地を相せしむ。都を遷さむが為なり。（a延暦十三年十月）丁卯……b都を遷す。詔して曰く，「云々。葛野の大宮の地は，山川も麗しく，四方の国の百姓の参出で来る事も便りにして，云々」。……十一月丁丑，……又子来の民，謳歌の輩，異口同辞，号して ② と曰ふ。
（『日本紀略』）

Ⅱ （延暦二十四年十二月壬寅）是の日，……勅有りてc参議右衛士督従四位下藤原朝臣 ③ と参議左大弁正四位下菅野朝臣 ④ とをして天下の ⑤ を相論せしむ。時に ③ ，議して云く，「方今，天下の苦しむ所はd軍事と造作となり。此の両事を停めば百姓安んぜむ」と。 ④ ，異議を確執して肯えて聴かず。e叡， ③ の議を善しとし，即ち停廃に従ふ。
（『日本後記』）

問1　空欄①〜⑤に適する語を入れよ。
問2　下線部aは西暦何年のことか。
問3　下線部bについて，この「都を遷す」前の都を答えよ。
問4　問3の都の造営責任者であった人物は誰か。
問5　問4の人物は785年に暗殺され，その結果，都の造営も進まず再遷都されることになった。この暗殺事件に関わったとされ，淡路への配流の途中に死去した皇太弟は誰か。
問6　また，天皇に再遷都を進言したとされる人物は誰か。
問7　下線部cは，奈良から平安時代の初期に新設された，令制の規定にない官職であるが，このような官職を何というか。
問8　下線部dが述べている内容を具体的に答えよ。
問9　下線部eについて，これは誰を指すか。
問10　問9の人物の政権下で実施された政策でないものを次の中から1つ選び，記号で答えよ。
　　ア．勘解由使の設置　　イ．健児の制
　　ウ．坂上田村麻呂の蝦夷征討　　エ．検非違使の設置

2 健児の制

実戦問題 次の史料を読み，あとの問いに答えよ。

太政官符す応に ① を差すべき事
　大和国卅人　河内国卅人……
以前，右大臣の宣を被るにいわく，勅を奉るに，今諸国の兵士，辺要の地を除くの外は皆停廃に従え。其の兵庫・鈴蔵及び国府等の類は，宜しく ① を差して以て守衛に充つべし。宜しく ② の子弟を簡び差し，番を作りて守らしむべし。

22　第2章　律令国家の展開

延暦十一年六月十四日

問1　空欄①に適する語を次の中から選び，記号で答えよ。
　　ア．健児　　イ．軍団　　ウ．衛士　　エ．兵士
問2　この史料の出典は，10～11世紀頃に成立し，弘仁・貞観・延喜の法令を内容ごとに分類・修正したものだが，何とよばれるものか。
問3　この史料に記される制度が採用された時の天皇は誰か。
問4　問3の天皇は，国司交代の際の不正を検査する官職を新設したが，これを何というか。
問5　空欄②に適する語を次の中から選び，記号で答えよ。
　　ア．渡来人　　イ．貴族　　ウ．国司　　エ．郡司

3 格式の編纂

演習問題　次の史料を読み，あとの問いに答えよ。

蓋し聞く，　①　は懲粛を以て宗と為し，　②　は勧誡を以て本となす。　③　は則ち時を量りて制を立て，　④　は則ち闕けたるを補ひ遺れるを拾ふ。……古は世質時素にして法令未だ彰ならず。無為にして治まり，粛せずして化す。推古天皇十二年に曁び，上宮太子親ら憲法十七箇条を作り，国家の制法茲より始まる。降りてa天智天皇元年に至り，令廿二巻を制す。……爰に　⑤　天皇の大宝元年に逮びて，贈太政大臣正一位b藤原朝臣不比等，勅を奉りて律六巻，令十一巻を撰す。養老二年，復た同大臣不比等，勅を奉りて更に律令を撰し，各十巻と為す。c今世に行ふ律令は是なり。……律令は是れ政に従ふの本たり，d格式は乃ち職を守るの要たり。方今，律令は頻りに刊脩を経たりと雖も，格式は未だ編緝を加へず。

問1　空欄①～⑤に適する語を入れよ。
問2　清原夏野らによって編まれた，空欄②に関する公的な注釈書を何というか。
問3　下線部aの天皇の時代の出来事として誤っているものを次の中から1つ選び，記号で答えよ。
　　ア．飛鳥浄御原宮への遷都　　イ．近江大津宮への遷都
　　ウ．近江令の制定　　　　　　エ．庚午年籍の作成
問4　下線部bの父は誰か，その名前を答えよ。
問5　下線部cについて，この律令の名称を記せ。
問6　下線部dについて，格と式はそれぞれどのようなものか，簡潔に説明せよ。
問7　また，平安時代に編纂された三代格式とよばれるものは何か，それぞれ記せ。

分析・解説

まず1の平安京遷都と徳政相論だが，典拠は平安遷都が『日本紀略』，徳政相論が『日本後紀』である。桓武朝の政策は，史料Ⅱに示される「軍事と造作」，すなわち蝦夷平定と新京造営の二大事業からなる。新京の造営については，天皇は784（延暦3）年に平城京から長岡京に遷都したが，785（延暦4）年に長岡宮使の任にあった藤原種継が暗殺される事件

が起こり，その後，和気清麻呂の建議を容れた天皇が再度山背(山城)国葛野郡宇多村に遷都し平安京造営事業が始まった。和気清麻呂は769(神護景雲3)年に道鏡の皇位就任を告げた宇佐八幡宮の神託が偽託であると主張しこれによって大隅に配流されたいわゆる宇佐八幡宮神託事件の当事者で，一時，大隅国に配流されたが，道鏡失脚後に復帰している。問1の設問で確認できるが，現在の京都は平安遷都以前には「山背」国と表記されており，遷都以降，新しい国名として山城国となった。これは，史料Ⅰの出典である『日本紀略』が「此の国山河襟帯，自然に城を作す。斯の形勝に因り，新号を制すべし。宜しく山背国を改めて山城国と為すべし」と述べるところである。

　一方，東北地方への支配拡大については，律令政府の成立以降，軍事的な制圧が展開された。8世紀には日本海側に出羽国がおかれ，ついで秋田城が築かれ，太平洋側では陸奥国府となる多賀城が築かれ，それぞれ出羽・陸奥の地方政治の中心になるとともに，律令政府の東北支配の拠点となった。そして788(延暦7)年以来，数度にわたって遠征軍が派遣され，797(延暦16)年に征夷大将軍となった坂上田村麻呂は802(延暦21)年に胆沢城を築き鎮守府をここに移し，翌年には志波城を築いてこれを前衛基地とした。このとき田村麻呂によって蝦夷の族長阿弖流為は降伏することとなり，こうして9世紀初めにようやく東北支配が進展したのである。しかし，桓武天皇の時代に進められた平安京の造営と蝦夷征討事業が民衆の疲弊を招いたことも留意しておく必要がある。史料Ⅱはそのことを顕著に物語る基本史料であり，事業継続を主張した菅野真道に対し，民衆の疲弊を理由に事業停止を説いた藤原緒嗣の議論の末，桓武天皇は事業中止を決定した。なお問10の検非違使は京都の治安維持にあたる令外官で，嵯峨天皇の時代に設置されたものである。

　また，2・3は平安初期において律令体制の再編を実施した桓武天皇の改革を問う出題である。792(延暦11)年に制定された健児の制では，東北と九州を除いてそれまでの軍団が廃止された。これにより，例外的におかれた陸奥の兵士は健士，大宰府管内の兵士は選士とよばれた。

　律令制定以降，律令条文の補足や改正の必要が生じた際に発せられた法令が格とよばれ，律令や格を運用していく際の具体的な施行細則を定めたものが式である。嵯峨天皇の時代に成立した『弘仁格式』，清和天皇の時代の『貞観格式』，醍醐天皇の『延喜格式』，これを合わせて三代格式といい，この三代格を内容ごとに分類・編集したものが3の『類聚三代格』で，引用部は『弘仁格式』の序文である。このように平安期には，社会の変化に応じて政治体制の構築が図られていることに留意しておきたい。

第6節 摂関政治と藤原氏の繁栄

1 摂関政治の始まり

実戦問題 次の史料を読み，あとの問いに答えよ。

> a神皇正統記に，光孝より上つかたは一向上古也。万の例を勘ふるも，仁和より下つかたをぞ申める。五十六代 ① 幼主にて，外祖b良房摂政す。是，外戚専権の始〈一変〉基経外舅の親によりて ② を廃し光孝を建しかば，天下の権藤氏に帰す。そののち関白を置き或はc置ざる代ありしかど，藤氏の権おのづから日々盛也〈二変〉。六十三代冷泉より……後冷泉，凡八代百三年の間は外戚権を専にす〈三変〉。 ③ ・白河両朝は政天子に出ず〈四変〉。

問1　下線部aの書の著者は誰か。
問2　下線部bは藤原氏の中で何家に属するか。
問3　下線部cについて，醍醐・村上天皇の時代に摂政・関白を「置ざる」状態となった。その政治を何というか。
問4　空欄①～③に適するものを次の中から選び，記号で答えよ。
　　ア．文徳　　イ．清和　　ウ．宇多　　エ．陽成　　オ．後鳥羽
　　カ．堀河　　キ．後三条
問5　この史料の出典は何か。

2 藤原氏の繁栄

演習問題 次の史料を読み，あとの問いに答えよ。

> （寛仁二年十月）十六日乙巳，今日，女御藤原□□□□をもって皇后に立つるの日なり。a前太政大臣の第三の娘なり，一家三后を立つること，未だかつてあらず。……b太閤，下官を招き呼びていわく，「和歌を読まんと欲す。必ず和すべし」……答えていわく，「何ぞ和し奉らざらんや」。またいう，「c誇りたる歌になむある。ただし宿構にあらず」……。「この世をばわが世とぞ思う望月のかけたることもなしと思えば」。

問1　空欄に適する語を入れよ。
問2　下線部aの「前太政大臣」と下線部bの「太閤」は同一の人物のことであるが，その名前を記せ。
問3　この人物の日記を何というか。
問4　下線部cの意味を現代語で簡潔に答えよ。
問5　この史料の出典は何か。
問6　また，この史料の出典はある右大臣の日記であるが，その右大臣とは誰か。
問7　この史料に述べられている一族の全盛を，批判的に叙述した歴史物語は何か。

分析・解説

摂関政治は，**藤原冬嗣**以来台頭した**藤原北家**が969年の**安和の変**で他氏排斥をほぼ完了

したことを経て，道長・頼通の代に最盛期を迎えた。1・2とも問い自体には，難しいものはない。ただし，1では摂関政治の内容とともに，問5のようにこの史料の出典についての問いを作問した。正解は江戸時代に新井白石が将軍家宣への講義用に著した『読史余論』であるが，これがわかるかどうかは，摂関政治から徳川氏の治世までを公家九変，武家五変としているこの史料の特徴に気がつくかどうかである。すなわち，〈二変〉・〈三変〉・〈四変〉の語句がみえるので，ここから『読史余論』が想起できればよいのである。

　ちなみに，このような史論を用いた出題では，当該史料に関する同時代の問いのみでなく，その史論に含まれている内容を問うものが多く見受けられる。とりわけ，この史料の冒頭に出てくる『神皇正統記』を用いて院政の開始や承久の乱について出題されることや，慈円が著した『愚管抄』を用いて延久の荘園整理令を問うような問題が作問されるのである。

　また，2の史料は藤原氏の繁栄を理解するうえで必須の文献であるが，それに加えて問3の道長自身の日記『御堂関白記』があることも覚えておきたい。ただし，晩年に法成寺阿弥陀堂を建立したことから「御堂関白」と称された道長だが，実際には摂政と内覧に就任したことを留意しておきたい。

公卿の氏族別分布　（　）内の数字は藤原氏に含まれる北家出身者数

年　代	総数	藤原氏	源氏	他氏	備　　考
807（大同2）	12人	7（3）人	0人	5人	
834（承和1）	15	5（2）	3	7	810　薬子の変
843（〃10）	12	2（1）	3	7	842　承和の変
859（貞観1）	14	5（5）	4	5	858　良房，摂政となる
867（〃9）	14	6（6）	4	4	866　応天門の変
885（仁和1）	15	7（5）	6	2	884　基経，関白となる
931（承平1）	14	10（8）	2	2	930　忠平，摂政となる
970（天禄1）	16	10（10）	5	1	969　安和の変
997（長徳3）	16	11（10）	3	2	996　道長，左大臣就任
1016（長和5）	23	18（18）	4	1	1016　道長，摂政となる
1069（延久1）	24	15（15）	9	0	1068　後三条天皇即位

第7節 律令的支配の変質と政治の混乱

1 荘園整理の推進

演習問題 次の史料を読み、あとの問いに答えよ。

　① 符す
応に勅旨開田幷びに諸院諸宮及び a 五位以上の、b 百姓の田地舎宅を買ひ取り、閑地荒田を占請するを停止すべきの事
　右、案内を検ずるに、頃年勅旨開田遍く諸国に在り。空閑荒廃の地を占むと雖も、是れ黎元の産業の便を奪ふなり。加之新たに庄家を立て、多く寄法を施す。課責尤も繁く、威脅耐へ難し。且つ諸国の奸濫の百姓、課役を遁れんが為に、動もすれば京師に赴きて好みて豪家に属し、或は田地を以て詐りて ② と称し、或は舎宅を以て巧みに売与と号し、遂に使に請ひて牒を取り封を加へ膀を立つ。……茲に因りて、c 出挙の日、事を権門に託して正税を請けず。収納の時、穀を私宅に蓄へて官倉に運ばず。賦税の済し難き、斯に由らざるは莫し。……宜しく d 当代以後、勅旨開田は皆悉く停止して民をして負作せしめ、其の寺社百姓の田地は各公験に任せて本主に還し与ふべし。……但し元来相伝して庄家たること券契分明にして、国務に妨げ無き者は此の限りに在らず。仍ほ須らく官符到る後百日の内に弁行し、状を具して言上すべし。
　　延喜二年三月十三日

問1　空欄①には当時の官庁の名称が入るが、それは何か。
問2　下線部aについて、五位以上と三位以上の官人をそれぞれ何というか。
問3　下線部bのようなことが命じられた理由を史料文中から考えて説明せよ。
問4　下線部cはどのようなものか、簡単に説明せよ。
問5　空欄②に適する語を次の中から選び、記号で答えよ。
　　ア．年貢　　イ．寄進　　ウ．輸租田　　エ．賜田
問6　下線部dについて、この時の天皇は誰か。

2 三善清行の意見封事

演習問題 次の史料を読み、あとの問いに答えよ。

　a 臣、去る寛平五年に備中介に任ず。かの国の下道郡に邇磨郷あり。ここにかの国のb 風土記を見るに、c 皇極天皇の六年（660年）に、……d 天皇筑紫に行幸し、……下道郡に宿す。一郷を見るに、戸邑はなはだ盛んなり。天皇、詔を下して試みに此郷の軍士を徴するに、勝兵二万人を得たり。天皇大に悦び、この邑を名けて二万郷と曰ふ。後に改めて邇磨の郷という。……天平神護年中、e 右大臣吉備朝臣、大臣をもて本郡の大領を兼ねぬ。試みに此郷の戸口を計るに、わずかに課丁千九百余人有るのみ。貞観の初め、故民部卿藤原保則朝臣、かの国の介たりし時、……大帳を計ふる次でその課丁を閲するに、七十余有るのみ。某、任に到りまた此郷の戸口を閲するに、老丁二人、正丁四人・中男三人有るのみ。去る延喜十一年、かの国の介藤原公利、任満ちて都に帰

る。……問ふ，邇磨郷の戸口，当今いくばくと。公利答えて曰く，一人も有ること無しと。……衰弊の速かなるごとまた既に此の如し。一郷をもて之を推すに，天下の虚耗，掌を指して知るべし。

（「意見封事十二箇条」）

問1　下線部aは，この意見書を提出した人物を指すが，それは誰か。
問2　下線部bについて，風土記は8世紀に各国ごとに編纂された古代の地誌であるが，次の中で風土記が現存しない国はどれか，記号で答えよ。
　　ア．出雲　　イ．常陸　　ウ．播磨　　エ．備前
問3　下線部cは，実際には皇極天皇が重祚した後の名称が適切と考えられる。重祚後の天皇名を答えよ。
問4　下線部dについて，天皇が661年に筑紫に行幸した目的について，簡潔に述べよ。
問5　また，問4に関連して，663年に日本軍が唐・新羅連合軍と交戦し大敗した戦いは何か。
問6　下線部eについて，この人物とともに8世紀中頃の橘諸兄政権において重用された法相宗の僧侶は誰か。
問7　この意見書の中で筆者が問題としていることは何か，簡潔に説明せよ。

3 尾張国郡司百姓等解

演習問題　次の史料を読み，空欄①〜④に適する語を入れ，あとの問いにも答えよ。

　　①　国　②　百姓等a解し申し，官裁を請ふの事
　　裁断せられむことを請ふ，当国の守藤原朝臣　③　，b三箇年の内に責め取る非法の官物，幷せて濫行横法　④　箇条の□□（愁状）
　（条文略）
　　以前の条の事，憲法の貴きを知らむが為に言上すること件の如し。……望み請ふらくは件の　③　朝臣を停止して良吏を改任せられ，以て将に他国の牧宰をして治国優民の褒賞を知らしめむ。……仍て具さに　④　箇条の事状を勒し，謹みて解す。
　　c永延二年十一月八日　……

問1　下線部aの「解」とは何か，簡潔に説明せよ。
問2　下線部bについて，「官物」の意味を説明し，全体の内容を解釈せよ。
問3　下線部cは西暦何年のことか。

分析・解説

2の史料は，備中介や参議を歴任した**文章博士**三善清行が914（延喜14）年に**醍醐天皇**に提出した「意見封事十二箇条」の序文で，課丁数の減少を述べた部分である。実際には，引用されている部分に続く文章で，筆者の意見が示されている。史料の主題は律令体制の衰えを指摘したものであるが，設問の中核はその主題そのものを問う問7で，その前段で7〜8世紀の律令制の展開に関する基本的な知識を確認する設問を配した。問7は史料文の内容を理解できれば，そう難しくはなく，こうした史料の内容を読み解いて簡潔にまとめる力は，国公立大の2次試験対策としては必須である。9世紀後半以降に進んだ律令支配

28　第2章　律令国家の展開

の解体傾向に対し，中央政府の改革や経費節減，地方政治の改革などが指摘されていることに留意して要領よくまとめればよい。

　なお，三善清行の指摘するような課丁数減少の背景には，戸籍と実態との間に著しい相違があったことに留意する必要がある。租税を逃れるために作為的に偽籍した実例として，902（延喜2）年の阿波国戸籍と908（延喜8）年の周防国戸籍が知られているので，併わせて理解しておこう。

　3は「尾張国郡司百姓等解(げ)」である。設問にもあるように，「解」とは下級者から上級者に出す文書で，太政官に提出されたものである。11世紀後半に律令原則を維持することを放棄した政府は，一国の統治を全面的に国司(受領(ずりょう))に委ね，その代わりに中央政府に一定額の納入物を納めさせようとした。そうした体制の中で，受領として現地におもむいた藤原元命(もとなが)の非法が三十一カ条にわたって訴えられたのである。このような訴状を国司苛政上訴(国司愁訴(しゅうそ))という。これにより，元命は翌年に停職となっている。これと同様に受領の貪欲さを示す事例として，10世紀末の信濃守であった藤原陳忠(のぶただ)が知られ，『今昔物語集』には「受領は倒るるところに土をつかめ」(転んでもただでは起きないという意)と言ったと記されている。

第8節 荘園の発展

1 延久の荘園整理令

演習問題 次の史料を読み，あとの問いに答えよ。

> a延久ノ記録所トテハジメテヲカレタリケルハ，諸国七道ノ所領ノ宣旨b官符モナクテ公田ヲカスムル事，一天四海ノ巨害ナリトキコシメシツメテアリケルハ，スナハチc宇治殿ノ時，d一ノ所ノ御領御領トノミ云テ，庄園諸国ニミチテe受領ノツトメタヘガタシナド云ヲ，キコシメシモチタリケルニコソ。サテ宣旨ヲ下サレテ，諸人領知ノ庄園ノ文書ヲメサレケルニ，宇治殿へ仰ラレタリケル御返事ニ，「皆サ心エラレタリケルニヤ，五十余年君ノ御ウシロミヲツカウマツリテ候ス間，所領モチテ候者ハ強縁ニセンナド思ツヽ，ヨセタビ候ヒシカバ，サニコソナンド申タルバカリニテマカリスギ候キ。……
> 　　　　　　　　　　　　　　　　　　　　　　　　　　（『愚管抄』）

- 問1　下線部aの記録所を設置した天皇は誰か。
- 問2　下線部bの官符を発した機関を答えよ。
- 問3　下線部cは誰を指しているか，その名前を答えよ。
- 問4　問3の人物がこのように称されたのは，宇治に別荘をもっていたためである。この別荘に建立された阿弥陀堂を何というか。
- 問5　また，その阿弥陀堂に安置された阿弥陀如来像の作者は誰か。
- 問6　下線部dは何を指しているか。
- 問7　下線部eについて，簡潔に説明せよ。
- 問8　この史料の出典『愚管抄』の著者は誰か。

補充問題
- 問1　この荘園整理令を発した天皇により制定された公定枡を何というか。
- 問2　この荘園整理令により，所有する荘園34カ所のうち，13カ所が整理の対象とされた京都の神社はどこか。

2 荘園の寄進

実戦問題 次の史料を読み，あとの問いに答えよ。

> a鹿子木（荘）の事
> 一，当寺の相承は，□①□沙弥，寿妙嫡々相伝の次第なり。
> 一，寿妙の末流高方の時，権威を借らむがために，実政卿を以て□②□と号し，年貢四百石を以て割き分ち，高方は庄家領掌進退の□③□職となる。
> 一，実政の末流願西微力の間，国衙の乱妨を防がず。この故に願西，□②□の得分二百石を以て，高陽院内親王に寄進す。……これ即ち□④□の始めなり。
> 　　　　　　　　　　　　　　　　　　　　　　　　　　（b『東寺百合文書』）

- 問1　下線部aの荘園が所在した国はどこか。次の中から選び，記号で答えよ。
  ア．相模国　　イ．肥後国　　ウ．常陸国　　エ．備後国

問2　空欄①～④に適する語を次の中から選び，記号で答えよ。
　　ア．地頭　　イ．開発領主　　ウ．国司　　エ．領家　　オ．守護
　　カ．預所　　キ．侍　　ク．郷士　　ケ．本家　　コ．里長
問3　下線部bは京都の東寺に伝わる古文書であるが，江戸時代にこれを寄進した加賀藩主は誰か。

> **分析・解説**
>
> 　10世紀以降，政府はしばしば荘園整理令を発し，国衙や中央政府の財源を圧迫する不輸租の荘園を整理しようとした。902(延喜2)年に醍醐天皇が発した延喜の荘園整理令は，その初発のものとみられている。**1**の史料は天台座主慈円(九条兼実の弟)の史論『愚管抄』からの引用で，後三条天皇によって発せられた延久の荘園整理令についての部分である。この荘園整理令では，1045(寛徳2)年以降の新立の荘園を廃止したほか，それ以前の荘園に対しても政府は記録荘園券契所(記録所)を設け，職員(寄人)には反摂関家の学者大江匡房らを登用して荘園領有の証拠文書を厳しく審査したのである。『愚管抄』では引用部分以降で摂関家領の荘園もその対象となったが，結局は藤原頼通によって除外されたと記している。しかし，実際にはその後，摂関家も荘園目録を提出しており，摂関家の荘園も整理の対象であることを免れなかった。これにより，摂関家を超える天皇権力を人々に認識させ，以後，皇室領荘園が増大していく端緒となったとされている。
>
> 　また，**2**は肥後国にあった鹿子木荘の相伝経過を示したもので，最終的にこの荘園を所領とした東寺の『東寺百合文書』に収録されている。「沙弥」というのは在俗の僧の意味で，沙弥である寿妙がこの荘園を開発し，その後，11世紀末にその孫の中原高方が藤原実政に寄進し領家と仰ぎ，高方は現地を掌握する預所(荘官)となった。さらに，実政の外孫藤原隆通(法名願西)が，12世紀半ばに高陽院内親王に寄進したのである。

第9節 国風文化と浄土教

1 日記文学の誕生

実戦問題 次の史料を読み，あとの問いに答えよ。

> をとこもすなる日記といふものを，をむなもしてみんとてするなり。それのとしのしはすのはつかあまりひとひのひのいぬのときに，かどです。そのよし，いさゝかにものにかきつく。
> **a**あるひと，あがたのよとせいつとせはてて，れいのことどもみなしをへて，**b**げゆなどとりて，すむたちよりいでて，ふねにのるべきところへわたる。かれこれ，しるしらぬ，おくりす。としごろよくくらべつるひとゞゝ，なん，わかれがたくおもひて，日しきりにとかくしつゝ，のゝしるうちによふけぬ。

- 問1 この史料の出典は何か。
- 問2 この史料の著者を記せ。
- 問3 下線部 a は，ある人物が地方官としての任務を終えたことを示している。その地方官の役職とは何か。
- 問4 下線部 b は漢字を用いて記すとどうなるか。

2 平安末期の歌謡

実戦問題 次のⅠ・Ⅱの歌を読み，あとの問いに答えよ。

> Ⅰ 仏は常に在せども，現ならぬぞあはれなる，人の音せぬ暁に，仄かに夢に見えたまふ
> Ⅱ 我等は何して老いぬらむ，思へばいとこそあはれなれ，今は西方極楽の，弥陀の誓ひを念ずべし

- 問1 これらの歌は平安末期に流行した歌謡の一例である。このような歌謡を何というか。
- 問2 この歌謡を収録した書物の名を記せ。
- 問3 これを編んだのは誰か。
- 問4 Ⅱの歌にみえる「極楽」「弥陀」に関連し，11世紀中頃に極楽浄土をこの世に現したといわれる建造物で，京都の宇治に建てられたものは何か。

3 『往生要集』

実戦問題 次の史料を読み，あとの問いに答えよ。

> それ□極楽の教行は，a濁世末代の目足なり。道俗・貴賤，誰か帰せざる者あらん。但しb顕密の教法は，其の文，一に非ず。事理の業因，其の行，惟れ多し。利智・精進の人は，未だ難しと為さざらむも，予が如き頑魯の者，豈に敢えてせむや。是の故にc念仏の一門に依りて，聊か経論の要文を集む。

- 問1 この史料の出典とその著者を答えよ。

32　第2章　律令国家の展開

問2　空欄には，死後，極楽浄土に生まれることを意味する語が入る。適する語を次の中から選び，記号で答えよ。
　　　ア．輪廻　　イ．垂迹　　ウ．往生　　エ．浄土
問3　下線部aは，仏教の予言思想に基づくものだが，この予言思想とは何か。
問4　下線部bは，顕教と密教を指すが，東密の祖とされる人物は誰か。
問5　下線部cの「念仏」は如来の名号として唱えられた。その語を記せ。
問6　また，念仏の功徳を信じた人々の伝記を集めた書物が985年頃に慶滋保胤によって記されたが，この書名を答えよ。
問7　問6を記した慶滋保胤には，当時の都や自己の生活を記した作品もある。その書名を答えよ。

4 末法の到来

実戦問題　次の史料Ⅰ・Ⅱを読み，あとの問いに答えよ。

> Ⅰ　a永承七年壬辰正月廿六日癸酉，千僧を大極殿に屈請し，観音経を転読せしむ。去年の冬より疾疫流行し，改年已後，弥以て熾盛なり。仍て其の災を除かむが為なり。今年始めて□□□に入る。
> 　　　　　　　　　　　　　　　　　　　　　　　　　　　　　　　　　（『扶桑略記』）
> Ⅱ　「口に常に弥陀仏を唱ふ。故に世に阿弥陀聖と号づく。或は市中に住して仏事を作し，また市聖と号づく。嶮しき路に遇ひては即ちこれをけずり，橋なきに当りてはまたこれを造り，井なきを見るときはこれを掘る。号づけて阿弥陀の井と曰ふ。」
> 　　　　　　　　　　　　　　　　　　　　　　　　　　　　　　　　（『日本往生極楽記』）

問1　下線部aは仏教的予言思想上，重要な年であった。これは西暦何年か。次の中から選び，記号で答えよ。
　　　ア．842年　　イ．969年　　ウ．1052年　　エ．1132年
問2　空欄に適する語を入れよ。
問3　史料Ⅱは，これ以前に民衆に浄土教を説いた僧について述べた文である。その僧とは誰か。

分析・解説

　国風文化の展開を端的に示すものが，仮名文字の発達である。漢字を真名というのに対し，平仮名・片仮名が誕生し，漢文表現を必要とする公の場をもたない女性により，11～12世紀には女性の宮廷生活を背景にした『源氏物語』や『枕草子』などの作品が登場した。1の『土佐日記』は，中級貴族で『古今和歌集』の撰者の1人としても知られる紀貫之が国司としての任務を終えての交代・帰京を通して書いた，仮名日記文学の先駆となる日記風紀行文である。
　また，2は平安末期の流行歌である今様などを集めた『梁塵秘抄』で，撰者は後白河上皇である。引用されている2つの歌はいずれも極楽歌で，末法思想の影響による浄土信仰の広がりを示しているという側面も見逃せない。末法思想とは仏教の予言思想で，釈迦入滅後，それぞれ1000年の正法・像法の世を経てその後1万年を末法とし，末法の世は仏法の衰える乱世とされた。1052(永承7)年が末法初年とされ，極楽浄土への往生を願う浄土

第9節　国風文化と浄土教　33

教の発達を刺激したのである。浄土信仰に関連する浄土教芸術が平安中後期に盛んとなり，建築では藤原頼通が宇治の別荘を阿弥陀堂にした**平等院鳳凰堂**，絵画では**来迎図**（高野山聖衆来迎図や平等院鳳凰堂扉絵など），彫刻では平等院鳳凰堂の**阿弥陀如来像**のほか，法界寺阿弥陀如来像や浄瑠璃寺阿弥陀如来像など多くの作品が制作された。それらの作品も教科書や図録などで確認しておく必要がある。

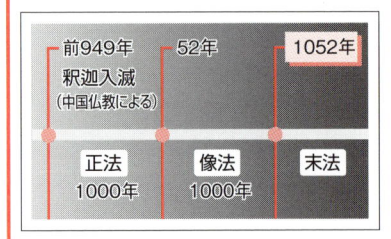

前949年 釈迦入滅（中国仏教による）	52年	1052年
正法 1000年	像法 1000年	末法

仏法の年代観

第3章 武家政権と中世の社会

第1節 院政と平氏政権

1 院政の開始

演習問題 次の史料を読み，あとの問いに答えよ。

　　第七十二代，第三十九世，□①□院。……天下ヲ治給コト十四年。a太子ニユヅリテ尊号アリ。世ノ政ヲハジメテ□②□中ニテシラセ給。後ニb出家セサセ給テモ猶ソノマヽニテ御一期ハスゴサセマシヽヽキ。cオリヰニテ世ヲシラセ給コト昔ハナカリシナリ。……マシテ此御代ニハ□②□ニテ政ヲキカセ給ヘバ，d執柄ハタヾ職ニゾナハリタルバカリニナリヌ。サレドコレヨリ又フルキスガタハ一変スルニヤ侍ケン。執柄世ヲコナハレシカド，宣旨・官符ニテコソ天下ノ事ハ施行セラレシニ，此御時ヨリ□③□・庁御下文ヲオモクセラレシニヨリテe在位ノ君又位ニゾナハリ給ヘルバカリナリ。f世ノ末ニナレルスガタナルベキニヤ。

（『神皇正統記』）

問1　空欄①～③に適する語を入れよ。
問2　下線部aは即位後には何天皇となったか。
問3　下線部bについて，出家した上皇を何というか。
問4　また，出家した上皇により院政期に建立された著名な6つの寺院を何と総称するか。
問5　下線部cはどのようなことか，簡単に説明せよ。
問6　下線部dはどのような官職を指すか。
問7　下線部eは何を意味するか。
問8　下線部fのように述べられた院政期の社会における寺院の様子を，簡単に説明せよ。

2 院政の腐敗

演習問題 次の史料を読み，あとの問いに答えよ。

　a法皇の御時初めて出来せし事
　　□□のb功万石万疋進上の事
　　十余歳の人□□と成る事
　c卅余国定任の事
　我身より始めて子三四人に至り，同時に□□と成る事
　神社仏事封家の納，諸国の吏全く弁済すべからざる事
　天下の過差日を逐うて倍増し，金銀錦繡，下女の装束と成る事
　御出家の後，御受戒無き事

（『中右記』）

問1　下線部aは1096年に剃髪して法皇になった人物である。それは誰か。
問2　空欄にはすべて同じ語が入る。適する語を答えよ。
問3　下線部bは何を意味するか，簡単に述べよ。
問4　下線部cはのちに何という制度になるか。
問5　この史料の出典『中右記』の著者は誰か。

3 平氏の全盛

実戦問題 次の史料を読み、あとの問いに答えよ。

六波羅殿の御一家の君達といひてしかば、花族も栄耀も面をむかへ肩をならぶる人なし。されば入道相国のこじうと、平大納言 ① 卿ののたまひけるは、「此一門にあらざらむ人は皆人非人なるべし」とぞのたまひける。……御娘八人おはしき。……一人はa后にたヽせ給ふ。b王子御誕生ありて皇太子にたち、位につかせ給しかば、院号かうぶらせ給て建礼門院とぞ申ける。……日本秋津嶋は纔に六十六箇国、平家 ② の国卅余箇国、既に半国にこえたり。其外庄園田畠いくらといふ数を知ず。
（『平家物語』）

問1 「六波羅殿」「入道相国」は同一人物である。それは誰か。
問2 空欄①に適する人名を次の中から選び、記号で答えよ。
　　ア．時忠　　イ．重盛　　ウ．忠盛　　エ．時頼
問3 下線部aは誰のことか。
問4 また、この人物が后となった天皇は誰か。
問5 下線部bは誰のことか。
問6 空欄②に適する語を入れよ。
問7 平氏政権の経済基盤には貿易による利益もある。どこの国と貿易を行っていたか。

分析・解説

　1086（応徳3）年に白河天皇は堀河天皇に譲位し、上皇として院政を開始した。以後、鳥羽上皇・後白河上皇と100年余りも院政は続き、院政期とよばれるこの時代に、院が実質的に政治を執る君主として「治天の君」と称された。1の出典は北畠親房による『神皇正統記』で、これによれば院政期には仏教が重視され、六勝寺（法勝寺・尊勝寺・最勝寺・円勝寺・成勝寺・延勝寺）が造営されたほか、知行国制の盛行、受領の重任増加、荘園の増大と集積、院宣や院庁下文の尊重などの特色があげられる。

　また、2は白河院政期の状況を伝える根本史料として注目される。7カ条にわたる批評のうち5つは空欄にあてはまる受領に関するもので、受領らが蓄財した富は院の重要な経済基盤になっていたことを理解しておく必要がある。そうすれば、問3・問4の解答は得られるだろう。

　一方、3は平氏の全盛を示す『平家物語』だが、ここではその権勢とともに一門が急速に貴族化したこと、平氏の経済的基盤が知行国・荘園・日宋貿易にあったことを確認しておきたい。桓武平氏諸流の中では、伊勢平氏が平正盛の時代に伊賀・伊勢に勢力を確立し、その後、忠盛・清盛と続いた。平清盛が樹立した平氏政権は、清盛の邸宅が京都六波羅にあったことから六波羅政権ともいう。平氏政権の権力基盤や特色などを問う出題が多いので、基本的な要点を確認しておこう。

第2節 鎌倉幕府の成立

1 福原遷都

演習問題 次の史料を読み，あとの問いに答えよ。

> また，a治承四年水無月の比，にはかに都遷り侍りき。いと思ひの外なりし事なり。おほかた，bこの京のはじめを聞ける事は，c嵯峨の天皇の御時，都と定まりにけるより後，すでに四百余歳を経たり。dことなるゆゑなくて，たやすく改まるべくもあらねば，これを世の人安からず憂へあへる，実にことわりにも過ぎたり。
> されど，とかくいふかひなくて，e帝より始め奉りて，大臣・公卿みな悉く移ろひ給ひぬ。世に仕ふるほどの人，たれか一人ふるさとに残りをらむ。官・位に思ひをかけ，主君のかげを頼むほどの人は，一日なりとも疾く移ろはむとはげみ，時を失ひ世に余されて期する所なきものは，愁へながら止まり居り，軒を争ひし人のすまひ，日を経つゝ荒れゆく。家はこぼたれて淀河に浮び，地は目のまへに畠となる。人の心みな改まりて，fたゞ馬・鞍をのみ重くす。牛・車を用する人なし。g西南海の領所を願ひて，東北の庄園を好まず。
> その時おのづから事の便りありて，h津の国の今の京に至れり。所のありさまを見るに，その地，程狭くて条里を割るに足らず。……古京はすでに荒れて，新都はいまだ成らず。ありとしある人は皆浮雲の思ひをなせり。
> (『方丈記』)

問1　下線部aは西暦1180年にあたるが，次の中から1180年以前の出来事を1つ選び，記号で答えよ。
　　ア．鹿ヶ谷の陰謀　　イ．倶利伽羅峠の戦い
　　ウ．一の谷の合戦　　エ．屋島の合戦

問2　下線部bはどの都を指すか。

問3　下線部cの時期に起こった事件を次の中から1つ選び，記号で答えよ。
　　ア．長屋王の変　　イ．安和の変　　ウ．応天門の変　　エ．薬子の変

問4　下線部dを現代語訳せよ。

問5　下線部eは誰を指すか。

問6　下線部fは具体的にどのような状況を意味しているか，簡単に説明せよ。

問7　下線部gについて，人々はなぜ「西南海の領所を願ひて，東北の庄園を好ま」なかったのか，その理由を説明せよ。

問8　下線部hの国名と都名をそれぞれ答えよ。

問9　この史料の出典『方丈記』の著者は誰か。

補充問題

問1　史料中に嵯峨天皇の時に都と定まったとあるが，この都の造営を始めた天皇は誰か。

問2　平氏が瀬戸内海航路を整備するために行った事業と修築した港を答えよ。

問3　源平争乱(治承・寿永の乱)の中，1181年を中心に平氏が大きな打撃をうけた飢饉を何とよぶか。

2 源頼朝の東国支配

実戦問題 次の史料を読み，あとの問いに答えよ。

> （a寿永二年閏十月十三日）……又語りて云く。……抑，東海・東山・北陸三道の庄園国領，本の如く領知すべきの由，宣下せらるべきの旨，①　申し請ふ。仍て②　を下さるるの処，北陸道許りは③　を恐るるに依り，其の②　を成されず。①　これを聞かば，定めて鬱を結ぶか。

問1　下線部aは西暦何年のことか。適するものを次の中から選び，記号で答えよ。
　　ア．1183年　イ．1185年　ウ．1190年　エ．1192年
問2　空欄①に適する語を次の中から選び，記号で答えよ。
　　ア．頼政　イ．清盛　ウ．頼朝　エ．義経
問3　空欄②に適する語を次の中から選び，記号で答えよ。
　　ア．太政官符　イ．宣旨　ウ．院宣　エ．安堵状
問4　空欄③に適する語を次の中から選び，記号で答えよ。
　　ア．時政　イ．頼範　ウ．義経　エ．義仲
問5　この史料は平安末期から鎌倉初期の政情について知ることができる重要な文献である九条兼実の日記からの引用である。この日記名を記せ。
問6　また，九条兼実の弟で『愚管抄』の著者として知られる人物は誰か。

3 守護・地頭の設置

実戦問題 次の史料を読み，あとの問いに答えよ。

> （a文治元年十一月）十二日辛卯。……凡そ今度の次第，関東の重事たるの間，沙汰の篇，始終の趣，太だ思し食し煩ふの処，b因幡前司広元申して云く，「世已に澆季にして，梟悪の者，尤も秋を得るなり。天下に反逆の輩有るの条，更に断絶すべからず。而るに　①　道の内に於いては，御居所たるに依て，静謐せしむと雖も，奸濫定めて他方に起らんか。これを相鎮めんが為，毎度，東士を発遣せらるゝは，人々の煩ひなり。国の費えなり。此の次を以て，諸国に御沙汰を交へ，　②　・庄園毎に，守護・　③　を補せられれば，強ちに怖るゝ所あるべからず。早く申し請はしめ給ふべし」と云々。c二品，殊に甘心し，此の儀を以て治定す。本末の相応，忠言の然らしむる所なり。

問1　下線部aは西暦何年のことか。
問2　下線部bは誰のことか。
問3　空欄①に適する語を次の中から選び，記号で答えよ。
　　ア．東海　イ．南海　ウ．北陸　エ．東山
問4　空欄②・③に適する語を入れよ。
問5　下線部cは誰を指すか。
問6　この史料の出典は鎌倉幕府の事績を幕府関係者がまとめた歴史書である。その名称を答えよ。

補充問題

問1　史料中に出てくる守護は，初期の段階では別の名称でよばれていた。その名称を2

つ答えよ。

問2 また、守護の基本的権限を総称して何というか。

> **分析・解説**
>
> **1**の史料は、1212（建暦2）年に成立した**鴨長明**の**『方丈記』**からの引用である。京都郊外の日野に隠棲して書いた随筆で、1180（治承4）年前後の社会を回想し、世の無常観を基調に、**以仁王**の挙兵を機に行われた福原遷都の慌ただしさを批評していることが引用部分からもうかがえよう。問4、問6、問7はじっくり史料を読み解かないと解答はし難いかもしれない。読解力が求められる国公立大学向きの問いといえるだろう。
>
> また、補充問題の問3については、養和の飢饉の前年の夏、西日本では旱ばつによる凶作となっており、数年にわたり飢饉が続いた。これにより西日本を経済基盤とする平氏の勢力後退が起こったのである。
>
> **2**・**3**は、鎌倉幕府の成立過程を段階的にとらえる根本史料を使った問題である。**2**では、源頼朝が掌握していた地域の荘園・公領はもとの領主・知行主に安堵するという**宣旨**が頼朝の申請によって出されたことを述べている。ここで注目すべき点は、北陸道についてはその対象からはずされていることで、これは朝廷が**源義仲**（木曽義仲）に遠慮したためであった。また、**3**では、守護・地頭設置の経緯が問われているが、頼朝は1185（文治元）年、源行家・義経の追捕を口実に全国に設置し、これを幕府の地方制度として存続させ、全国支配を固めたのである。出典は、『玉葉』と鎌倉幕府の事績を編年体でまとめた**『吾妻鏡』**で、いずれも基本史料である。設問自体もそう難しくはなく、鎌倉幕府の職制などとともに守護・地頭の権限などを確認しておけばよい。守護・地頭の設置を建言した**大江広元**は、公家出身の政治家で1184（元暦元）年に頼朝に招かれ**公文所**（**政所**）の初代**別当**となった。その義兄が中原親能で、同じく公文所の寄人となり、幕政に寄与している。また、**問注所**の初代執事には公家出身の**三善康信**が就任したが、このような頼朝の招きで京都から鎌倉へ下向して幕府草創期を支えた公家たちを、**京下り官人**とよんでいる。

第2節 鎌倉幕府の成立

第3節 執権政治の展開

1 北条義時追討令

実戦問題 次の史料を読み，あとの問いに答えよ。

近曾　①　の成成敗と称し，天下の政務を乱る。纔に　②　の名を帯ぶると雖も，a猶以て幼稚の齢に在り。然る間，彼のb義時朝臣，偏へに言詞を教命に仮り，恣に裁断を都鄙に致す。剰へ己が威を耀かし，皇憲を忘れたるが如し。これを政道に論ずるに，　③　と謂ふべし。早く五畿七道の諸国に下知し，彼の朝臣の身を追討せしめよ。兼て又c諸国・庄園の守護人・地頭等，言上を経べきの旨あらば，各d院庁に参り，宜しく上奏を経べし。……
　　　　　e承久三年五月十五日　（署名略）　　　　　　　　　（小松美一郎氏所蔵文書）

問1　空欄①に適する語を次の中から選び，記号で答えよ。
　　ア．関東　　イ．京都　　ウ．東国　　エ．朝廷
問2　空欄②に適する語を次の中から選び，記号で答えよ。
　　ア．摂政　　イ．将軍　　ウ．関白　　エ．大臣
問3　下線部aについて，ここで「幼稚の齢」と表現されている人物は誰か。
問4　下線部bについて，この人物の説明として誤っているものを次の中から１つ選び，記号で答えよ。
　　ア．この人物は北条時政の子で，２代執権となった。
　　イ．北条氏嫡流の惣領家を得宗というのは，もともとこの人物の法名徳宗に由来するといわれる。
　　ウ．この人物は1213年に有力御家人の１人であった和田義盛を滅ぼし権勢を掌握した。
　　エ．この人物は日本最初の武家法である御成敗式目を制定した。
問5　空欄③に適する語を次の中から選び，記号で答えよ。
　　ア．謀反　　イ．一揆　　ウ．下剋上　　エ．大逆
問6　下線部cについて，諸国の守護の基本的な権限を大犯三カ条というが，それは具体的に何を指しているか。
問7　この史料の内容後に起こった戦乱によって新たに設置された地頭のことを何というか。
問8　下線部dについて，この時期に院政を行っていた上皇は誰か。
問9　この史料は下線部bの人物に対する追討令の一部で，下線部eの年に戦乱が起こったが，それは西暦何年にあたるか。

2 承久の乱

演習問題 次の史料を読み，あとの問いに答えよ。

a二品，家人等を簾下に招き，b秋田城介景盛を以て示し含めて日く，皆心を一にして奉るべし。是れ最期の詞なり，c故右大将，朝敵を征罰しd関東を草創してよ

40　第３章　武家政権と中世の社会

り以降、官位と云ひ、俸禄と云ひ、其の恩既に山岳よりも高く、溟渤よりも深し、報謝の志浅からん乎。而るに今逆臣の讒に依りて、e非義の綸旨を下さる。名を惜しむの族は、早くf秀康・胤義等を討取り、三代将軍の遺跡を全うすべし。但し、g院中に参らんと欲する者は、只今申し切るべし者、群参の士悉く命に応じ、且つは涙に溺みて返報を申すに委しからず、只命を軽んじて恩に酬いんことを思ふ。

(『吾妻鏡』)

問1　下線部aの「二品」は誰を指すか。
問2　下線部bは、「二品」の側近であった人物だが、その姓は何か。次の中から選び、記号で答えよ。
　　ア．三浦　　イ．比企　　ウ．和田　　エ．安達
問3　下線部cの「故右大将軍」とは誰のことか。
問4　下線部dについて、これは鎌倉に幕府を開いたことを指す。鎌倉に関係する史跡や地名として不適切なものを次の中から1つ選び、記号で答えよ。
　　ア．和賀江島　　イ．六浦津　　ウ．大輪田泊　　エ．若宮大路
問5　下線部eの「非義の綸旨」で追討の対象となった人物は誰か。
問6　下線部fは、白河院政以来設けられていた院を警護するための武士組織の一員であった。この武士組織の名称を次の中から選び、記号で答えよ。
　　ア．北面の武士　　イ．滝口の武士　　ウ．院の近臣　　エ．追捕使
問7　下線部gについて、「院中」で幕府打倒の中心となった上皇を次の中から選び、記号で答えよ。
　　ア．後白河上皇　　イ．後鳥羽上皇　　ウ．後嵯峨上皇　　エ．後深草上皇
問8　この史料の際に起こった戦乱の意義について、30字程度で説明せよ。

3　新補地頭の設置

実戦問題　次の史料を読み、あとの問いに答えよ。

a去々年の兵乱以後、諸国の庄園郷保に補せらるる所の地頭、沙汰の条々
一　得分の事
　右、宣旨の状の如くば、仮令、田畠各①町の内、②町は領家国司の分、③町は地頭の分、広博狭小を嫌はず、b此の率法を以て免給の上、加徴は段別に④升を充て行はるべしと云々。……
　　　　貞応二年七月六日　　c前陸奥守判
　　　d相模守殿

(『新編追加』)

問1　下線部aは何を指すか。
問2　空欄①〜④に入る数字を記せ。
問3　下線部bを何というか。
問4　下線部c・dはそれぞれ誰を指すか。次の中から選び、記号で答えよ。
　　ア．北条義時　　イ．北条時頼　　ウ．北条泰時　　エ．北条時房

4 承久の乱論

実戦問題 次の史料を読み、あとの問いに答えよ。

> 頼朝勲功ハ昔ヨリタグヒナキ程ナレド、ヒトヘニ天下ヲ掌ニセシカバ、君トシテヤスカラズオボシメシケルモコトハリナリ。況ヤ其跡タエテa後室ノ尼公陪臣ノ ① ガ世ニナリヌレバ、彼跡ヲケヅリテ御心ノマ丶ニセラルベシト云モ一往イヒナキニアラズ。シカレド ② ・鳥羽ノ御代ノ比ヨリ政道ノフルキスガタヤウ丶オトロヘ、b後白河ノ御時兵革オコリテ奸臣世ヲミダル。天下ノ民ホトンド塗炭ニオチニキ。頼朝一臂ヲフルヒテ其乱ヲタイラゲタリ。……是ニマサル程ノ徳政ナクシテイカデタヤスククツガヘサルベキ。……c頼朝高官ニノボリ、守護ノ職ヲ給、コレミナ法皇ノ勅裁也。ワタクシニヌスメリトハサダメガタシ。後室ソノ跡ヲハカラヒ、 ① 久ク彼ガ権ヲトリテ、人望ニソムカザリシカバ、下ニハイマダキズ有トイフベカラズ。d一往ノイハレバカリニテ追討セラレンハ、上ノ御トガトヤ申ベキ。
>
> (『神皇正統記』)

問1　下線部aは誰のことか。

問2　空欄①・②に適する語を入れよ。

問3　下線部bについて、この時代に起こった次のi～ivの出来事について、古いものから年代順に並べたものを、あとのア～エから選び、記号で答えよ。

　　　i．平治の乱　　ii．養和の飢饉　　iii．鹿ヶ谷の陰謀　　iv．石橋山の戦い

　　　ア：i→iv→ii→iii　　イ：iii→i→iv→ii
　　　ウ：i→iii→iv→ii　　エ：iii→ii→i→iv

問4　下線部cについて、頼朝が1190年についた官職は何か。

問5　下線部dの解釈として正しいものを次の中から選び、記号で答えよ。

　　ア．後鳥羽上皇が徳政を行わない北条義時を追討するのは当然である。
　　イ．正当な理由で権力を握った北条義時を追討するのは後白河法皇の過失である。
　　ウ．少しばかりの理由で北条義時が後鳥羽上皇を追討するのは当然である。
　　エ．少しばかりの理由で北条義時を追討するのは後鳥羽上皇の過失である。

問6　この史料の出典『神皇正統記』の著者は北畠親房であるが、親房が著した有職故実書を次の中から選び、記号で答えよ。

　　ア．『職原抄』　　イ．『太平記』　　ウ．『梅松論』　　エ．『公事根源』

分析・解説

　1221(承久3)年、後鳥羽上皇と幕府との間で長江・倉橋荘の地頭免職問題をめぐる紛争が起こると、5月14日、後鳥羽上皇は「流鏑馬沙汰」と称して諸国の武士を集め、翌日、北条義時追討の宣旨を発し、院の指示に従って討幕するように命令した。3代将軍実朝の死後、幕府の実権は事実上の将軍ともいえる北条政子と執権義時が握っていた。**1**の下線部aは「かろうじて将軍の名がついているが、まだ幼齢にすぎない」という意で、3代将軍実朝以後源家将軍が絶えたあと、摂関家から摂家将軍として迎えられた藤原頼経(関白九条道家の子)を指す。また、「言詞を教命に仮り」というのは、「将軍の言葉だと偽って」と解釈できる。

　2は、後鳥羽上皇による義時追討令で動揺している御家人に対し、北条政子が結束を

よびかけたもの。「二品」は従二位であった政子を指す。「秋田城介景盛」は政子の側近であった**安達景盛**のことである。設問はいずれもオーソドックスなものだが，問4はここから発展させた設問で，大学入試問題ではこのような展開は十分考えられる。**和賀江島**は，北条泰時の時代に鎌倉材木座海岸に造成された人工島で幕府の港湾施設があった。六浦津は，相模湾に面した鎌倉の海岸が遠浅であったため外港として利用された，現在の東京湾に面した港である。若宮大路は鶴岡八幡宮から由比ガ浜まで延びる八幡宮の参道である。これらの歴史的地名などは，純粋な文字史料の問題ではないが，略地図などを用いて出題されることも考えられる。教科書には，平城京や平安京の地図などとともに鎌倉要図も出ているので，十分確認しておくとよいだろう。

　また，承久の乱に勝利した幕府は，後鳥羽上皇以下3上皇を配流し，朝廷側の公家や武士の所領を没収し，戦功をあげた御家人を新たにその地の地頭に任命した。これが**3**の**新補地頭**で，これを機に幕府の勢力は西日本にも拡大した。設問はこの新補地頭の得分に関するもので，いずれも基本的なことばかりである。

　最後の**4**は，一部，史料の読解力が問われる設問もあるが，それ以外は簡単であろう。問3は，平治の乱(1159年)，鹿ヶ谷の陰謀(1177年)，石橋山の戦い(1180年)，養和の飢饉(1181年〜)となる。問5は，南北朝期に北畠親房が承久の乱を客観的にみた印象を述べた史料に関する設問である。史料文から，特別な失政のない幕府を追討しようとする朝廷側を批判している点を見抜いてほしい。

第3節　執権政治の展開

第4節 御成敗式目と地頭の非法

1 御成敗式目制定の趣旨

演習問題 次の史料を読み，あとの問いに答えよ。

　　さて a この式目をつくられ候事は，なにを本説として被注載之由，人さだめて謗難を加事候歟。ま事にさせる本文にすがりたる事候はねども，たゞ b どうりのおすところを被記候者也。かやうに兼日にさだめ候はずして，或はことの理非をつぎにして其人のつよきよはきにより，或は，御裁許ふりたる事をわすらかしておこしたて候。かくのごとく候ゆへに，かねて御成敗の躰をさだめて，人の高下を不論，偏頗なく裁定せられ候はんために，子細記録しをかれ候者也。此状は c 法令のおしへに違するところなど少々候へども，たとへば律令格式は d まなをしりて候物のために，やがて漢字を見候がごとし。e かなばかりをしれる物のためには，まなにむかひ候時は人の目をしいたるがごとくにて候へば，この式目は只かなをしれる物の世間におほく候ごとく，あまねく人に心えやすからせんために，武家の人へのはからひのためばかりに候。これによりて京都の御沙汰，律令のおきて聊もあらたまるべきにあらず候也。……
　　　　 f 貞永元
　　　　　九月十一日　　（署名・宛所略）

問1　下線部 a の「この式目」とは何を指すか。
問2　下線部 b の「どうり」とは，ここではどのような意味か。
問3　下線部 c の「法令」とは具体的には何を指すか。史料中の語句を抜き出して答えよ。
問4　下線部 d・e をそれぞれ漢字で表記せよ。
問5　下線部 f は西暦何年のことか。
問6　この史料は，ある人物がその弟に出した書状である。ある人物とは誰のことか。
問7　問1の式目の制定意義を簡潔に述べよ。

2 御成敗式目の内容

演習問題 次の史料を読み，あとの問いに答えよ。

一　a 諸国守護人奉行の事
　　右， b 右大将家の御時定め置かるる所は， c ［　　　］・謀叛・殺害人付たり。夜討・強盗・山賊・海賊等の事なり。而るに近年，代官を郡郷に分ち補し，公事を庄保に充て課せ，国司に非ずして国務を妨げ，地頭に非ずして地利を貪る。所行の企て甚だ以て無道なり。抑重代の御家人たりと雖も，当時の所帯無くば駈り催すに能はず。兼て又所々の下司庄官以下，其の名を御家人に仮り，国司・領家の下知を対捍すと云々。
一　d 女人養子の事
　　右，法意の如くばこれを許さずと雖も，大将家御時以来当世に至るまで，其の子無きの女人等，所領を養子に譲り与ふる事，不易の法勝計すべからず。加之，都鄙の例先蹤惟れ多し。評議の処尤も信用に足るか。　　　　　　　　　　　　　（『御成敗式目』）

問1　下線部aについて，この時代の守護に対して室町時代になると守護の権限はいっそう拡大した。その内容を2つ答えよ。
問2　下線部bの「右大将家」とは具体的に誰を指すか。
問3　空欄に適する語を入れよ。
問4　下線部cの守護の職務を総称して何というか。
問5　下線部dについて，当時の武家社会における女性の相続権について70字以内で説明せよ。

3 地頭の非法

実戦問題 次の史料を読み，あとの問いに答えよ。

> 一　ヲンサイモクノコト。アルイワa<u>チトウノキヤウシヤウ</u>，アルイワチカフトマウシ，カクノコトクノ人フヲ，チトウノカタエセメツカワレ候ヘハ，テマヒマ候ワス候。ソノヽコリ，ワツカニモレノコリテ候人フヲ，サイモクノヤマイタシエ，イテタテ候エハ，b<u>テウマウノアトノムキマケテ候テ</u>，ヲイモトシ候イヌ。ヲレラカコノムキマカヌモノナラハ，メコトモヲヲイコメ，ミヽヲキリ，ハナヲソキ，カミヲキリテ，アマニナシテ，ナワ・ホタシヲウチテ，c<u>サエナマント候ウテ，せメセンカウせラレ候アイタ</u>，ヲンサイモクイヨヽヽヲソナワリ候イヌ。ソノウエ百姓ノサイケイチウ，チトウトノエコホヒトリ候イヌ。……
> 　　　ケンチカン子ン十月廿八日　　　百姓ラカ上　　　　　　　　　　　（『高野山文書』）

問1　この訴えを起こした阿氏河荘の所在地はどこか。当時の国名で答えよ。
問2　下線部aは具体的にどのような内容か。次の中から選び，記号で答えよ。
　ア．義経追捕のため上京すること　　イ．承久の乱で上京すること
　ウ．京都大番役で上京すること　　　エ．鎌倉番役で鎌倉警護に行くこと
問3　下線部bについて，これは百姓の実力行使の方法を示すものであるが，これを何というか。次の中から選び，記号で答えよ。
　ア．逃亡　　イ．越訴　　ウ．一揆　　エ．強訴
問4　下線部cの行為をとるのは誰か。次の中から選び，記号で答えよ。
　ア．守護　　イ．荘園領主　　ウ．地頭　　エ．執権
問5　この史料で訴えられた地頭は何氏か。
問6　この史料は百姓らが領家の寺院に提出したものと考えられるが，その寺院名を記せ。

分析・解説

　御成敗式目（貞永式目）は，出題頻度がきわめて高い。鎌倉幕府の基本法で，**頼朝以来の先例**や**武家社会の道理を基準**とする日本最初の武家法である。**1**の下線部cにあるように，公家社会には律令格式，荘園領主の下では**本所法**があり，適用は武家社会に限られた。**2**の下線部dは，男子の不慮の死を意識する武家社会の特質とみることができよう。**3**は『高野山文書』に収録されている。片仮名で読みにくい点もあるが，地頭**湯浅宗親**の非法を訴えた百姓の**申状**で，領家**寂楽寺**側が地頭との争論を有利にするために書かせたものとも考えられており，中世の在地支配の実態を理解するうえで重要な史料である。

第4節　御成敗式目と地頭の非法

御成敗式目(貞永式目)

制定	1232(貞永元)年,執権北条泰時
基準	**頼朝以来の先例**→頼朝時代の政治・裁判にならうこと 武家社会の**道理**(慣習・道徳)
目的	御家人同士や御家人と荘園領主とのあいだの紛争を,公平に裁く基準
適用範囲	幕府の支配領域のみ→武家法 　　{ 朝廷側──公家法 　　{ 荘園領主──本所法
おもな内容	全51カ条 ・御家人の所領争論の基準　　　14条 ・御家人の所領相続・譲渡の規定　8条 ・犯罪に対する刑罰　　　　　　12条 ・守護・地頭の職掌　　　　　　　4条

第5節 蒙古襲来

1 蒙古の牒状

実戦問題 次の史料を読み，あとの問いに答えよ。

　　上天の眷命せる a 大蒙古国皇帝，書を日本国王に奉る。朕惟ふに，古より小国の君は境土相接すれば，尚ほ講信修睦に務む，況んや我が祖宗，天の明命を受け，区夏を奄有す。遐方異域の威を畏れ徳に懐く者，悉く数うべからず。……高麗は朕の東藩なり。日本は高麗に密邇し，b 開国以来，亦時として中国に通ぜり。朕が躬に至りては，一乗の使も以て和好を通ずること無し。尚ほ c 王の国これを知ること未だ審ならざるを恐る。故に特に使を遣はし，書を持して朕が志を布告せしむ。……兵を用ふるに至りては，夫れ孰か好む所ならん。
　　　　至元三年八月　　日
　　　　　　　　　　　　　　　　　　　　　　　　（『東大寺尊勝院文書』）

問1　下線部 a の「大蒙古国皇帝」とは誰を指すか。その人名を記せ。
問2　下線部 b について，日本が中国に朝貢したことを記すもっとも古い中国の史書は何か。
問3　下線部 c はどこの国を指すか。
問4　この史料の8年後に起こった，1度目の蒙古襲来を何というか。
問5　蒙古襲来の時の幕府の執権は誰か。
問6　1度目の蒙古襲来後，再来に備えて博多湾沿岸に構築された施設は何か。

補充問題

問1　蒙古襲来に備えた幕府が，九州北部を防備するために編制した番役を何というか。
問2　1281年に起こった2度目の蒙古襲来を何とよぶか。
問3　また，その際に朝鮮半島南部の合浦から進発したモンゴル（元）軍と高麗軍の混成軍を何というか。次の中から選び，記号で答えよ。
　　ア．南島軍　　イ．江南軍　　ウ．北路軍　　エ．東路軍
問4　モンゴル軍の高麗侵攻に対し，抵抗を続けた高麗軍の部隊を何というか。
問5　肥後国の御家人が，蒙古襲来の際に奮戦し戦功をあげた自己の姿を描かせた絵画資料は何か。また，この御家人とは誰か。
問6　蒙古襲来の際の日本とモンゴル軍の戦闘方法の違いを簡潔に述べよ。

2 非御家人の動員

演習問題 次の史料を読み，あとの問いに答えよ。

　　a 蒙古人，□□・壱岐に襲来し，合戦を致すの間，軍兵を差し遣はさるる所なり。且，b 九国住人等，c 其の身は縦ひ御家人にあらずと雖も，軍功を致すの輩有らば，抽賞せらるべきの由，普く告げ知らしむべきの状，仰せに依て執達件の如し。
　　　　d 文永十一年十一月一日
　　　　　　　　　　　　　　　　　　　　　　　　武蔵守在判
　　　　　　　　　　　　　　　　　　　　　　　　相模守同

大友兵庫頭入道殿　　　　　　　　　　　　　　　（『大友文書』）

問1　下線部aについて，この時「蒙古人」とともに襲来した国はどこか。
問2　また，「蒙古人」が建国した元の首都名を答えよ。
問3　空欄に適する語を入れよ。
問4　下線部bについて，「九国」とは何を指すか。
問5　下線部cを現代語訳せよ。
問6　下線部dは西暦何年のことか。
問7　史料中の「相模守」は当時の執権北条時宗，「武蔵守」は時宗を補佐した北条義政である。この時の義政の職名は何か。

分析・解説

　モンゴル帝国5代皇帝フビライ（のち元の初代皇帝〈世祖〉，チンギス＝ハンの孫）は，1266（文永3）年に日本の服属を求めた。**1**の牒状がその最初の国書で，すでに支配下においていた高麗の使者を通じて大宰府に送ってきたものである。「牒状」というのは上下関係のない官司の間でやりとりされる文書の形式で，これに対し幕府と朝廷は返牒を送らず，その後の再三の朝貢要求にも鎌倉幕府8代執権北条時宗は拒否し続けた。そこで1271年に都を大都に移し国号を元と改めたフビライは，1274（文永11）年に高麗の軍勢を従え対馬・壱岐を攻略し九州に来襲，博多湾岸に上陸した。これが文永の役とよばれるもので，この戦闘の模様を記した史料が『八幡愚童訓』である。このとき元軍は「てつほう」（鉄放）を使用し，火薬による爆発音と煙で日本軍を混乱させた。

　元の来襲は幕府に大きな衝撃を与え，文永の役後，元の再来に備え，北条一族を長門と周防の守護として長門探題を設置した。また博多湾の沿岸には石・砂・土を積み上げた石塁（防塁・石築地）を構築して防備を固めたほか，元の来襲に備えて1271（文永8）年から九州地方の御家人で編制していた異国警固番役を強化し，石築地役とともに非御家人などにも課役した。**2**はこれを示す，非御家人の動員に関して幕府が豊後国守護の大友頼泰に宛てた文書で，『大友文書』に収録されている。そこでは非御家人も幕府の指揮下の戦闘に参加し，そこで手柄をたてれば恩賞を与えると記されているが，ここから幕府が非常時に際してその支配権を非御家人にまで拡大しようとした意図も読みとれるだろう。また1281（弘安4）年には2度目の元の来襲があり，これを弘安の役という。その際，元軍は朝鮮半島の合浦からの東路軍と，江南の寧波からの江南軍に分かれて来寇し博多を攻めた。このような2度にわたる蒙古襲来は，幕府の西国防備と九州統治を強化させ，1293（永仁元）年に博多におかれた鎮西探題は軍事・行政・訴訟を管轄した。これには九州の御家人が異国警固に専心できるように関東や京都六波羅への出訴を禁じ，それに代わる九州での訴訟機関を整備し御家人の不満に対処する意図もあった。蒙古襲来は結果的に2度とも暴風雨で元軍が撤退することとなったと伝えられるが，このことは，元の襲来に際し亀山上皇が石清水八幡宮や筑前の筥崎宮に神仏加護を祈願したこととあいまって神国思想の展開を促した。

48　第3章　武家政権と中世の社会

第6節 鎌倉幕府の衰退

1 永仁の徳政令

演習問題 次の史料を読み、あとの問いに答えよ。

> 一 a質券売買地の事
> 　右、所領をもって、あるいは質券に入れ流し、あるいは売買せしむるの条、b御家人等侘傺の基なり。向後に於いては、停止に従うべし。以前c沽却の分に至りては、本主領掌せしむべし。但し、或いは御下文・下知状を成し給ひ、或いは知行□箇年を過ぐるは、公私の領を論ぜず、今更相違有るべからず。若し制符に背き、濫妨を致すの輩有らば、罪科に処せらるべし。
> 　次に、非御家人・d凡下の輩の質券買得地の事。年紀を過ぐると雖も、売主知行せしむべし。
> 　　　　　　　　　　　　　　　　　　　　　　　　（『東寺百合文書』）

問1 この史料は鎌倉幕府が定めた箇条書きの法令の一部であるが、それを何というか。
問2 下線部aについて、鎌倉時代から南北朝時代にかけての高利貸（金融業者）を何というか。
問3 下線部bの内容を現代語訳せよ。
問4 下線部cの意味として適するものを次の中から選び、記号で答えよ。
　　ア．返還　　イ．売却　　ウ．貸与　　エ．借入
問5 空欄に適する数字を次の中から選び、記号で答えよ。
　　ア．5　　イ．10　　ウ．15　　エ．20
問6 下線部dの文字の読み方を平仮名で記せ。また、どのような人々を指すか、漢字2文字で答えよ。
問7 当時の御家人たちの経済状態がこの史料に示されているようになった原因について、70字程度で説明せよ。

2 幕府政治の動揺

実戦問題 次の史料を読み、あとの問いに答えよ。

> 問云ク。諸国同事ト申ナカラ、当国ハ殊ニ　①　蜂起ノ聞ヘ候。何ノ比ヨリ張行候ケルヤラム。
> 答云。……正安・乾元ノ比ヨリ、目ニ余リ耳ニ満テ聞ヘ候。所々ノ乱妨、浦々ノ海賊、寄取、強盗、山賊、追落シヒマ無ク、　②　ナルアリサマ、人倫ニ異ナリ、a柿維ニ六方笠ヲ着テ、烏帽子・袴ヲ着ス、人ニ面ヲ合セス、忍タル体ニテ、数ス不具ナル高シコオヲ負ヒ、ツカサヤハケタル太刀ヲハキ、竹ナカエサイハウ杖ハカリニテ、鎧腹巻等ヲ着マテノ兵具更ニ無シ。
> 　　　　　　　　　　　　　　　　　　　　　　　　（『峰相記』）

問1 空欄①・②に適する語を入れよ。
問2 下線部aについて、南北朝時代から室町時代にはこのような人目をひく風俗が流行したが、これを何というか。平仮名3文字で答えよ。

問3　また，このような振る舞いをした大名もいたが，その代表的な人物である近江国の大名は誰か。

> **分析・解説**
>
> 　1は永仁の徳政令だが，その解説の前に鎌倉時代後期の社会状況を確認しておきたい。承久の乱(1221年)を経た13世紀後半は，鎌倉幕府が東国政権から全国的政権へと発展し，同時に生産や貨幣経済が発達し，社会に大きな変化が生じた時期であった。こうした変化に伴い，幕府の御家人支配体制の基盤であった惣領制が動揺し始めるのもこの時期からである。惣領制とは，武家社会において血縁的につながる一族の結合体制で，一族の長である惣領がそのほかの庶子を統率し，幕府への軍役などの御家人役の負担を引き受けて一族内に割り当てるというものであった。この仕組みは，承久の乱での幕府側の勝利によってその支配が全国規模に拡大したことで変化をみせることになる。御家人の所領が全国に拡大・散在するようになったため，遠隔地の所領支配や所領の分割相続により一族内の庶子が諸国に分散，独立する傾向が広がったのである。その結果，従来の血縁的結合原理は，地方の各国を統括する守護を中核とする地縁的結合原理へと変化した。
>
> 　2度におよぶ蒙古襲来は，こうした守護の指揮権を強化することに拍車をかけるものとなったが，一方で御家人の間には大きな犠牲を払ったにもかかわらず恩賞が不十分であったことへの不満を高めた。また従来からの原則であった分割相続のくり返しは，結局のところ御家人の所領細分化という問題を招き，この頃から御家人社会の経済的な窮乏が深刻になってくる。こうした問題を抱えていた幕府が，御家人救済の措置としてとったのが，この設問である1297(永仁5)年の永仁の徳政令であった。これが発布された時の執権は北条貞時である。出題部分はその一部，すなわち第2条の質券売買地についての記述で，関東から六波羅へ送られた細部の説明である。幕府は敗訴した御家人の権利保護のため1264(文永元)年に北条実時・安達泰盛を長官として越訴方を設置しているが，この徳政令の第1条では訴訟頻発による混乱防止のため「越訴」を禁じている。一般に越訴とは，正しい審理の手続きを経ずに上位者へ訴える行為を指すが，徳政令における越訴とは，敗訴者による再審要求を指す。徳政令の発布により，御家人の所領の質入れや売買は禁止され，それまでに質入れ・売却した御家人領は無償で取り戻せることとなったが，その効果は一時的なものであったといえるだろう。設問では，問3，問7に国公立大の2次試験に出題されそうな論述問題を設けたが，問3は「佗傺」の意味を史料集などで確認できていれば問題はないだろう。また問7も，教科書的な範囲で解答できるオーソドックスな論述問題で，3つの要点が的確にまとめられればよい。
>
> 　また，2は鎌倉時代末から南北朝期という移行期において，政治の混乱から悪党が勢力を増してきたことを『峰相記』(作者不詳)より取り上げたものである。

第3章　武家政権と中世の社会

第7節 鎌倉時代の仏教

1 法然

演習問題 次の史料を読み，あとの問いに答えよ。

> a もろこし我がてうに，もろゝゝの智者達のさたし申さるゝ，観念の念ニモ非ズ。又学文をして念の心を悟リテ申 ① ニモ非ズ。たゞ ② 極楽のためニハ，南無阿弥陀仏と申て，疑なく ② スルゾト思とリテ，申外ニハ別ノ子さい候ハず。……b 此外ニをくふかき事を存ゼバ，二尊ノあハれみニハヅレ，本願ニもれ候べし。 ① ヲ信ゼン人ハ，たとひ一代ノ法ヲ能々学ストモ，一文不知ノ愚とんの身ニナシテ，尼入道ノ無ちノともがらニ同じテ，ちしやノふるまいヲセずして，只一かうに ① すべし。
> （「一枚起請文」）

問1　下線部aは中国を指すが，1127年に臨安を首都として成立した王朝は何か。
問2　空欄①・②に適する語を入れよ。
問3　下線部bの内容を簡単に説明せよ。
問4　この史料を書いたのは法然であるが，法然が開いた宗派は何か。

2 親鸞・日蓮・道元・一遍

実戦問題 次の史料Ⅰ・Ⅱ・Ⅲを読み，あとの問いに答えよ。

> Ⅰ　「善人なをもちて往生をとぐ，いはんや ① をや。しかるを，世のひとつねにいはく，『 ① なを往生す，いかにいはんや善人をや』と。この条，一旦そのいはれあるにゝたれども，本願他力の意趣にそむけり。
>
> Ⅱ　薬師経の七難のうち，五難忽ちに起り，二難猶残せり。所以 a 他国侵逼の難，自界叛逆の難なり。……大集経の三災の内，二災早く顕はれ一災未だ起らず。所以「兵革の災」なり。金光明経の内，種種の災過一一起ると雖も，「他方の怨賊国内を侵掠する。」此の災未だ露はれず，此の難未だ来らず。仁王経の七難の内，六難今盛にして一難未だ現ぜず。所以「四方の賊来つて国を侵すの難」なり。
> （『立正安国論』）
>
> Ⅲ　一日 b 奘問云，叢林ノ勤学ノ行履ト云ハ如何。示云， ② 也。或ハ閣上，或楼下ニシテ，常坐ヲイトナム。人ニ交リ物語ヲセズ，聾者ノ如ク瘂者ノ如クニシテ，常ニ独坐ヲ好ム也。

問1　空欄①・②に適する語の組み合わせを次の中から選び，記号で答えよ。
　ア．①善人　②専修念仏　　イ．①悪人　②只管打坐
　ウ．①善人　②只管打坐　　エ．①悪人　②専修念仏
問2　史料Ⅰの教えを説いた僧は誰か。
問3　この僧の主著を答えよ。
問4　史料Ⅰは問2の僧の弟子が記したものである。この書名と著者の名前を答えよ。
問5　史料Ⅱの教えを説いた僧が開いた宗派は何か。
問6　また，問5の宗派が国家の安穏を得る正法としてもっとも重視した経典は何か。

問7　下線部aについて、この予言が現実のこととなったといえるような事件が起こったが、それは次のどれか。適切なものを選び、記号で答えよ。
　　ア．黒船来航　　イ．応永の外寇　　ウ．蒙古襲来　　エ．刀伊の入寇
問8　史料Ⅲにもっとも関係の深い宗派は次のどれか、適切なものを選び、記号で答えよ。
　　ア．曹洞宗　　イ．臨済宗　　ウ．浄土宗　　エ．時宗
問9　下線部bは史料Ⅲの著者のことであるが、それは誰か。また、その著書を答えよ。
問10　鎌倉時代の仏教の中には「踊念仏」により布教を広めていった宗派がある。その宗派名と開祖を答えよ。

分析・解説

　平安末期から鎌倉時代に創始された鎌倉仏教は、浄土宗・浄土真宗・時宗・日蓮宗・臨済宗・曹洞宗などで、これらは旧来の仏教を革新し、末法思想を背景とする社会不安の中でどのような階層の人でも行いやすい易行（いぎょう）によって救済されることを特徴とした。これらの開祖やその著書、中心寺院などは次の表を参照してほしい。

鎌倉仏教

宗派	開祖	中心寺院	主要著書	教義・特色	種別	支持層
浄土宗	法然（源空）	知恩院（京都）	『選択本願念仏集』	専修念仏（ただひたすらに南無阿弥陀仏を唱える）	念仏	貴族・武士・庶民
浄土真宗（一向宗）	親鸞	本願寺（京都）	『教行信証』	悪人正機説（煩悩の深い悪人こそが阿弥陀仏の救いの対象）		庶民・地方武士
時宗	一遍（智真）	清浄光寺（神奈川）	（『一遍上人語録』）	諸国を遊行しながら、踊念仏によって布教		庶民・地方武士
日蓮宗（法華宗）	日蓮	久遠寺（山梨）	『立正安国論』	題目（南無妙法蓮華経）他宗を批判	題目	関東の武士・商工業者
臨済宗	栄西	建仁寺（京都）	『興禅護国論』	坐禅・公案問答	禅	公家・幕府有力者
曹洞宗	道元	永平寺（福井）	『正法眼蔵』	只管打坐（ひたすら坐禅すること）		北陸地方の武士中心

　鎌倉仏教に関する出題頻度は高く、代表的な史料に基づいた設問を立てた。ここに出題されている内容は鎌倉仏教を理解する上ですべて確実にしておく必要があり、どれが出題されても対応できるようにしなくてはならない。

　①の出典は浄土宗開祖の法然が1212（建暦元）年に著した「一枚起請文」（法然が念仏往生の意義について、一枚の紙に書いたもの）で、そこからの設問に限った。問1の正答である南宋は、1127年に建国され、1279年まで続いた。②のⅡは日蓮の『立正安国論』である。そのほかの開祖の主著の内容もぜひ確認しておくこと。なお『立正安国論』を、日蓮が1260（文応元）年に執権北条時頼に献上したことも、入試問題ではよく問われている。

　一方、旧仏教側でも華厳宗・律宗・法相宗などで革新運動が起こった。法相宗の貞慶（解脱）は、腐敗した仏教界を嘆いて笠置寺（かさぎでら）に隠遁し、戒律の復興に努めた。また華厳宗の学僧明恵（高弁）は、高山寺を再興し、法然の『選択本願念仏集』を批判する『摧邪輪』（さいじゃりん）を著した。ほかには律宗の一派として真言律宗の叡尊や忍性などが現れ、戒律を重視した。また

真言律宗の僧は，慈善事業や土木事業などの社会貢献に努めたことでも知られ，忍性は奈良に北山十八間戸とよばれたハンセン病患者の救済施設を建てている。

旧仏教側のあらたな動き

宗派	僧	おもな活動内容
法相宗	貞慶 （解脱）	法相宗の中興。僧の堕落を憂い，笠置寺・海住山寺で戒律の復興に努める。法然の浄土宗を批判する『興福寺奏状』を書き，法然弾圧の契機をつくる。
華厳宗	明恵 （高弁）	京都栂尾に高山寺を開く。栄西より茶の種子を譲られたことから，栂尾は茶の名産地となる。戒律を尊重し，『摧邪輪』で法然の所説に反論。
真言律宗	叡尊	奈良西大寺を再興し，戒律復興に努めた。病者・貧者の救済や架橋などの社会活動を行う。
	忍性	叡尊の弟子。鎌倉極楽寺を再興し，戒律復興に努め，病人救済のため，奈良に北山十八間戸を設立。

第8節 鎌倉・南北朝期の史論

1 『愚管抄』

実戦問題 次の史料を読み，あとの問いに答えよ。

> a<u>保元以後ノコト</u>ハミナ乱世ニテ侍レバ，ワロキ事ニテノミアランズルヲハバカリテ，人モ申ヲカヌニヤトヲロカニ覚テ，ヒトスヂニ世ノウツリカハリオトラヘクダルコトハリ，ヒトスヂヲ申サバヤトオモヒテ思ヒツヾクレバ，マコトニイハレテノミ覚ユルヲ，カクハ人ノオモハデ，☐☐ニソムク心ノミアリテ，イトヾ世モミダレヲダシカラヌコトニテノミ侍レバ，コレヲ思ツヾクル心ヲモヤスメント思テカキツケ侍也。
> コノヤウニテ世ノ☐☐ノウツリユク事ヲタテマニハ一切ノ法ハタヾ☐☐ト云二文字ガモツナリ。

問1　下線部aの「保元以後ノコト」として誤っているものを次の中から1つ選び，記号で答えよ。
　　ア．壇ノ浦の戦い　　イ．平忠常の乱　　ウ．平治の乱　　エ．霜月騒動
問2　この史料の出典とその著者を答えよ。
問3　この著者は学問僧としてある宗派の最高位の立場にあったが，その立場とは何か。
問4　この史料はある戦乱の直前に著されたとされるが，その戦乱とは何か。
問5　空欄に適する語を漢字2文字で記せ。
問6　この著者の兄は摂政・関白となった九条兼実で，兼実の日記は平安末期から鎌倉初期の政情を記す重要な史料の1つとして知られているが，その日記とは何か。

2 『神皇正統記』

実戦問題 次の史料を読み，あとの問いに答えよ。

> 人ハ昔ヲワスル、モノナレド，天ハ道ヲウシナハザルナルベシ。サラバナド天ハa<u>正理</u>ノマヽニオコナハレヌト云コト，ウタガハシケレド，人ノ善悪ハミヅカラノ果報也。世ノヤスカラザルハ時ノ災難ナリ。天道モ神明モイカニトモセヌコトナレド邪ナルモノハ久シカラズシテホロビ，乱タル世モ正ニカヘル，古今ノ理ナリ。コレヲヨクワキマヘシルヲ稽古ト云。

問1　この史料は，北畠親房が著した歴史書の一節である。この書名を答えよ。
問2　この著者が皇位の正統性を主張したのは，南朝・北朝どちらの皇統か。
問3　下線部aの「正理」とは何を指すか，適するものを次の中から選び，記号で答えよ。
　　ア．先例　　イ．道理　　ウ．実践　　エ．知行合一

分析・解説

　1は**慈円**の『**愚管抄**』である。慈円は摂関家**藤原忠通**の子で，鎌倉初期に公家政界で活動した**藤原基実**や**九条兼実**の弟にあたる。『愚管抄』が出題される場合，後三条天皇の親政を記した部分に関する史料問題としての出題頻度が高いが，文献自体も史論としての史料

54　第3章　武家政権と中世の社会

的価値が高い。保元の乱から承久の乱にいたる公家の衰退していく時代を生きた慈円は，歴史全体を「道理」が貫いているとみて，日本の歴史を7段階に区分した。問5で問われているように，文中にも「道理」の文言が多く含まれているので，この言葉はキーワードとして覚えておきたい。2の『神皇正統記』は，南北朝時代に南朝の重臣として活躍した北畠親房が常陸の小田城で南朝の正統性を主張するために書いたものである。入試では史論の1つとして他の時代に関する出題も多くみられるので，『神皇正統記』で確実に出題される部分をおさえておきたい。

第9節 建武の新政

1 新政の実相

実戦問題 次の史料を読み，あとの問いに答えよ。

　　保元・平治・治承より以来，武家の沙汰として政務を恣にせしかども，a元弘三年の今は天下一統に成しこそめづらしけれ，君の御聖断は，b延喜・天暦の昔に立ち帰りて，武家安寧に民屋謳歌し，いつしか諸国に国司・c守護をさだめ，卿相雲客各其位階に登りし体，実に目出かりし善政なり。……古の興廃を改て，今の例は昔の ① なり，d朕が ① は未来の ② たるべしとて，新なる勅裁漸々聞えけり。……爰に京都の聖断を開奉るに ③ ・決断所を置かるといへども，近臣臨時に内奏を経て非義を申し断ぜぬ間，e綸言朝に変じ暮に改りしほどに，諸人の浮沈掌を返すが如し。

問1　この史料の出典は何か。
問2　下線部aは鎌倉幕府滅亡の年であるが，それは西暦何年か。
問3　下線部bは平安時代に天皇親政が行われた時代の年号である。2つの年号に関係のある天皇を次の中からそれぞれ選び，記号で答えよ。
　　　ア．嵯峨天皇　　イ．村上天皇　　ウ．醍醐天皇　　エ．清和天皇
問4　下線部cについて，鎌倉時代のはじめに源頼朝に対して各国に守護設置を認めた法皇は誰か。
問5　空欄①〜③に適する語を入れよ。
問6　下線部dは誰のことか。
問7　下線部eについて，「綸言」とは天皇の言葉を意味するが，天皇の意志を秘書官である蔵人が承って伝える形式の文書を何というか。

2 新政への批判

実戦問題 次の史料を読み，あとの問いに答えよ。

　　此比都ニハヤル物。夜討，強盗，謀 ① 。召人，早馬，虚騒動。生頸，還俗，自由出家。俄大名，迷者，安堵，恩賞，虚軍。本領ハナルヽ訴訟人。文書入タル細葛。追従，讒人，禅律僧。a下克上スル成出者。器用堪否沙汰モナク。モル、人ナキ ② 。キツケヌ冠上ノキヌ。持モナラハヌ笏持テ。内裏マジハリ珍シヤ。……四夷ヲシツメシ鎌倉ノb右大将家ノ掟ヨリ只品有シ武士モミナナメンタラニソ今ハナル。

問1　空欄①に適する語を入れよ。
問2　空欄②に適する語を次の中から選び，記号で答えよ。
　　　ア．決断所　　イ．政所　　ウ．記録所　　エ．将軍府
問3　下線部aについて，このような風潮は南北朝期から戦国期にかけて盛んとなった。この典型的な例として室町幕府13代将軍足利義輝を襲い，自害させたのは誰か。
問4　この史料は京都の二条河原に掲げられた落書とされるが，これを収録している出典名を答えよ。

問5　下線部bは誰のことか。

> **分析・解説**
>
> 1の出典は『梅松論』で，著者は不詳だが室町幕府の関係者と考えられている。足利尊氏の幕府創業を中心に幕府の正当性と一門の繁栄を梅松に例えて著した歴史物語で，出題頻度も高い。「君の御聖断は，延喜・天暦の昔に立ち帰りて」と「古の興廃を改て，今の例は昔の新儀なり，朕が新儀は未来の先例たるべしとて，新なる勅裁漸々聞えけり」の部分は後醍醐天皇の親政を端的に示すものとして有名である。2は『建武年間記』に収録されている京都の民衆による当時の混乱した世相の風刺であり新政の失政への批判である。1問7の問題文中にもあるように，2問1の綸旨は，天皇の意思を側近で仕える蔵人が承って伝える形式の文書。建武の新政では綸旨が絶対万能とされ，所領安堵は綸旨により個別に定められたため，諸国から多数の所領問題が雑訴決断所へ持ち込まれた。

第9節　建武の新政　57

第10節 南北朝の動乱と室町幕府

1 建武式目

実戦問題 次の史料を読み，あとの問いに答えよ。

　　① 元の如く a 柳営たるべきか，他所たるべきや否やの事
……就中，① 郡は，文治に b 右幕下始めて武館を構へ，c 承久に ② 朝臣天下を并呑す。武家に於いては，尤も吉土と謂ふべきか。爰に禄多く権重く，驕を極め欲を恣にし，悪を積みて改めず。d 果たして滅亡せしめ了んぬ。縦ひ他所たりと雖も，近代覆車の轍を改めずば，傾危何の疑ひ有るべけんや。……然らば居処の興廃は，政道の善悪に依るべし。是れ人凶は宅凶に非ざるの謂なり。但し，諸人若し遷移せんと欲せば，衆人の情に随ふべきか。

問1　空欄①・②に適する語をそれぞれ漢字2文字で入れよ。
問2　下線部aは何を意味するか。
問3　下線部bはある官職を意味するが，その官職名を答えよ。
問4　また，下線部bは具体的には誰のことを指すか。その名前を答えよ。
問5　下線部cは西暦何年の出来事か。
問6　下線部dは西暦何年の出来事か。
問7　この史料は足利尊氏がある人物らに諮問した際の答申の一部である。「ある人物ら」の中心人物の名前を答えよ。

2 南北朝の合体

演習問題 次の史料を読み，あとの問いに答えよ。

　a 御合体の事，連々兼凞卿を以て申し合せ候の処，b 入眼の条珍重に候。三種神器帰座有るべきの上は，c 御譲国の儀式を為すべきの旨，其の意を得候。自今以後，両朝の御流相代はりて御譲位と治定せしめ候ひ畢んぬ。就中，諸国の国衙は悉く皆御計たるべく候。d 長講堂に於ては，諸国分一円に　　　　殿の御進止たるべく候。（『吉田文書』）

問1　下線部aは南北朝の合体を指すが，これが実現したのは何年か。
問2　下線部bについて，簡単に解釈せよ。
問3　下線部cについて，これは皇位の継承を意味するが，譲位した天皇と継承した天皇をそれぞれ答えよ。
問4　下線部dの荘園の成立に関係の深い人物を次の中から選び，記号で答えよ。
　　ア．崇徳上皇　　イ．後鳥羽上皇　　ウ．後醍醐天皇　　エ．後白河法皇
問5　空欄に適する語を入れよ。
問6　この史料は，室町幕府の3代将軍となった足利義満が記した書状である。足利義満について述べた文として誤っているものを次の中から1つ選び，記号で答えよ。
　　ア．応永の乱で，大内義弘を討伐した。
　　イ．明徳の乱で，山名氏清を討伐した。

ウ．勘合を証票とする日明貿易を開始した。
エ．永享の乱で鎌倉公方の足利持氏を滅ぼした。

> **分析・解説**
>
> **1**の『建武式目』は，1336（建武3／延元元）年に九州から京都に入った足利尊氏が光明天皇（光厳天皇の弟）を北朝の天皇として擁立して発した武家政権開設の方向を示す施政方針である。尊氏の諮問に鎌倉幕府の評定衆であった中原章賢（是円）らが答申した上申書である。幕府の所在地に関する第1項と，当面の基本政策17カ条をもつ第2項からなっている。南北朝時代は，尊氏による光明天皇擁立に対して，後醍醐天皇が吉野に行宮（仮宮）を遷して南朝と称したことから始まり，1392（明徳3／元中9）年まで続いた。問2の「柳営」は幕府のことで，これと同じことを指す語を文中より答えさせる設問もよく出題されるが，その答えは「武館」である。問3の「右幕下」は右近衛大将の唐名である。引用部分は足利氏の幕府をどこに置くかという内容で，答申では幕府の所在地が栄えるか廃れるかは，政治の良し悪しで決まるとし，鎌倉へのこだわりはなかった。そこで尊氏は，京都の高倉に幕府を開いたのである。室町への移転は3代将軍となった義満の時である。このほか17カ条には当面の施策が示されたが，多くは単なる方針にとどまり，ただちに実施できる具体的な項目は少なかった。
>
> **2**は，『吉田文書』所収の南朝側の阿野実為宛ての足利義満の書状である。南北朝の合体は，強力な幕府を後ろ盾とした北朝が内乱を有利に展開し，その結果，衰弱した南朝を吸収したかたちであった。ここに示された「御譲国の儀式」は実際には行われずに，南朝から神器は取り上げられて両統迭立は実現しなかった。また，国衙領は大覚寺統（南朝）の皇統が相続することとされたが，守護領化されてしまい，履行されなかった。これにより，南朝最後の後亀山天皇（上皇）は，1410（応永17）年に吉野に戻り，後南朝として抵抗を続けた。

第11節 守護大名の成長

1 半済令

実戦問題 次の史料を読み，あとの問いに答えよ。

　一　寺社本所領の事　a観応三・七・廿四御沙汰
　b諸国擾乱に依り，寺社の荒廃，本所の牢篭，近年倍増せり。而るに適静謐の国々も，武士の濫吹未だ休まずと云々。仍て　①　に仰せ，国の遠近に依り日限を差し，施行すべし。承引せざる輩に於ては，所領の三分の一を分ち召すべし。所帯無くば，流刑に処すべし。若し遵行の後，立帰り違乱致さば，上裁を経ず国中の地頭御家人を相催し，不日に在所に馳せ向ひ，治罰を加へ，元の如く雑掌を下地に沙汰し居え，子細を注申すべし。将又　①　緩怠の儀有らば，其の職を改易すべし。
　次に　②　三ケ国の本所領半分の事，兵粮料所として，当年一作，軍勢に預け置くべきの由，　①　等に相触れ訖んぬ。半分に於ては，宜しく本所に分かち渡すべし。若し預人事を左右に寄せ，去渡さざれば，一円に本所に返付すべし。
　　　　　　　　　　　　　　　　　　　　　　　　　　　　　（『建武以来追加』）

問1　この史料は，室町幕府が出した法令である。何とよばれるものか。
問2　幕府がこの法令を発したときの将軍は誰か。
問3　下線部aは，西暦何年のことか。
問4　下線部bは観応の擾乱をはじめとする兵乱のことだが，観応の擾乱の中で殺害された室町幕府初代将軍の弟は誰か。
問5　空欄①に適する語を次の中から選び，記号で答えよ。
　　　ア．御家人　　イ．守護人　　ウ．国人　　エ．領家
問6　空欄②には3カ国の国名が入る。それをすべて記せ。
問7　空欄①の者が荘園や公領の経営を領主から委任され，一定の年貢納入を請け負う制度を何というか。

2 守護の権限拡大

演習問題 次の史料を読み，あとの問いに答えよ。

　　同じく諸国守護人非法の条々　　同日
　一　a大犯三箇条付けたり。　①　・　②　の外，所務以下に相綺ひ，地頭御家人の煩ひを成すの事。……
　一　b請所と号し，名字を他人に仮り，本所寺社領を知行せしむる事。
　一　新関を構へ，c津料と号して，山手河手を取り，旅人の煩ひを成すの事。
　以前の条々，非法張行の由，近年普く風聞す。一事たりと雖も違犯の儀有らば，忽ち守護職を改易すべし。
　　　　　　　　　　　　　　　　　　　　　　　　　　　　（『建武以来追加』）

問1　下線部aは，鎌倉時代の守護の職務の総称であるが，その内容を示せ。
問2　空欄①・②に適する語の組み合わせを次の中から選び，記号で答えよ。
　　　ア．①守護請　②使節遵行　　　　　　イ．①苅(刈)田狼藉　②使節遵行

ウ．①苅(刈)田狼藉　②守護請　　エ．①本領安堵　②新恩給与
問3　下線部bについて，これは荘園の支配や経営に関する領主との契約関係を意味するものであるが，これを何とよぶか。
問4　下線部cについて，「津料」とはどのようなものか，簡単に述べよ。

分析・解説

　1・2とも『**建武以来追加**』からの引用である。これは『建武式目』制定以後，室町幕府が発令した200カ条余りの追加法を編纂した法令集である。幕府法令としては，鎌倉幕府が制定した『御成敗式目』があり，室町幕府もこれを武家法の本条とし，建武年間以降に室町幕府が追加した法令なので『建武以来追加』とよんでいる。

　ここで問われている守護の権限は，鎌倉末期頃から拡大していき，南北朝時代に入ると地方支配を守護の領国経営に依存した室町幕府によって，当初の**大犯三カ条**からさらに強化された。1は一国内の荘園年貢の半分を守護の兵粮にあてる**半済令**で，最初に発令されたのは1352（文和元）年であるが，史料のように文和に改元される以前の観応3年に発布されているところから，これを**観応令**ともいう。本来，戦費をまかなうための臨時の措置であったが，足利義満が3代将軍に就任した1368（応安元）年に発令された**応安令**以後は下地の分割まで進んでおり，実質的にはこれを通じて永続的に守護の権限が強まった。史料の前半で寺社本所領の安全確保が述べられているが，真のねらいは南朝方の京都進攻に対抗して当該3カ国の武士を幕府方にひきつける点にあったと考えられる。そのため，期間・場所とも限定されているが，これが以後にわたり拡大していったのである。

　こうした守護の権限拡大を端的に示しているのが2の史料で，引用されている部分にはそのことが顕著に示されている。出題頻度も極めて高いので，よく学習しておきたい。問2の**刈田狼藉**は，係争中の相手や敵方の田地の稲を一方的に刈り取ってしまう実力行使をいい，これを取り締まる権限を守護に与えたということである。また，**使節遵行**は，土地争論の幕府の判決に幕府の使節として従わせる権限で，この2つの権限が新たに守護に付与され，守護の権限が強化されたのである。こうして室町時代の守護は鎌倉時代の守護と比べ，大きな権限をもつようになり守護大名と称されるようになった。

第12節 室町幕府の対外交渉

1 日明貿易の展開

実戦問題 次の史料Ⅰ・Ⅱを読み，あとの問いに答えよ。

Ⅰ　a日本准三后某，書を大明皇帝陛下に上る。日本国開闢以来，聘問を上邦に通ぜざること無し。某，幸にも国鈞を秉り，海内に虞れ無し。特に往古の規法に遵ひて　①　をして　②　に相副へしめ，好を通じて方物を献ず。金千両，馬十匹，薄様千帖，扇百本，屛風三双，鎧一領，筒丸一領，劔十腰，刀一柄，硯筥一合，同文台一箇。海島に漂寄の者の幾許人を捜尋し，これを還す。某誠惶誠恐頓首々々謹言。

（『善隣国宝記』）

Ⅱ　（文明十二年十二月二十一日）
一　明年b室町殿より唐船を渡らせらるべきの由，御沙汰に及び，c大内左京大夫に仰せ合せらると云々。楠葉入道，当年八十六歳なり。両度唐船に乗る者なり。今日これと相語れり。唐船の理ハ　③　に過ぐべからざるなり。唐糸一斤二百五十目なり。日本の代五貫文なり。

（『大乗院寺社雑事記』）

問1　下線部aは，室町幕府3代将軍であった人物を指すが，それは誰か。
問2　問1の人物に関係のない事項を次の中から選び，記号で答えよ。
　ア．建長寺船　　イ．応永の乱　　ウ．明徳の乱　　エ．北山山荘
問3　史料Ⅰ以降，朝貢形式による日明間の貿易が始まったが，それを中断した人物は誰か。
問4　空欄①・②に適する人名の組み合わせを次の中から選び，記号で答えよ。
　ア．①祖阿　②肥富　　イ．①宗氏　②楠葉西忍
　ウ．①楠葉西忍　②肥富　　エ．①肥富　②祖阿
問5　史料Ⅰの出典『善隣国宝記』の著者は相国寺鹿苑院主をつとめた人物であるが，それは誰か。
問6　下線部bは，当時の将軍を指すが，それは誰か。
問7　下線部cについて，のちにこの大名家が中国との貿易を独占するようになるが，そのきっかけとなった事件は何か。
問8　空欄③に適する語を漢字2文字で記せ。

分析・解説

　史料Ⅰの出典『善隣国宝記』は，問5にあるように臨済宗相国寺の僧侶瑞溪周鳳が編纂した外交史料である。中国では1368年に朱元璋（太祖洪武帝）が元を排し，漢民族の王朝である明を建国した。これにより明は近隣諸国に通交を求め，1401（応永8）年に足利義満は明との国交を開くことに踏みきり，側近の僧侶祖阿を正使，博多の商人肥富を副使として遣明船を派遣し，日本の伝統工芸品などとともに国書を提出した。これに対し，明の2代皇帝建文帝（恵帝）は，「日本国王源道義」宛の返書と明の暦（大統暦）を送ってきた。1403（応永10）年，義満は「日本国王臣源表す」と記した国書を送り，明の勘合を得て，1404（応永

11)年から勘合船を派遣し，ここに室町幕府の**勘合貿易**が開始されたのである。暦を受け取ることとともに，臣源の表記自体も明への臣従を意味するもので，このように日本の勘合貿易は明の冊封体制に組み込まれた朝貢形式の貿易であることをしっかりと把握しておいてほしい。問4の選択肢にある**楠葉西忍**(くすばさいにん)は，興福寺大乗院と関係の深い商人である。1434(永享6)年と1451(宝徳3)年の遣明使節に随行したが，その時の様子が史料Ⅱの『大乗院寺社雑事記』にみえ，それによれば現地で購入した生糸を日本に持ち帰ると20倍で売れ，国産の銅を運んで生糸にかえて持ち帰れば4〜5倍で売れるとされていることをしっかりと読みとろう。勘合貿易における具体的な利益の実態を知ることができる史料である。

第13節 撰銭令と都市・惣村の発達

1 撰銭令

実戦問題 次の史料を読み，あとの問いに答えよ。

> 定む ☐ の事京銭・打平等を限る
> 右，a唐銭に於いては，善悪を謂はず，少瑕を求めず，悉く以て諸人相互ひに取り用うべし。次にb悪銭売買の事，同じく停止の上は，彼と云ひ，是れと云ひ，若し違犯の輩有らば，其の身を死罪に行ひ，私宅に至っては結封せらるべきの由，仰せ下さるゝ所なり。仍て下知件の如し。
> 　永正弐年十月十日
> 　　　　　　　　　　　　　　　　　　　　　　　　　（『蜷川家文書』）

問1　空欄に適する語を入れよ。
問2　下線部aは中国からの渡来銭のことであるが，日明貿易で大量に輸入された明銭を2つ答えよ。
問3　下線部bについて，国内で鋳造された粗悪な銭貨を何というか。

2 自由都市堺の繁栄

実戦問題 次の史料を読み，あとの問いに答えよ。

> ①の町は甚だ広大にして，大なる商人多数あり，此町は②市の如くa執政官に依りて治めらる。
> 日本全国当①の町より安全なる所なく，他の諸国において動乱あるも，此の町にはかつてなく，敗者も勝者も此の町に来住すれば皆平和に生活し，諸人相和し，他人に害を加うる者なし。市街においては紛擾おこることなく，敵味方の差別なく，皆大なる愛情と礼儀を以て応対せり。市街には悉く門ありて番人を付し，紛擾あれば直にこれを閉づることも，一つの理由なるべし。
> 　　　　　　　　　　　　　　　　　　　　　　　　　（『耶蘇会士日本通信』）

問1　空欄①に適する地名を次の中から選び，記号で答えよ。
　　ア．博多　　イ．長崎　　ウ．石山　　エ．堺
問2　空欄②に適する地名を次の中から選び，記号で答えよ。
　　ア．ベニス　イ．ローマ　ウ．アテネ　エ．リスボン
問3　下線部aの執政官にあたる問1の町の有力者を何とよぶか。次の中から選び，記号で答えよ。
　　ア．会合衆　イ．年行司　ウ．町衆　　エ．月行事
問4　この史料にみられる町は，都市としてある機能に由来して繁栄したが，このような町を何というか。
問5　この史料は『耶蘇会士日本通信』に収録されたある人物の書簡であるが，それは誰か。
問6　また，その人物が所属していたキリスト教の会派は何か。

3 惣村

実戦問題 次の史料を読み，あとの問いに答えよ。

　　定む　条々掟之事
一　諸堂・宮・菴(庵)室において，バクチ諸勝負堅く禁制なり。
一　バクチノ宿ならびにケイセイノ宿においては，先規掟ノ旨に任せて，同座たるべからざるなり。
一　a惣・私の森林の咎の事は，マサカリキリハ三百卅文，ナタ・カマキリハ二百文，手ヲリ木ノ葉ハ百文の咎なり。
一　菜地畠ニテ，ソキ草・ヨセ土は停止し畢んぬ。
一　万の作毛，拾うト号し，猥の事，停止し畢んぬ。
　　右，b衆儀に依って定むる所件の如し。
　　　　永正十七庚辰年十二月廿六日

（『日吉神社文書』）

問1　この史料のような中世の農民らの自治的な規約を何というか。
問2　下線部aに示される「惣の森林」は特定個人の所有ではなかった。このような山野地を何というか。
問3　下線部bは農民らの自治的協議機関のことであるが，それを何というか。
問4　村落の自治を示すものとして，領主から独立して行使された裁判権を何というか。

補充問題
問1　南北朝時代から室町時代にかけて，近畿地方では農村の生産力が向上し，三毛作も行われていた。このことを紹介した『老松堂日本行録』の著者は誰か。
問2　また，この人物は1419年に起こった事件の外交処理のため，翌年に朝鮮から来日した。この事件とは何か。

分析・解説

　鎌倉時代後期から室町時代にかけての中世社会では，京都やその周辺地域を中心に諸産業が発達し商品経済が盛んになり，貨幣の流通も進んでいった。当時使用された貨幣は宋銭や明銭であったが，需要の増大とともに私鋳銭(鐚銭)の流通量も増えた。そこで鐚銭の使用を禁止する 1 の撰銭令がしばしば発せられるようになった。この問題で問われていることは基本的なことばかりなので，取りこぼしのないように注意したい。問2の明銭の中には，宣徳通宝などをあげてもよいだろう。
　また， 2 ・ 3 は中世都市や村落の自治に関する史料である。これらも頻出史料なので，設問自体も概ね基本的な事項ばかりである。 2 の問3は，堺や京都，博多などで呼称が異なるので，十分注意しなければならないだろう。ケアレスミスは禁物である。 3 では，補充問題に出てくる宋希璟が難しいくらいだろう。老松堂とはこの人物の号で，その著書には，摂津国尼崎で稲・麦・そばの三毛作が行われていることに驚いたことが記録されている。

第14節 一揆と応仁の乱

1 正長の徳政一揆

演習問題 次の史料を読み、あとの問いに答えよ。

　九月日、一天下の土民蜂起す。　①　と号して、酒屋・　②　・寺院等を破却せしめ、雑物等ほしいままにこれを取り、a借銭などことごとくこれを破る。b管領これを成敗す。およそ亡国の基、これに過ぐべからず。日本開白以来、土民蜂起これ初めなり。
　　　　　　　　　　　　　　　　　　　　　　　　　　　　　　　（『大乗院日記目録』）

問1　史料に記述された室町時代最初の「土民蜂起」を何というか。また発生したのは西暦何年か。
問2　この「土民蜂起」のきっかけは、近江の運送業者の蜂起であった。この運送業者を何というか。
問3　空欄①・②に適する語を入れよ。
問4　下線部aはどのような意味か。言葉を補って現代語訳せよ。
問5　下線部bの役職の読み方を記せ。また、この役職に就任できたのは何氏か、すべて答えよ。
問6　このような土民蜂起の基盤となった室町時代の村落を何というか。
問7　この史料と関係の深い石碑が奈良市にある。この碑文を何というか。
問8　また、その石碑に刻まれた文字の中に「オキメアルヘカラス」とあるが、これを訳せ。
問9　この史料の出典『大乗院日記目録』を記した興福寺の僧侶は誰か。

2 嘉吉の変・嘉吉の徳政一揆

実戦問題 次の史料Ⅰ・Ⅱを読み、あとの問いに答えよ。

Ⅰ　（嘉吉元年六月）廿五日、晴。昨日の儀粗聞く。一献両三献、a猿楽初時分、内方どめく。何事ぞと御尋ね有るに、雷鳴かなど三条申さるるの処、御後の障子引あけて、武士数輩出で則ちb公方を討ち申す。……細川下野守・大内等は腰刀計ニて振舞ふと雖も、敵を取るに及ばず、手負て引き退く。c管領・細河讃州・一色五郎・赤松伊豆等ハ逃走す。其の外の人々は右往左往して逃散す。御前に於いて腹切る人無し。赤松落ち行き、追懸けて討つ人無し。未練謂ふ量り無し。諸大名同心か、其の意を得ざる事なり。所詮、赤松討たるべき御企露顕の間、遽って討ち申すと云々。自業自得果して無力の事か。将軍此の如き犬死、古来其の例を聞かざる事なり。

Ⅱ　（嘉吉元年九月三日）四辺の土民、蜂起す。土一揆と号し、御徳政と称してd借物を破り、少分を以て押して質物を請く。ことは江州より起る。……　①　、多勢を以て防戦するも、猶承引せず。土民数万の間、防ぎえずと云々。……土一揆、猶以て所々に発向し、時の声を揚ぐ。嗷々以ての外なり。大略、申請に任せて徳政を行はるべしと云々。……今土民等、e代始に此の沙汰は　②　と称すと云々。言語道断の事なり。
　（同十日）今度土一揆蜂起の事、土蔵一衆先管領に訴へ、千貫の賄賂を出す。元来政

道の為濫吹を止め防戦すべきの由，領状の処，今はこれを防ぎ得ず。　　　　　（『建内記』）

問1　下線部aについて述べた文として，適切なものを次の中から1つ選び，記号で答えよ。
　　ア．神事の神楽や古揺を編曲したもの。
　　イ．男装をした女性が今様を歌いながら舞うもの。
　　ウ．平安中期以降に流行した祭礼神事の芸能。
　　エ．滑稽を主とした雑芸や歌曲のこと。
問2　下線部bは誰のことか。
問3　また，問2の人物がその権力強化を図り，対立する鎌倉公方を倒した事件を何というか。
問4　下線部cは誰のことか。
問5　史料Ⅰは伏見宮貞成親王の日記からの引用である。この日記を何というか。
問6　下線部dはどのような行為のことか。
問7　空欄①・②に適する語を入れよ。
問8　下線部eはこの数か月前に起こった事件により将軍の代がわりがあったことを示すが，その事件とは何か。

3 山城の国一揆

実戦問題 次の史料を読み，あとの問いに答えよ。

　（文明十七年十二月十一日）一，今日山城 ① 集会す。上は六十歳，下ハ十五六歳と云々。同じく一国中の土民等群集す。今度a両陣の時宜を申し定めんが為の故と云々。然るべきか，但し又b下極上の至なり。
　（文明十八年二月十三日）一，今日山城 ① ， ② に会合す。c国中の掟法猶以てこれを定むべしと云々。凡そ神妙。但し興成せしめば天下のため然るべからざる事か。
（『大乗院寺社雑事記』）

問1　空欄①に適する語を入れよ。
問2　下線部aについて，当時，南山城で戦闘状態にあった両陣営の正しい組み合わせを次の中から選び，記号で答えよ。
　　ア．細川政元と畠山義就　　イ．畠山義就と畠山政長
　　ウ．畠山政長と細川高国　　エ．細川政元と細川高国
問3　下線部bについて，戦国時代にはいわゆる下剋上によって戦国大名が成長したが，その大名と城下町の組み合わせとして誤っているものを次の中から1つ選び，記号で答えよ。
　　ア．長尾氏・春日山　　イ．北条氏・小田原
　　ウ．朝倉氏・一乗谷　　エ．毛利氏・堺
問4　空欄②に適する寺院名を記せ。
問5　下線部cについて，京都では自治的組織として「町」が形成されたが，その運営を中心的に担った人々を何というか。

第14節　一揆と応仁の乱　67

問6　この史料のような一揆を何というか。適するものを次の中から選び，記号で答えよ。
　　ア．一向一揆　　イ．国一揆　　ウ．世直し一揆　　エ．惣百姓一揆
問7　この史料の出来事より前に起こった事件を次の中から1つ選び，記号で答えよ。
　　ア．加賀の一向一揆　　イ．天文法華の乱　　ウ．享徳の乱　　エ．三浦の乱

4 応仁の乱

実戦問題　次の史料を読み，あとの問いに答えよ。

　a応仁丁亥ノ歳，天下大ニ動乱シ，ソレヨリ永クb五畿七道悉ク乱ル。其起ヲ尋ルニ，c尊氏将軍ノ七代目ノ将軍　①　公ノ天下ノ成敗ヲ有道d管領ニ任セズ，只e御台所，或ハ香樹院，或ハ春日局ナド云，理非ヲモ弁ズ，f公事政道ヲモ知リ給ハザル青女房・比丘尼達，計ヒトシテ酒宴婬楽ノ紛レニ申沙汰セラレ，赤伊勢守貞親ヤ鹿苑院ノ蔭涼軒ナンドト評定セラレケレバ，今迄贔負ニ募テ論人ニ申与ベキ所領ヲモ，又賄賂ニ耽ル訴人ニ理ヲ付ケ，又奉行所ヨリ本主安堵ヲ給レバ，御台所ヨリ恩賞ニ行ハル。……然レドモ只天下ハ破レバ破ヨ，世間ハ滅バ滅ヨ。人ハトモアレ我身サヘ富貴ナラバ，他ヨリ一段瑩羹様ニ振舞ント成行ケリ。……嗚呼g鹿苑院殿御代ニ倉役四季ニカ、リ，普廣院殿ノ御代ニ成，一年ニ十二度カ、リケル。当御代臨時ノ倉役トテ，大嘗会ノ有リシ十一月ハ九ケ度，十二月八ケ度也。又彼借銭ヲ破ラントテ，前代未聞　②　ト云事ヲ此御代ニ十三ケ度迄行レケレバ，倉方モ地下方ヘ皆絶ハテケリ。
（『応仁記』）

問1　下線部aは西暦何年のことか。
問2　下線部bについて，1485年にこの地域の中で起こった一揆は何か。
問3　下線部cの人物の説明として，誤っているものを次の中から1つ選び，記号で答えよ。
　　ア．勘合貿易を開始した。　　イ．六波羅探題を攻略した。
　　ウ．建武式目を発表した。　　エ．天龍寺船を元に派遣した。
問4　空欄①に適する人名を漢字2文字で記せ。
問5　下線部dの役職をつとめた有力守護大名の3氏を記せ。
問6　下線部eは，問4の人物の夫人を指すが，それは誰か。
問7　下線部fについて，ここでは何を意味するか。適するものを次の中から選び，記号で答えよ。
　　ア．行政　　イ．律令　　ウ．訴訟　　エ．租税
問8　下線部gは誰を指すか，その人名を答えよ。
問9　空欄②に適する語を入れよ。

補充問題
問1　応仁の乱の原因の1つである将軍家の家督相続問題で対立した足利義政の弟と義政の子を答えよ。
問2　この戦乱で東軍の管領細川勝元と対立した西軍の有力者は誰か。

5 足軽の出現

実戦問題 次の史料を読み，あとの問いに答えよ。

> 此たひはしめて出来れる ① は，超過したる悪党也。其故は洛中・洛外の諸社・諸寺・a五山・ ② ・公家・門跡の滅亡は，かれらか所行也。……是はしかしながら，武芸のすたるゝ所にかゝる事は出来れり。b名有侍のたゝかふへき所をかれらにぬきゝせたるゆへなるへし。

問1　空欄①に適する語を次の中から選び，記号で答えよ。
　ア．足軽　　イ．地侍　　ウ．国人　　エ．戦国大名
問2　下線部aについて，京都五山の別格上位とされた寺院は何か。
問3　空欄②には，五山につぐ寺格を示す語が入る。それは何か。
問4　下線部bに関連して，この頃からみられる下の者が上位の者をしのいでいく風潮を何というか。
問5　この史料の出典は一条兼良が将軍足利義尚の求めに応じて著した政道書であるが，その書名を記せ。

分析・解説

　1の出典は，興福寺大乗院の日記『大乗院寺社雑事記』の中から，27代門跡尋尊がまとめた『大乗院日記目録』で，社会や政治的事件を記した重要史料である。設問はいずれも標準的なもの。一揆とは「揆を一にする」ことで，民衆は一味同心して神仏に誓約した。そして正長の徳政一揆では大和国柳生郷で徳政により負債が破棄されたことを物語る徳政碑文が建てられた。2の嘉吉の徳政一揆についての史料は，武家伝奏万里小路時房の日記『建内記』からの引用である。1441（嘉吉元）年に起こった嘉吉の変で6代将軍足利義教は播磨・美作・備前の有力守護赤松満祐に謀殺され，7代将軍に義教の子義勝が就任する際に代始めの徳政が要求された。全国一律となる天下一同の徳政が要求され，山城一国平均の徳政令が出された。問4の管領は，実際に当時の具体的な人物として細川持之が該当する。3の山城の国一揆では，国人らが宇治平等院で国掟を制定し，36人の月行事が8年間南山城の自治支配を行った。問6の国一揆は，国人や地侍が中心となって惣の土民と連帯して起こした一揆のこと。山城の国一揆はその代表的な事例として有名である。5は設問にもあるように，出典は一条兼良の『樵談治要』である。一条兼良は室町時代随一の学者で，このほかには朝廷の年中行事の起源や変遷を述べた『公事根源』，美濃への旅行記『藤河の記』，四辻善成が著した『源氏物語』の注釈書『河海抄』の誤りを訂正した『花鳥余情』などの著書がある。

第15節 幕府権威の失墜と戦国大名の分国統治

1 幕府権威の失墜

演習問題 次の史料を読み、あとの問いに答えよ。

　就中天下の事、更に以て目出度き子細これ無し。近国に於ては、近江・三乃・尾帳・遠江・三川・飛騨・能登・加賀・越前・大和・河内、此等ハ悉く皆御 ① に応ぜず、 ② 等一向進上せざる国共なり。其の外ハ紀州・摂州・越中・和泉、此等ハ国中乱るるの間、 ② 等の事、是非に及ばざる者なり。サテ公方御 ① の国々ハ幡摩・備前・美作・備中・備後・伊勢・伊賀・淡路・四国等なるが、一切御 ① に応ぜず。 ③ の体、別体に於ては、御 ① 畏れ入るの由申し入れ、遵行等これを成すといへども、 ④ 以下在国の物、中々承引に能はざる事共なり。仍て日本国ハ悉く以て御 ① に応ぜざるなり。
(『大乗院寺社雑事記』)

問1　空欄①〜④に適する語句を次の中から選び、それぞれ記号で答えよ。
　　ア．下文　　イ．院宣　　ウ．令旨　　エ．公事　　オ．年貢　　カ．守護
　　キ．地頭　　ク．将軍　　ケ．守護代　　コ．管領　　サ．物成　　シ．夫役
　　ス．下知　　セ．国人　　ソ．大名
問2　この史料が記された時の将軍は誰か。
問3　この史料の出典『大乗院寺社雑事記』の著者は誰か。
問4　この史料で著者が指摘しようとしている内容を簡潔に述べよ。

2 分国法

実戦問題 次の史料Ⅰ・Ⅱ・Ⅲを読み、あとの問いに答えよ。

Ⅰ　駿・遠両国の輩、或わたくしとして他国よりよめを取、或ハむこに取、むすめをつかはす事、自今以後これを停止し畢ぬ。
Ⅱ　朝倉が館之外、国内ニ城郭を構えなすまじく候。惣別分限あらん者、 ① へ引き越し、郷村には代官ばかり置くべきこと。
Ⅲ　 ② のこと、是非におよばず成敗を加ふべし。但し、取りかかるといへども、堪忍せしめる輩においては、罪科に処すべからず。

問1　史料Ⅰは駿河・遠江国に所領をもつ大名の分国法であるが、それを何というか。
問2　史料Ⅱは越前国に所領をもつ大名の分国法であるが、それを何というか。
問3　史料Ⅲは甲斐・信濃国に所領をもつ大名の分国法であるが、それを何というか。
問4　空欄①・②に適する語の組み合わせを次の中から選び、記号で答えよ。
　　ア．①安土　②一揆　　イ．①安土　②喧嘩
　　ウ．①一乗谷　②一揆　　エ．①一乗谷　②喧嘩

補充問題

問1　上記の史料Ⅲの内容を一般的に何法と称するか。
問2　「百姓、地頭の年貢所当つとめず、他領へ罷り去る事、盗人の罪科たるべし」の条文

を有す伊達氏の分国法を何というか。

> **分析・解説**
>
> **1**は『大乗院寺社雑事記』からの抜粋で，ここに記されている将軍の権威が全く地に墜ちたという記述には誇張があるともいわれるが，事実の一端を示していると考えられる。キーワードは空欄になっている「下知に応ぜず」であることに注目してほしい。在京が原則の守護大名とそれに代わって領国を統治している守護代以下が命令を聞き入れないという関係を読みとり，この点から守護領国制が機能しなくなり，社会が戦国期を迎えている情況を理解しよう。**2**の分国法に関しては，そのほかも出題される可能性がある。表に示しているが，基本的な事項は確実にしておくこと。
>
> **戦国大名の主な分国法・家法**
>
> | 法令名 | 制定者 | 制定年 |
> |---|---|---|
> | 朝倉孝景条々(朝倉敏景十七箇条) | 朝倉孝景(敏景) | 1471～81 |
> | 大内氏掟書 | 大内持世～義隆 | 1495頃 |
> | 相良氏法度 | 相良為続～晴広 | 1493～1555 |
> | 早雲寺殿廿一カ条 | 北条早雲 | 不明 |
> | 今川仮名目録 | 今川氏親 | 1526 |
> | 塵芥集 | 伊達稙宗 | 1536 |
> | 甲州法度之次第(信玄家法) | 武田信玄 | 1547 |
> | 結城氏新法度 | 結城政勝 | 1556 |
> | 六角氏式目 | 六角承禎・義治 | 1567 |
> | 新加制式 | 三好長治 | 1562～73 |
> | 長宗我部氏掟書 | 長宗我部元親 | 1596 |

第15節　幕府権威の失墜と戦国大名の分国統治

第4章 幕藩体制の確立と展開
第1節 織豊政権

1 楽市楽座

演習問題 次の史料を読み，あとの問いに答えよ。

> 定　　①　山下町中
> 一　a当所中　②　として仰せ付けらるるの上は，諸座・諸役・諸公事等，悉く免許の事。
> 一　分国中　③　，これを行ふといえども，当所中免除の事。
> 一　他国幷に他所の族，当所に罷り越し，有り付き候はば，先々より居住の者同前，誰々の家来たりと雖も，異儀あるべからず。若しくはb給人と号し，臨時課役停止の事。
> 一　喧嘩口論幷に国質・所質・押買・押売・宿の押借以下，一切停止の事。
> 　　天正五年六月日
> 　　　　　　　　　　　　　　　　　　　　　　　　　（『近江八幡市共有文書』）

問1　この史料の法令を発した人物は誰か。
問2　下線部aの「当所」とは空欄①を指すが，その地名を記せ。
問3　問1の人物はこれ以前に同様の法令を「当所」以外の場所にも発しているが，その地名を答えよ。
問4　空欄②・③に適する語を入れよ。
問5　下線部bの「給人」とは，ここではどのような意味で使われているか。次の中から選び，記号で答えよ。
　　ア．尾張国を支配した守護大名　　イ．尾張国を支配した地頭
　　ウ．信長の家臣　　　　　　　　　エ．信長と同盟を結んだ戦国大名
問6　この法令が発せられた目的について，簡単に説明せよ。

2 太閤検地

演習問題 次の史料Ⅰ・Ⅱを読み，あとの問いに答えよ。

> Ⅰ　一　仰せ出され候趣，　①　・百姓共ニ合点行候様ニ，能々申し聞すべく候。自然，相届かざる覚悟の輩之在るに於ては，城主にて候ハ，其もの城へ追入れ，各相談じ，一人も残し置かず，なでぎりニ申し付くべく候。百姓以下ニ至るまで，相届かざるニ付てハ，一郷も二郷も悉くなでぎり仕るべく候。六十余州堅く仰せ付けられ，出羽・奥州迄そさうニハさせらる間敷候。たとへa亡所ニ成候ても苦しからず候間，其意を得べく候。b山のおく，海ハろかいのつゝき候迄，念を入るべき事専一ニ候。……
> 　　　（c天正十八年）八月十二日　　　（秀吉朱印）
> 　　　　　d浅野弾正少弼とのへ
> 　　　　　　　　　　　　　　　　　　　　　　　　　　　　　（『浅野家文書』）
>
> Ⅱ　右，今度御検地を以て相定むる条々。
> 一　六尺三寸の棹を以て，五間六拾間，　②　壱反に相極むる事。

72　第4章　幕藩体制の確立と展開

> 一　田畠幷びに在所の上・中・下能々見届け，e斗代相定むる事。
> 一　口米壱石に付いて二升宛，其の外役夫一切出すべからざる事。
> 一　③　を以て年貢を納所致すべく候。売買も同升たるべき事。
> 一　年貢米五里，百姓として持ち届くべし。其外は代官給人として持ち届くべき事。
> 　　　慶長三年七月十八日
> 　　　　　　　　　　　　　　　　　　　　　　　　　（『西福寺文書』）

問1　空欄①～③に適する語を入れよ。
問2　史料Ⅰ・Ⅱはともに豊臣秀吉による太閤検地に関するものだが，この事業が開始された山城国の検地は西暦何年に実施されたか。
問3　下線部aの「亡所」とはどのような意味か，簡潔に答えよ。
問4　下線部bについて，太閤検地のこのような姿勢は，これ以前の戦国大名の検地と相違する面があった。戦国大名が実施した申告方式の検地方法を何というか。
問5　下線部cは，豊臣政権が全国を平定した年であるが，この時の小田原攻めで滅亡した戦国大名は何氏か。
問6　また，太閤検地は従来の貫高制を改めるものであったことから，下線部cの年号をつけた別称があるが，それは何か。
問7　下線部dは，浅野長政のことであるが，長政や石田三成らが就任した豊臣政権末期の役職を総称して何というか。
問8　下線部eと同義語を次の中から選び，記号で答えよ。
　　ア．年貢　　イ．検見　　ウ．石盛　　エ．物成
問9　太閤検地によって確立した原則とその意義について100字程度で述べよ。

補充問題
問1　空欄③に関連して，後三条天皇により1072年に制定された公定枡を何というか。
問2　太閤検地における税率は原則的にどのように定められたか。
問3　史料Ⅱの命令が出された年に起こった出来事を次の中から選び，記号で答えよ。
　　ア．バテレン追放令の発布　　イ．海賊禁止令の発布
　　ウ．人掃令の発布　　　　　　エ．朝鮮出兵の停止

3　刀狩令

演習問題　次の史料を読み，あとの問いに答えよ。

> 一　諸国百姓，刀，脇指，弓，やり，てつはう，其外武具のたぐひ所持候事，堅く御停止候。其子細は，入らざる道具をあひたくはへ，年貢・所当を難渋せしめ，自然　　　　を企て，給人にたいし非儀の動をなすやから勿論御成敗有るべし。
> 一　右取をかるべき刀，脇指，ついえにさせらるべき儀にあらず候間，a今度大仏御建立の釘，かすかひに仰せ付けらるべし。然れば，今生の儀は申すに及ばず，来世までも百姓たすかる儀に候事。
> 　　　　　　　　　　　　　　　　　　　　　　　　　　（『小早川家文書』）

問1　この史料の命令は何とよばれるか。
問2　空欄に適する語を入れよ。
問3　下線部aについて，この大仏が「建立」された寺院名を答えよ。

問4　この命令の目的・意義について簡単に説明せよ。

4 バテレン追放令

(実戦問題) 次の史料を読み，あとの問いに答えよ。

- 一　日本ハ　①　たる処，aきりしたん国より邪法を授け候儀，太以て然るべからず候事。
- 一　其国郡の者を近付け門徒になし，神社仏閣を打破るの由，前代未聞に候。国郡在所知行等給人に下され候儀は，当座の事に候。b天下よりの御法度を相守り，諸事其意を得べき処，下々として猥りの義曲事の事。
- 一　　②　，其知恵の法を以て，心ざし次第ニ檀那を持ち候と思召され候ヘハ，右の如く日域の仏法を相破る事曲事に候条，　②　儀，日本の地ニハおかせられ間敷候間，今日より廿日の間ニ用意仕り帰国すべく候。……
- 一　c黒船の儀ハ商売の事に候間，各別に候の条，年月を経，諸事売買いたすべき事。
- 一　自今以後，仏法のさまたげを成さざる輩ハ，商人の儀ハ申すに及ばず，いづれにてもきりしたん国より往還くるしからず候条，其意を成すべき事。已上

　　天正十五年六月十九日

(『松浦文書』)

- 問1　空欄①・②に適する語を入れよ。
- 問2　下線部aについて，1549年に鹿児島に来日しキリスト教を布教した人物は誰か。
- 問3　下線部bはこの法令を発した人物を指すが，それは誰か。
- 問4　下線部cの「黒船」は南蛮船のことであるが，1596年に土佐浦戸沖で起こったイスパニア船の漂着事件は何か。
- 問5　また，このイスパニア船の船員の失言がきっかけとなって，長崎でキリスト教宣教師や信徒が処刑された事件を何とよぶか。

5 秀吉の朝鮮出兵

(実戦問題) 次の史料を読み，あとの問いに答えよ。

- 一　a殿下，陣用意由断有るべからず候。来年正二月比，進発たるべき事。
- 一　b高麗の都，去二日落去候。然る間，弥急度御渡海なされ，此度大明国迄も残らず仰せ付けられ，大唐の関白職御渡しなさるべく候事。……
- 一　c高麗国，大明までも御手間入らず仰せ付られ候。上下迷惑の儀，少も之無く候間，下々逃走の事も有まじく候条，諸国へ遣はし候奉行共召返し，陣用意申付くべき事。

　　（天正二十年）五月十八日　　秀吉(朱印)

(『古蹟文徴』)

- 問1　下線部aは当時関白であった人物を指すが，それは誰か。
- 問2　下線部bについて，この史料の年に行われた高麗との戦いを和暦の年号をつけて答えよ。
- 問3　下線部bについて，「高麗」の水軍を率い，亀甲船を考案し日本軍の補給路をかく乱した武将は誰か。
- 問4　下線部cについて，実際には日本軍に対するさまざまな抵抗があったが，そのうち

地主などを指導者として組織された私兵集団を何というか。
問5　また，明からの援軍を率いた武将は誰か。
問6　この史料の翌年に停戦したのち，再度，朝鮮への出兵が行われたが，この2度目の出兵を和暦の年号をつけて答えよ。

【補充問題】
問1　朝鮮出兵の際に投降し，朝鮮に住みつくようになった日本人を何というか。
問2　この戦闘において，日本に戦功として送られた朝鮮人の耳や鼻を埋葬したとされる京都方広寺近くにある場所を何というか。
問3　この2度にわたる日本の朝鮮侵略を，朝鮮では何と称しているか。

【分析・解説】

　1は『近江八幡市共有文書』所収の織田信長による楽市令である。信長が戦国大名として他を圧倒し得た1つの理由として，伝統的な権威を否定した一方で新しい経済や社会の仕組みを積極的につくろうとしたことがあげられる。この政策は，関所の撤廃と併せてその事例として有名である。これにより，従来からあった特権的な販売座席である市座を廃止し，諸国の新興商人を城下町に集めて自由な営業活動を認め，諸役の免除や徳政の免除などの優遇策により商品取引を拡大円滑化させ，城下における商業の繁栄を図ったのである。問6はこの内容に触れればよい。ところで，こうした意図は他の戦国大名にも同様にみられ，その点では楽市令は信長に限られるものではないことに留意しておきたい。早くは1549（天文18）年に近江石寺で六角氏が楽市令を発しているし，今川氏（1566年駿河大宮）・徳川氏（1570年三河小山）・柴田氏（1576年越前北の庄）などの事例も知られている。信長の場合は，1567（永禄10）年に美濃を支配していた斎藤道三の孫斎藤竜興を攻略して稲葉山城から追うと，翌1568（永禄11）年には城下の美濃国の加納に楽市を実施した。なお，稲葉山城は信長に接収されて以来岐阜城と改められている。ここに出題されている楽市令は，安土に居を移した信長が，城下町に出したものである。

　2の太閤検地についての引用史料は，『浅野家文書』と越前敦賀郡松原村西福寺の所蔵文書である。ここでは全国政権となった豊臣政権が検地を実施する際，6尺3寸＝1間の検地竿を用い，石盛（斗代）という一反当りの標準収穫量枡を定め，京枡（戦国時代に京都を中心に使われた枡）を公定枡とするなどその基準が示され（これを検地条目という），統一された丈量（度量衡）で検地が実施され，全国規模で石高制が実現したことを理解しておくこと。そのため，太閤検地は天正の石直しともよばれている。また太閤検地の特色として検地奉行による実地調査が行われ，土地・百姓が直接掌握されたことがあげられるが，このことは戦国大名が給人から土地の明細を報告させて領国内の土地収納高を把握した指出検地と異なることも確認しておこう。

　4は，旧肥前平戸藩主松浦家所蔵文書で，バテレン追放令とよばれる史料である。もちろん，バテレンはキリスト教の宣教師を指す。秀吉は当初信長と同様にキリスト教の布教を認めていたが，1587（天正15）年に九州の島津氏を降伏させたあと，博多で突如バテレン追放令を発した。その理由として長崎が肥前大村のキリシタン大名の大村純忠によって教会領に寄進されていたことに対するキリスト教への警戒などの説があるが，明確な理由は不明である。キリシタン大名は九州・近畿地方に多く，肥前有馬の有馬晴信や豊後の大

友義鎮(宗麟)は大村氏とともに1582年にイエズス会の巡察師であるイタリア人ヴァリニャーニの勧めにより天正遣欧使節をローマ法王のもとへ派遣している。バテレン追放令によりキリスト教宣教師は20日以内に国外退去を命じられたが，4・5条にみられるように貿易そのものは禁止されておらず，その点で秀吉の禁教政策は徹底されたものとはならなかった。

　5は朝鮮出兵に際して，秀吉から関白豊臣秀次に与えられた覚書で，比較的なじみは薄いかもしれない。引用史料からだけでは，何に関する史料なのか内容を想定できない場合もあろうが，このような場合の対処法としてのケーススタディ的な設問として取り上げた。実際にはこの史料問題を解くカギは史料中および設問に何カ所もある。まず，史料の年号は天正とあり，そこから16世紀末頃を推察できるだろう。また，「高麗」や「明」などの国号から当該期の東アジアの国際関係に関する史料だと読みとれれば，そこから秀吉の朝鮮出兵(文禄の役，1592年)に関する史料であることは簡単に導き出せるだろう。なお，織豊政権に関する史料問題としては，1592(文禄元)年に秀次が全国の戸口調査として実施した人掃令，1598(慶長3)年の秀吉の遺言状などもあるがここでは省略しているので，史料集などで確認しておいてほしい。

第2節 江戸幕府の大名・公家統制

1 江戸幕府の武家統制

実戦問題 次の史料Ⅰ・Ⅱ・Ⅲ・Ⅳを読み，あとの問いに答えよ。

Ⅰ 一　［①］忠孝を励し，［②］を正すべきの事。
　一　養子は同姓相応の者を撰び，若之無きにおゐては，由緒を正し，存生の内言上致すべし。……附，a殉死の儀，弥制禁せしむる事。
　　　　　　　　　　　　　　　　　　　　　　　　　　　　（『御触書寛保集成』）

Ⅱ 一　b大名小名，在［③］交替，相定ル所也。毎歳夏四月中［④］致スベシ。従者ノ員数近来甚ダ多シ，且ハ国郡ノ費，且ハ人民ノ労也。向後其ノ相応ヲ以テ，之ヲ減少スベシ。
　一　c五百石以上ノ船停止ノ事。
　　　　　　　　　　　　　　　　　　　　　　　　　　　　（『御触書寛保集成』）

Ⅲ 一　忠孝をはげまし，礼法を正し，常に文道武芸を心がけ，義理を専にし，風俗を乱すべからざる事。
　一　d軍役定の如く，旗，弓，鉄炮，鑓，甲冑，馬皆具，諸色，兵具・人積，相違無き様之を嗜むべき事。
　一　跡目の儀，養子ハ存生の内言上致すべし，［⑤］に及び忘却の刻申すといふとも，之を用ふべからず。勿論筋目無き者許容すべからず。縦実子為りと雖も，筋目違たる遺言立間敷事。
　　　　　　　　　　　　　　　　　　　　　　　　　　　　（『御当家令条』）

Ⅳ 一　e諸国ノ居城修補ヲ為スト雖モ，必ズ言上スベシ。況ンヤ新儀ノ構営堅ク停止令ムル事。……
　　　　　　　　　　　　　　　　　　　　　　　　　　　　（『御触書寛保集成』）

問1　空欄①〜⑤に適する語を入れよ。

問2　下線部aについて，文治政治を進める立場からこれを禁じた時の将軍と，この将軍の政治を補佐した会津藩主の組み合わせを次の中から選び，記号で答えよ。
　　ア．徳川綱吉・柳沢吉保　　イ．徳川家綱・保科正之
　　ウ．徳川家光・松平信綱　　エ．徳川家宣・新井白石

問3　下線部bが制度化されたのは西暦何年か。

問4　また，これにより五街道などの幹線道路の整備が進んだが，それとともに治安維持のために街道には関所が設置された。街道とその街道に設けられた関所の組み合わせとして誤っているものを選び，記号で答えよ。
　　ア．東海道・新居関　　イ．中山道・木曽福島関
　　ウ．日光道中・碓氷関　エ．甲州道中・小仏関

問5　下線部cは，いわゆる大型船の建造禁止を示すものだが，これとともに同年には日本人の海外渡航も全面的に禁じられた。それ以前の1633年から，ある船以外での日本人の海外渡航が禁じられていたが，その船を何というか。

問6　下線部dについて，史料Ⅲは旗本や御家人に対して定められた諸士法度の条文だが，旗本・御家人が幕府の軍事部門を担当する役職を何と総称するか。

問7　下線部eについて，この条文が出された年にはこれと同様の諸大名の城郭に関する単独の法令も出されているが，それを何というか。

問8　史料Ⅰ～Ⅳの中で発布された年がもっとも早いものはどれか，記号で答えよ。

2 禁中並公家諸法度

実戦問題　次の史料を読み，あとの問いに答えよ。

　一　a天子諸芸能の事，第一御　①　也。
　一　b摂家為りと雖も，其器用無きは，c三公摂関に任ぜらるべからず。況んや其外をや。
　一　武家の官位は，公家当官の外為るべき事。
　一　d　②　の寺住持職，先規希有の事也。近年猥りに勅許の事，且は臈次を乱し，且は官寺を汚し，甚だ然るべからず。

（『御当家令条』）

問1　この史料は何とよばれる法令か。
問2　この法令の起草者は誰か。
問3　下線部aは天皇を指すが，この法令が発布された時の天皇は誰か。
問4　空欄①・②に適する語を入れよ。
問5　下線部bは，摂政・関白になれる家格の公卿を指す。これに該当しないものを次の中から1つ選び，記号で答えよ。
　　　ア．一条家　　イ．二条家　　ウ．三条家　　エ．近衛家　　オ．鷹司家
問6　下線部cは具体的に何を指すか。
問7　下線部dの条文により，のちに処罰された大徳寺の僧侶は誰か。
問8　問7の人物が処罰されたことに抗議し退位した天皇に代わり即位した女性天皇は誰か。
問9　この史料と同年に起こった出来事を次の中から選び，記号で答えよ。
　　　ア．島原の乱　　イ．大坂の役　　ウ．関ヶ原の戦い　　エ．元和の大殉教

分析・解説

1の**武家諸法度**は江戸幕府の大名統制に関する基本法令で，大名が守るべき心得や治安維持の規定，幕府の儀礼などが示されている。これに違反した大名は，その軽重により**転封・減封・改易**などに処せられた。将軍の代がわりごとに発布され，史料Ⅳが最初の武家諸法度で，1615(元和元)年の大坂夏の陣後に**金地院崇伝**が起草し，2代将軍**徳川秀忠**の名で発布された。これを**元和令**ともいうが，出題頻度が高いのはこのほか，史料Ⅱの**寛永令**(**参勤交代制度化**)，史料Ⅰの**天和令**(**末期養子の禁緩和・殉死の禁止**)なので，この問題はそれを網羅している。それぞれ社会背景(幕政の基調が**武断主義**から**文治主義**に転換したこと)を考慮して示しているので，その相違点なども確認しておきたい。また史料Ⅲは，幕府の旗本・御家人に対する基本法で，出兵の際の軍役に関する規定などから将軍直属の家臣団に対する統制法であることに気づいてほしい。

2は『御当家令条』所収の**禁中並公家諸法度**で，これも金地院崇伝の起草になる。武家諸法度とともに出題されることが多いので，条文の判別が肝要である。

徳川氏略系図

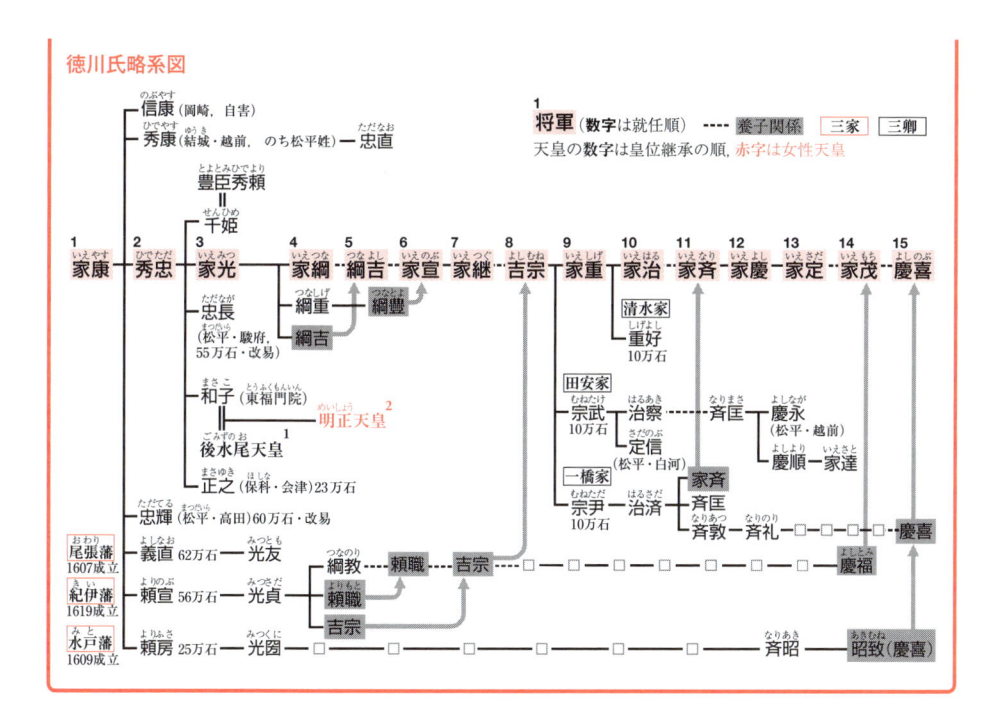

将軍（数字は就任順）　---- 養子関係　□三家　□三卿
天皇の数字は皇位継承の順，赤字は女性天皇

1 家康 — 2 秀忠 — 3 家光 — 4 家綱 ⋯ 5 綱吉 ⋯ 6 家宣 — 7 家継 ⋯ 8 吉宗 — 9 家重 — 10 家治 ⋯ 11 家斉 — 12 家慶 — 13 家定 ⋯ 14 家茂 ⋯ 15 慶喜

- 信康（岡崎，自害）
- 秀康（結城・越前，のち松平姓）— 忠直
- 豊臣秀頼 ＝ 千姫
- 忠長
- 綱重（松平・駿府，55万石・改易）— 綱豊／綱吉
- 和子（東福門院）＝ 後水尾天皇 — 明正天皇(2)
- 正之（保科・会津）23万石
- 忠輝（松平・高田）60万石・改易

尾張藩 1607成立　義直 62万石 — 光友
紀伊藩 1619成立　頼宣 56万石 — 光貞 — 綱教／頼職／吉宗
水戸藩 1609成立　頼房 25万石 — 光圀

田安家　宗武 10万石 — 治察／定信（松平・白河）
清水家　重好 10万石
一橋家　宗尹 10万石 — 治済 — 家斉／斉匡／斉敦／斉礼

斉匡 — 斉順 — 家達
治済 — 家斉 — 慶永（松平・越前）／慶順 — 家達
斉昭 — 慶福／昭致（慶喜）— 慶喜

綱教／頼職 — 吉宗
吉宗

第2節　江戸幕府の大名・公家統制

第3節 江戸幕府の農政

1 百姓統制

実戦問題 次の史料Ⅰ・Ⅱ・Ⅲ・Ⅳを読み，あとの問いに答えよ。

Ⅰ 一　身上能き百姓は田地を買い取り，弥よろしく成り，身体成らざる者は田畠_a**沽却せしめ**，猶々身上成るべからざるの間，向後田畠売買停止為るべき事。
『御触書寛保集成』

Ⅱ 一　来年より御料・私領共に，本田畑にたばこ作りまじき旨，仰出され候。
一　田方に木綿作り申間敷事。
一　田畑共に油の用として　①　作り申すまじき事。
『教令類纂』

Ⅲ 一　名主，百姓，田畑持候大積り，名主　A　石以上，百姓は　B　石以上，それより内ニ持候者は　②　猥りに分ヶ申間敷旨御公儀様より仰せ渡され候間，自今以後其旨堅く相守り申すべき旨仰せ付けられ畏奉り候。若相背申し候ハヾ，何様の曲事ニも仰せ付らるべく候事。
『憲教類典』

Ⅳ 一　　③　御法度を怠り，地頭代官の事をおろかに存ぜず。さて又，_b**名主組頭**をば真の親とおもうべき事。
一　百姓は衣類の儀，布・　④　より外は帯，衣裏にも仕るまじき事。
『教令類纂』

問1　史料Ⅰは何とよばれる法令か。
問2　下線部aはどのような意味か，簡単に記せ。
問3　空欄①～④に適する語を入れよ。
問4　空欄A・Bに適する数字の組み合わせを次の中から選び，記号で答えよ。
　　ア．A：20　B：10　　イ．A：20　B：40
　　ウ．A：50　B：10　　エ．A：20　B：5
問5　下線部bについて，これは村方三役とよばれる村役人の役職のうちの2つだが，あと1つの役職は何か。
問6　史料Ⅱ・Ⅲの内容として適するものを次の中からそれぞれ選び，記号で答えよ。
　　ア．上米令　　イ．慶安の触書　　ウ．上知令　　エ．公事方御定書
　　オ．分地制限令　　カ．人掃令　　キ．年貢皆済仕法　　ク．検地条目
　　ケ．田畑勝手作りの禁　　コ．足高の制
問7　史料Ⅰ・Ⅱ・Ⅲ・Ⅳの中でもっとも早い時期に出された法令はどれか，記号で答えよ。

2 為政者の百姓観

演習問題 次の史料Ⅰ・Ⅱを読み，あとの問いに答えよ。

Ⅰ　百姓は天下の根本なり。是を治むるに法あり。先一人々々の田地の境目をよく立て，扱壱年の入用作食をつもらせて，其余を年貢に取るべし。百姓は財の余らぬやうに，不足になきやうに治むる事道也。_a**毎年立毛の上をもつて，納る事古の聖人の法也**。

『本佐録』

Ⅱ　百姓は飢寒に困窮せぬ程に養ふべし。豊なるに過れば、農事を厭ひ、業を易る者多し、困窮すれば離散す。b東照宮上意に、郷村の百姓共は死なぬ様に、生ぬ様にと合点致し、収納申付様にとの上意は毎年御代官衆、支配所へ御暇賜る節、仰出されしと云へり。

問1　史料Ⅰの出典『本佐録』の著者とされている人物を答えよ。
問2　下線部aについて、このような年貢賦課の方法を何というか。
問3　史料Ⅱは長岡藩の儒者であった高野常道の作とされているが、その書名を記せ。
問4　下線部bは誰を指すか。
問5　この2つの史料に共通する為政者の農民観を述べよ。

3　肥料の変遷

実戦問題　次の史料を読み、あとの問いに答えよ。

夫れ田地を作るの糞し、a山により原に重る所は、秣を専ら苅用て田地を作るなれば、郷村第一秣場の次第を以て其地の善悪を弁べし。近年段々　①　新発に成尽して、草一本をば毛を抜くごとく大切にしても、年中田地へ入るゝ程の秣たくはへ兼る村々これ有り、古しへより秣の馬屋ごへにて耕作を済したるが、段々b金を出して色々の糞しを買事世上に専ら多し。仍に国々所々に秣場の公事絶えず、又海を請たる郷村は、人を抱へ舟を造りて色々の海草を、又は種々の貝類を取てこやしとす。其外里中の村々は山をもはなれ海へも遠く、一草を苅求むべきはなく、皆以て田耕地の中なれば、始終金を出して糞しを買ふ。古へは　②　一俵の直段金一両に五十俵、六拾俵もしたるを、今は七、八俵にも売らず、……是享保子年まで五、六年の間の相場なり。『民間省要』

問1　下線部aについて、1666年に幕府が治山治水について発した法令は何か。
問2　空欄①に適する語を次の中から選び、記号で答えよ。
　ア．検地　イ．新田　ウ．株仲間　エ．地主
問3　下線部bについて、このような肥料を何というか。
問4　空欄②に適する語を入れよ。
問5　この史料の出典『民間省要』の著者は江戸中期の農政家で、享保の改革時には川崎宿の名主から幕府の役人に抜擢され民政に業績をあげたが、それは誰か。

分析・解説

　1の江戸幕府の百姓統制に関する設問は、いわゆるオーソドックスな問題であり、これと近世全般の農政もからめて出題した。各史料とも未見史料はほとんどないだろうが、これだけ並べられると困惑する可能性もあるだろう。田畑永代売買の解禁は1872（明治5）年で、明治政府の地租改正事業に関連している。名主の選出は、世襲制からのちには入札制や年番制などが採用される場合もあった。なお、問7の年代を問う出題は、史料集などで確認する必要がある。なぜなら、Ⅰ・Ⅱはともに1643（寛永20）年に出されたものだが、Ⅰは3月、Ⅱは8月となっているからである。

第3節　江戸幕府の農政　81

2で使用した史料も当時の為政者の百姓観を反映した代表的な史料である。問2の検見法に対し、享保期頃になると幕領では**定免法**が普及したことにも留意しておきたい。また、問5は百姓の自給自足による安定した農家経営が領主財政の基盤である年貢収納に不可欠であったことを的確に指摘できればよい。

　3の**田中丘隅**の『**民間省要**』は1721（享保6）年に成立し、8代将軍**徳川吉宗**に献じられた意見書である。丘隅は江戸中期の農政家として知られ、吉宗に川崎宿の名主から幕府の役人に抜擢され、荒川や酒匂川の治水などの民政で業績をあげた。本史料はこれまであまり出題頻度は高くなかったが、「**新田**」や「**糀**」、「**干鰯**」などの**金肥**にからめて近世の農政や農業・諸産業の発達に関連づけた問題も考えられる。なお、問1は、17世紀後半になり地域の過剰開発による洪水などの災害が頻発したことに対し、開発の行き過ぎを戒めたものである。近年の環境問題や災害問題にも通底する面も多く、留意しておきたい。

第4節 江戸幕府の貿易統制と鎖国政策

1 糸割符制度

実戦問題 次の史料を読み，あとの問いに答えよ。

　　① 着岸の時，定置年寄共，a糸のねいたさざる以前，諸商人 ② へ入るべからず候。糸の直相定候上は，万望次第に商売致すべき者也。
　　b慶長九辰年五月三日

　　　　　　　　　　　　　　　　　本多上野介（正純）（判）
　　　　　　　　　　　　　　　　　板倉伊賀守（勝重）（判）
　　　　　　　　　　　　　　　　　　　　　　　　（『糸割符由緒書』）

問1　空欄①・②に適する語を入れよ。
問2　この史料の命令によって実施されることになった貿易制度を何というか。
問3　この制度によって統制の対象とされたのは，主にどこの国の商人か。
問4　この制度により国内では特権商人団が形成された。当初は三カ所の商人であったが，のち五カ所商人とよばれるようになった。その五カ所すべてをあげよ。
問5　下線部aの「糸」は中国産の生糸を指すが，当時，これは何とよばれたか。
問6　下線部bについて，これ以前に起こった出来事を次の中から選び，記号で答えよ。
　　ア．ドン＝ロドリゴが上総に漂着した。　イ．朝鮮と己酉約条を結んだ。
　　ウ．田中勝介らをメキシコに派遣した。　エ．リーフデ号が豊後に漂着した。

2 「鎖国」令

実戦問題 次の史料Ⅰ・Ⅱ・Ⅲを読み，あとの問いに答えよ。

Ⅰ　一　異国江日本の船遣すの儀，堅く停止の事。
　　一　日本人異国江遣し申す間敷候。若忍び候て乗渡る者之有るに於ては，其者は死罪，其舟・船主共ニとめ置，言上仕るべき事。
　　一　a異国江渡り住宅仕り之有る日本人来り候ハヾ，死罪申し付くべき事。
　　　　　　　　　　　　　　　　　　　　　　　　　　　　　　（『教令類纂』）

Ⅱ　一　異国えb奉書船の外，舟遣すの儀，堅く停止の事。
　　一　異国え渡り住宅仕り之有る日本人来り候は，死罪に申し付くべく候。但，是非に及ばざる仕合之有りて，異国ニ逗留いたし，五年より内ニ罷帰り候者ハ，穿鑿を遂げ，日本にとまり申すべきに付てハ御免，倂異国え赤立帰るべきにおゐては，死罪に申し付くべき事。
　　　　　　　　　　　　　　　　　　　　　　　　　　　　　　（『武家厳制録』）

Ⅲ　一　日本国御制禁成され候吉利支丹宗門の儀，其趣を存知ながら，彼の法を弘むるの者，今に密々差渡るの事。
　　一　c宗門の族，徒党を結び邪儀を企つれば，則御誅罰の事。
　　一　伴天連同宗旨の者隠れ居所え，彼の国よりつゝけの物送り与ふる事。
　　右茲に因り，自今以後，dかれうた渡海の儀，之を停止せられ訖。此上若し差渡るニおゐてハ，其船を破却し，幷乗来る者速ニ斬罪に処せらるべきの旨，仰

せ出さる者也。仍執達件の如し。　　　　　　　　　　　　　　　　　　　　　　　　（『御当家令条』）

問1　史料Ⅰ・Ⅱ・Ⅲを発布された年代の古い順に並べよ。
問2　下線部aについて，このような日本人が東南アジア各地に形成した居住地を何というか。
問3　問2の居住地に該当しないものを次の中から1つ選び，記号で答えよ。
　　　ア．ツーラン　　イ．プノンペン　　ウ．ノヴィスパン　　エ．ピニャルー
問4　またシャムに渡りアユタヤに居住したのち，リゴール太守となった人物は誰か。
問5　下線部bとはどのような船か，簡潔に答えよ。
問6　下線部cについて，九州地方で起こった出来事は何か。
問7　下線部dは具体的に何を指すか。
問8　こうした一連の禁教・海禁政策により，寺院が人々を檀家としてキリシタンでないことを証明する制度が実施された。これを何というか。
問9　いわゆる「鎖国」の状態の中，幕府がヨーロッパなどの海外事情を入手する際には，通商国からの報告書に頼ることになったが，その報告書を何というか。
問10　史料Ⅰ・Ⅱ・Ⅲはいずれも同じ将軍によって発せられたものである。その将軍とは誰か。

分析・解説

　初期の江戸幕府は対外交渉に積極的で，徳川家康は1600（慶長5）年のオランダ船リーフデ号の豊後漂着以来，その航海士であったオランダ人ヤン＝ヨーステン（耶揚子）や水先案内人のイギリス人ウィリアム＝アダムズ（三浦按針）を幕府の外交・貿易の顧問とした。これにより両国は幕府から自由貿易を許可され，肥前平戸に商館を開設した。また家康はスペイン領のメキシコ（ノヴィスパン）との通商を求め，京都商人田中勝介を派遣した。一方，①に示した糸割符制度は，マカオを根拠地とするポルトガル商人の中国産の生糸（白糸）による利益独占を排除するためのものであった。これは京都・堺・長崎の三カ所商人に糸割符仲間を結成させ，1631（寛永8）年からは江戸・大坂の商人を加えた五カ所商人による糸割符仲間が輸入生糸の価格を決定し，その価格で一括購入し仲間構成員に分配するものであった。またこの時期，日本から東アジアなどへ渡航する朱印船貿易も盛んに行われていた。朱印船とは，将軍の朱印が押印された海外渡航許可証を所持した船を意味する。朱印船貿易にたずさわった大名には島津家久・松浦鎮信・有馬晴信，商人には長崎の末次平蔵，摂津の末吉孫左衛門，京都の角倉了以・茶屋四郎次郎らがいる。朱印船貿易が活発化したことで，海外移住者が各地に日本町を形成した。なお，問6の選択肢のうち，ドン＝ロドリゴの上総漂着と己酉約条締結は1609（慶長14）年のこと，田中勝介らをメキシコに派遣したのは1610（慶長15）年のことである。

　そして1630年代に入り，幕府はキリスト教の禁教や，朱印船貿易で大名が強大化するのを阻止しようと図り，日本人の海外渡航や貿易に制限が加えられるようになった。これが②に示した3代将軍徳川家光による「寛永の鎖国令」である。幕府はすでに1612（元和2）年にヨーロッパ船寄港地を平戸と長崎に制限していたが，その後，1624（寛永元）年にはスペイン船の来航禁止，1633（寛永10）年には奉書船以外の海外渡航禁止（史料Ⅱ），1635（寛

永12)年には日本人の海外渡航と在外日本人の帰国も禁止した（史料Ⅰ）。そして1637（寛永14）年には益田（天草四郎）時貞を首領とした島原の乱が起こり、幕府の政策は、1639（寛永16）年のポルトガル船の来航禁止（史料Ⅲ）、1641（寛永18）年には平戸のオランダ商館を長崎の出島に移すといった具合に強化されていった。

しかし、寛永期のこのような政策を「鎖国」という言葉で表現することは、近年の研究成果に照らせば一考の余地がある。そもそも「鎖国」なる語は、長崎出島に開設されていたオランダ商館の医師として17世紀末に来日したドイツ人ケンペルが帰国後に著した『日本誌』がのちに日本にもたらされ、1801（享和元）年に志筑忠雄がこれを抄訳した際に『鎖国論』と題したことから以後今日まで用いられるようになったものである。そして、19世紀には「鎖国は祖法」であるという意識がロシアなどの通商要求とあいまって定着したと理解しておこう。

近世初期の対外関係の推移

政権	禁教の動き	貿易統制の動き
豊臣秀吉 ―1598	1587 バテレン追放令（キリスト教宣教師に、20日以内の国外退去を命ず） 1596 スペイン船サン＝フェリペ号事件。秀吉、キリスト教徒26人を捕らえ、長崎にて処刑（26聖人殉教）	1588 海賊取締令 1600 オランダ船リーフデ号、豊後に漂着 1601 朱印船制度（〜35） 1604 糸割符制度を創設 1607 朝鮮使節、来日 1609 島津氏、琉球を侵略 　　　己酉約条（朝鮮と宗氏） 　　　オランダ、平戸に商館を開く 1610 家康、田中勝介らをノヴィスパン（メキシコ）へ派遣
徳川家康 ―1605 秀忠 ―1623 家光	1612 京都所司代にキリスト教禁止・南蛮寺の破却を命ず。幕府直轄領に禁教令 1613 全国に禁教令 1614 高山右近・内藤如安らのキリスト教徒148人をマニラ・マカオに追放 1622 キリスト教徒55人を長崎で処刑（元和の大殉教） 1627 長崎奉行、キリスト教徒340人を処刑 1629 長崎で絵踏が始まる 1630 キリスト教関係書物の輸入を禁止 1635 寺請制度、始まる 1637 島原の乱（〜1638.2平定） 1640 幕領に宗門改役を設置。宗門改帳の作成 1644 諸藩に宗門改役を設置	1611 明の商人に長崎での貿易を許可 1613 イギリス、平戸に商館を開く 1616 中国船を除く外国船の来航を平戸・長崎に制限 1623 イギリス、平戸の商館を閉鎖 1624 スペイン船の来航を禁止 1631 奉書船制度はじまる 1633 奉書船以外の海外渡航を禁止 1634 長崎に出島を建設 1635 海外渡航・帰国の全面禁止 1636 ポルトガル人を出島に移すポルトガル人の子孫などを追放 1639 ポルトガル船の来航を禁止 1641 オランダ商館を出島に移すオランダ風説書の提出

第5節 文治政治の展開

1 末期養子の禁緩和

実戦問題 次の史料を読み，あとの問いに答えよ。

> 一 跡目の儀，［①］は存生の内言上致すべし。［②］に及び之を申すと雖も，之を用うべからず。然りと雖も，其父年五拾以下の輩は，［②］為りと雖も，其品に依り之を立つべし。拾七歳以下のもの［①］を致すに於ては，吟味の上許容すべし。向後は同姓の弟，同甥，同従弟，同又甥・又従弟，此内を以て，相応のものを撰ぶべし。
> 　　寛文三年八月五日
> 　　　　　　　　　　　　　　　　　　　　　（『御触書寛保集成』）

問1　空欄①・②に適する語を入れよ。
問2　この史料の法令が出された時の将軍は誰か。
問3　また，この将軍の幼少期にその政治を補佐した叔父で会津藩の藩主は誰か。
問4　この時期の政治の基調は従来の武断政治から儒教的な徳治主義によるものにかわった。このような政治を何というか。
問5　問4のような政治のきっかけとなった事件が1651年に起こっている。その事件とは何か。
問6　江戸初期からこの史料が出された時期にかけてみられた，異様な振る舞いや風体をした無頼の徒を何というか。
問7　問2の将軍の時代に起こった出来事を次の中から選び，記号で答えよ。
　　ア．明暦の大火　　イ．紫衣事件　　ウ．尊号一件　　エ．生麦事件

2 生類憐みの令

実戦問題 次の史料を読み，あとの問いに答えよ。

> ［　　］憐愍の儀，前々より仰せ出され候処，下々にて左様之無く，a項日疵付候犬共度々之有り，不届の至に候。向後疵付候手負犬手筋極候て，脇より露顕致候ハ，一町の越度たるべし。幷辻番人の内に隠し置きあらはるゝにおゐてハ，相組中越度たるべき事。
> 　　（元禄七年）戌五月廿三日
> 　　　　　　　　　　　　　　　　　　　　　　　　（『御当家令条』）

問1　空欄に適する語を次の中から選び，記号で答えよ。
　　ア．牛馬　　イ．跡目　　ウ．嫡子　　エ．生類
問2　この史料の法令を出した将軍は誰か。
問3　下線部aのような犬のために江戸で収容施設が設けられた場所として不適切なものを次の中から1つ選び，記号で答えよ。
　　ア．四谷　　イ．大久保　　ウ．神田　　エ．中野
問4　この法令を発した将軍の下で実施された政治として不適切なものを次の中から1つ選び，記号で答えよ。
　　ア．元禄金銀への改鋳　　イ．服忌令　　ウ．天和の治　　エ．閑院宮家の創設

86　第4章　幕藩体制の確立と展開

3 元禄の貨幣改鋳

演習問題 次の史料を読み，あとの問いに答えよ。

　　　今a重秀が議り申す所は，御料すべて四百万石，歳々に納めらるゝ所のb金は凡ソ七十六，七万両余，此内，c長崎の運上といふもの六万両，酒運上といふもの六千両，これら近江守申し行ひし所也。此内，夏冬御給金の料三十万両余を除く外，余る所は四十六，七万両余也。しかるに，去歳の国用，凡ソ金百四十万両に及べり。此外に内裏を造りまいらせらるゝ所の料，凡ソ金七，八十万両を用ひらるべし。されば，今国財の足らざる所，凡ソ百七，八十万両に余れり。……しかるに，只今，御蔵にある所の金，わづかに三十七万両にすぎず。……d前代の御時，歳ごとに其出る所の入る所に倍増して，国財すでにつまづきしを以て，e元禄八年の九月より金銀の製を改造らる。これより此かた，歳々に収められし所のf公利，総計金凡ソ五百万両，これを以てつねにその足らざる所を補ひしに，同き十六年の冬，大地震によりて傾き壊れし所々を修治せらるゝに至て，彼歳々に収められし所の公利も忽につきぬ。
　　　　　　　　　　　　　　　　　　　　　　　　　　　　　　　　（『折たく柴の記』）

問1　下線部aは荻原重秀のことだが，当時この人物はどのような役職にあったか。
問2　下線部bについて，江戸時代の金貨は大判・小判などがあるが，これらを数える際の単位を答えよ。
問3　下線部cはどのような内容か，簡潔に記せ。
問4　下線部dについて，前代の将軍は誰か。
問5　下線部eについて，この時に鋳造された金貨を何というか。
問6　下線部fとは何か，説明せよ。
問7　この史料の出典『折たく柴の記』の著者は誰か。
問8　また，問7の人物の著作として不適切なものを次の中から1つ選び，記号で答えよ。
　　ア．『古史通』　　イ．『大学或問』　　ウ．『読史余論』　　エ．『藩翰譜』

4 海舶互市新例

実戦問題 次の史料を読み，あとの問いに答えよ。

一　長崎表廻銅，凡一年の定数四百万斤より四百五拾万斤迄の間を以て，其限とすべき事。
一　唐人方商売の法，凡一年の船数，口船，奥船合せて　A　艘，すべて銀高六千貫目に限り，其内銅三百万斤を相渡すべき事。……
一　阿蘭陀人商売の法，凡一年の船数　B　艘，凡て銀高三千貫目限り，其内銅百五拾万斤を渡すべき事。……
　　　正徳五年正月十一日
　　　　　　　　　　　　　　　　　　　　　　　　　　　　　　　　（『教令類纂』）

問1　この史料の法令は何とよばれるものか。
問2　この法令の発布に関与した儒学者は誰か。
問3　問2の人物が行った政治を何というか。
問4　空欄A・Bに適する数字の組み合わせを次の中から選び，記号で答えよ。
　　ア．A：30　B：2　　イ．A：2　B：30

第5節　文治政治の展開　87

ウ．A：30　B：20　　エ．A：20　B：2

分析・解説

　3代将軍徳川家光の没後，1651（慶安4）年の**慶安の変**（**由井正雪の乱**）を契機に政治の基調は文治主義をとるようになり，17世紀後半の4代将軍家綱から5代将軍**綱吉**の治世には**文治政治**への転換が図られた。**1**の**末期養子の禁緩和**に関する史料では，未見であっても文脈から空欄補充できるかどうかがカギである。問7については，ア．**明暦の大火**が1657（明暦3）年，イ．**紫衣事件**が1629（寛永6）年，ウ．**尊号一件**が1789（寛政元）年，エ．**生麦事件**が1862（文久2）年である。5代将軍綱吉の時代にも江戸は大火に見舞われているので，明暦の大火を綱吉時代と勘違いしないように注意したい。

　2は仏教を重視した綱吉が殺生禁断の思想から発した**生類憐みの令**だが，空欄補充は難しいかもしれない。史料文中の「疵付候犬共」や「疵付候手負犬」の文言からこの文章の主題がわかるので，ここからキーワードの「生類」を想起したい。なお，文頭の「憐愍」の語も，その語意がわからなければならないが，あわれむことの意である。問4の選択肢にある「**天和の治**」は綱吉初期の政治で，大老の**堀田正俊**が補佐した時代である。

　3は重要史料で，設問も難しいものはないだろう。問8の正答であるイの『**大学或問**』は，陽明学者である**熊沢蕃山**の経済政策論。また，『**藩翰譜**』は徳川家宣の命令をうけた**新井白石**が大名337家の系譜と伝記を収録したもの。

　4は**海舶互市新例**で，これにより長崎貿易の制限を強化したものである。白石はこれまでに日本が保有してきた金の4分の1，銀の4分の3が貿易の対価として支払われ海外に流出したと考え，これを防ごうとしたのである。史料に「口船，奥船」とあるのは，前者が中国本土から来る船で，後者が南方地域からの船を指している。問4では制限された船舶数が問われているが，銀高について出題される場合もあるので，併せて確認しておくようにしたい。

第6節 近世前期の社会・学問思想・流通経済

1 貨幣経済の浸透

演習問題 次の史料を読み，あとの問いに答えよ。

> 其上昔ハ在々ニ殊ノ外銭払底ニテ，一切ノ物ヲ銭ニテハ買ハズ，皆米麦ニテ買タルコト，a某田舎ニテ覚タル事也。近年ノ様子ヲ聞合スルニ，b元禄ノ頃ヨリ田舎ヘモ銭行渡テ，銭ニテ物ヲ買コトニ成タリ。……c当時ハ旅宿ノ境界ナル故，金無テハナラヌ故，米ヲ売テ金ニシテ，商人ヨリ物ヲ買テ日々ヲ送ルコトナレバ，d商人主ト成テ武家ハ客也。故ニ諸色ノ直段，武家ノ心儘ニナラヌ事也。武家皆知行処ニ住スルトキハ，米ヲ売ラズニ事スム故，商人米ヲホシガル事ナレバ，武家主ト成テ商人客也。去ルニ諸色ノ直段ハ武家ノ心マヽニナル事也。是皆古聖人ノ広大甚深ナル智恵ヨリ出タル万古不易ノ掟也。右ノ如クシテ米ヲ至極ニ高直ニスルトキハ，御城下ノ町人皆雑穀ヲ食スル様ニ成ルベシ。
>
> （『政談』）

問1 下線部aはこの史料の出典『政談』の著者のことであるが，それは誰か。

問2 下線部bの時期の出来事を次の中から選び，記号で答えよ。
　　ア．通信使の待遇簡素化を決定。　　イ．赤穂事件が起こる。
　　ウ．シャクシャインの戦いが起こる。　エ．小石川養生所の設置。

問3 下線部cは享保期を指す。この時期に成立した著作とその著者の組み合わせを次の中から選び，記号で答えよ。
　　ア．『農業全書』・宮崎安貞　　イ．『広益国産考』・大蔵永常
　　ウ．『経済録』・太宰春台　　　エ．『自然真営道』・安藤昌益

問4 下線部dについて，著者はこの状態をかえるための方策をどのように主張しているか。史料の内容から考えられることを90字程度で説明せよ。

2 町人文化の興隆

演習問題 次の史料を読み，あとの問いに答えよ。

> いにしへはa百姓より□は下座なりといへども，いつの頃よりか天下金銀づかひとなりて，天下の金銀財宝みな□の方に主さどれる事にて，貴人の御前へも召出さる、事もあれば，いつとなく其品百姓の上にあるに似たり。況や百年以来は天下静謐の御代なる故，b儒者，c医者，歌道者，茶湯風流の諸芸者，多くは□の中より出来る事になりぬ。
>
> （『町人嚢』）

問1 空欄に適する語を漢字2文字で答えよ。

問2 下線部aについて，この史料が書かれた頃の百姓の中には格差が広がってきていた。それはどのような状況であったか，130字程度で説明せよ。

問3 下線部bに関連して，京都堀川で古義堂を創設した儒者は誰か。

問4 下線部cに関連して，日本最初の解剖図録である『蔵志』を著した医者は誰か。

3 『読史余論』

実戦問題 次の史料を読み、あとの問いに答えよ。

> ①　に、光孝より上つかたは一向上古也。万の例を勘ふるも仁和より下つかたをぞ申める。五十六代清和幼主にて、外祖良房摂政す。是、外戚専権の始〈一変〉……武家は源頼朝幕府を開て、父子三代天下兵馬の権を司どれり。凡三十三年〈一変〉。平義時、②　後天下の権を執る。そののち七代凡百十二年、a高時が代に至て滅ぶ〈二変〉。……③　中興ののち、源尊氏反して天子蒙塵。尊氏、光明院を北朝の主となして、みづから幕府を開く。子孫相継て十二代におよぶ。凡二百卅八年〈三変〉……足利殿の末、織田家勃興してb将軍を廃し、天子を挟みて天下に令せんと謀りしかど、事未だ成らずして凡十年がほど其臣c光秀に弑せらる。豊臣家、其故智を用ひ、みづから④　となりて天下の権を恣にせしこと、凡十五年〈四変〉。そののち終にd当代の世となる〈五変〉。
> 　　　　　　　　　　　　　　　　　　　　　　　　　　（『読史余論』）

問1　空欄①に適する書名を次の中から選び、記号で答えよ。
　　ア．『愚管抄』　イ．『神皇正統記』　ウ．『折たく柴の記』　エ．『徳川実記』
問2　空欄②に適する語を次の中から選び、記号で答えよ。
　　ア．壬申の乱　イ．承久の乱　ウ．応仁の乱　エ．嘉吉の乱
問3　下線部aについて、こののち、高時の子が幕府再興を図って起こした事件は何か。
問4　空欄③に適する天皇名を次の中から選び、記号で答えよ。
　　ア．後醍醐　イ．後三条　ウ．後陽成　エ．後鳥羽
問5　下線部bについて、廃された将軍とは誰か。
問6　下線部cについて、光秀が起こした事件は何か。
問7　空欄④に適する職名を次の中から選び、記号で答えよ。
　　ア．摂政　イ．左大臣　ウ．関白　エ．征夷大将軍
問8　下線部dについて、当代の初代将軍となった人物は誰か。
問9　この史料の出典『読史余論』の著者名と、この著者が、屋久島に潜入して捕らえられた外国人宣教師への尋問で得た知識を基に西洋及び世界の地理や風俗を記した書を2つ答えよ。

4 大坂の繁昌

実戦問題 次の史料を読み、あとの問いに答えよ。

> 惣じてa北浜の米市は日本第一の津なればこそ、一刻の間に五万貫目のたてり商も有事なり。その米はb蔵々にやまをかさね、夕の嵐朝の雨、日和を見合、雲の立所をかんがへ、夜のうちの思ひ入にて、売人有、買人有。壱分弐分をあらそひ、人の山をなし、互に面を見しりたる人には、千石・万石の米をも売買せしに、両人手打て後は、少も是に相違なかりき。

問1　下線部aの市は元禄期以降、別の場所へ移転された。その場所はどこか、次の中から選び、記号で答えよ。
　　ア．雑喉場　イ．堂島　ウ．天満　エ．神田

問2　下線部bについて，蔵屋敷で蔵物の出納や売却に従事した商人を何というか，次の中から選び，記号で答えよ。
　　ア．掛屋　　イ．月行事　　ウ．御用達商人　　エ．本陣
問3　この史料は，井原西鶴の町人物を代表する著書の一部である。その書名を次の中から選び，記号で答えよ。
　　ア．『世間胸算用』　　イ．『冥途の飛脚』　　ウ．『日本永代蔵』　　エ．『好色一代男』
問4　この史料が記している大坂は，商業・経済の中心地として一般に何と称されるか。

▶補充問題
問1　大坂と江戸を結ぶ航路を何というか。
問2　千石船を使い，積荷の落下防止の垣をつけた大坂・江戸間の廻船を何というか。
問3　大坂から江戸にもたらされる物資を俗に何というか。

▶分析・解説

1の主題は貨幣経済の浸透であるが，問4を除き，元禄期から享保期にかけての状況で単純な出題である。問2の正答であるイは，1701（元禄14）年に勅使接待役の赤穂藩主浅野長矩が高家の吉良義央を殿中で斬りつけ切腹となった翌年に，大石良雄ら46人（47人とも）の赤穂浪士が吉良義央を仇討ちしたものの，切腹を命じられた事件。室鳩巣はこの赤穂浪士を義士とみて，1703（元禄16）年に『赤穂義人録』を著した。また，問3のウ『経済録』は，荻生徂徠の門人である護園学派の太宰春台が1729（享保14）年に著したもの。ここでも幕政改革のため武士の土着論が説かれている。問4は下線部以下の文意が読み解ければ，それほど難問ではない。史料を丹念に読むことを求めているのである。

2では，江戸初期の農村経済が自給自足を中心とするものであった段階から，江戸中期には農業生産力が進展し，商品作物の栽培も始まったことを理解しておくことが肝要である。問2はこの流れを踏まえて，貨幣経済の浸透の結果，農村での階層分化が起きたことを想起すれば130字程度で説明できるだろう。キーワードとして地主・質流れ地・小作人などがしっかり入っていればよい。

3は新井白石の『読史余論』だが，ここで問われていることは近世に関すること以外も多い。史論としての白石自身の歴史観の特色は，公家の世を9段階に分け，さらに武家の世を5段階に分けて徳川政権にいたる興亡を示した点にある。この叙述の目的は，徳川政権の正当性を示すものであった。朱子学者としての白石の著書は多岐にわたるが，史料問題として出題頻度がもっとも高いのは『読史余論』で，ちなみにこれは『愚管抄』『神皇正統記』に並ぶ代表的な史論の1つである。

4は，貨幣経済や商品流通の発展により経済都市としての役割が高まった大坂についての史料である。問2は当時の流通に関連させたもので，蔵元・掛屋・札差など，それぞれの役割をおさえておく必要がある。併せて補充問題でも，一部，海上交通について取り上げたが，設問のほかにも南海路を就航した樽廻船や近年では内海船（尾州廻船）なども大学入試では設問によく取り上げられているので，確認しておきたい。

第6節　近世前期の社会・学問思想・流通経済　　91

第5章 幕藩体制の動揺
第1節 享保の改革の諸政策

1 上げ米

演習問題 次の史料を読み，あとの問いに答えよ。

御旗本ニ召置かれ候御家人，御代々段々相増候。御蔵入高も先規よりハ多く候得共，御切米御扶持方，其外表立候御用筋の渡方ニ引合候ては，畢竟年々不足の事ニ候。……今年ニ至て御切米等も相渡し難く，御仕置筋の御用も御手支の事ニ候。それニ付，御代々御沙汰之無き事ニ候得共，ａ万石以上の面々より ① 差し上げ候様ニ仰せ付けらるべしと思召し，左候ハねば御家人の内数百人，御扶持召放さるべきより外は之無く候故，御恥辱を顧みられず仰せ出され候。高壱万石ニ付 ① 百石積り差し上げらるべく候。……之に依り，在 ② 半年充御免成され候間，緩々休息いたし候様ニ仰せ出され候。

（『御触書寛保集成』）

問1　下線部ａについて，「万石以上の面々」のうち徳川氏一門の諸大名家を何と総称するか。

問2　空欄①・②に適する語を入れよ。

問3　この史料が示す政策など，この時期に改革を主導した人物は誰か。

問4　この史料が示す政策は何とよばれるものか。

問5　この政策の時期に幕府の財政安定のために広く採用された年貢率の決定方法は何か。

問6　問3の人物によって実施された政策として誤っているものを次の中から1つ選び，記号で答えよ。
　ア．七分積金　　イ．足高の制　　ウ．相対済し令　　エ．株仲間公認

問7　この政策の時期の記述として誤っているものを次の中から1つ選び，記号で答えよ。
　ア．質流れ地禁令が定められたが，各地で質地騒動が起き，その後撤回された。
　イ．旗本から神尾春央が勘定奉行に登用され，幕府の財政収入を急増させた。
　ウ．江戸町奉行となった大岡忠相が公事方御定書を編纂した。
　エ．幕府収入の増大を図るため，幕府専売の朝鮮人参座を設置した。

問8　この史料に記された制度により大名のある負担が軽減された。その負担とはどのようなものか，簡単に説明せよ。

2 新田開発の高札

実戦問題 次の史料を読み，あとの問いに答えよ。

ａ諸国御料所又は私領と入組候場所にても，ｂ新田ニ成るべき場所これあるに於てハ，その所の御代官，地頭幷百姓申し談じ，何れも得心の上，新田取り立て候仕形，委細絵図・書付ニ記し，ｃ五畿内は京都町奉行所，西国・中国筋ハ大坂町奉行所，北国筋・ｄ関八州ハ江戸町奉行え願出づべく候。願人或ハ百姓をだまし，或ハ金元のものへ巧みをもって勧メ，金銀等むさぼり取候儀を専一に存じ，偽りを以て申し出づるものあらハ，吟味の上とがむるにて之有るべき事。

（『御触書寛保集成』）

問1　この史料は，享保の改革において幕府が江戸のある場所に掲示した高札の一部である。掲示された場所とはどこか。

問2　下線部aのように，所領が複数の大名や旗本などによって知行されることを何というか。

問3　下線部bについて，当時，町人出資によって実施された新田開発を何というか。

問4　下線部cについて，18世紀初めに有力商人の出資によって河内国に開発された新田を次の中から選び，記号で答えよ。
　　ア．五郎兵衛新田　　イ．鴻池新田　　ウ．川口新田　　エ．紫雲寺潟新田

問5　下線部dについて，田沼時代に利根川下流の新田開発を進めるために実施された事業が失敗に終わったが，その事業を次の中から選び，記号で答えよ。
　　ア．見沼代用水開削　　イ．箱根用水開削　　ウ．紫雲寺潟干拓　　エ．印旛沼干拓

> **分析・解説**
>
> 　18世紀に入り，財政窮乏の打開策として諸改革が実施されたが，8代将軍**徳川吉宗**による改革を**享保の改革**という。吉宗は将軍専制体制を確立し，倹約・新田開発・増税・都市商業資本の支配統制につとめた。**株仲間公認**もこの時の政策の1つである。また法制の整備にも着手し，大岡忠相らが**公事方御定書**の編纂にあたり，判断に基づく合理的な裁判が行われるようになった。そして評定所には目安箱が設けられ，ここに投書された庶民の意見が反映されて小石川養生所がつくられた。さらに，都市政策の一環として消火制度を強化する目的で町方独自の町火消を組織したのもこの時期の政策として重要なものである。
> 　このほか，史料問題として想定されるのが，**相対済し令**や**足高の制**などである。前者は貨幣経済発達に伴い金銭貸借訴訟（金公事）が激増したことへの対応策で，今後幕府はこのような訴訟を受理せず，当事者同士で和解することを定めたものである。また後者は，1723（享保8）年に施行されたもので，旗本らの人材登用が目的であった。幕府の役職の基準（役高）を定め，それに満たない禄高の者をその役職に登用する際，在職期間中のみ不足の石高（役料）を補う制度であった。

第1節　享保の改革の諸政策　93

第2節 田沼時代の政治と社会

1 田沼の政治

演習問題 次の史料を読み，あとの問いに答えよ。

> a田沼氏の盛なりしときは，諸家の贈遺様々に心を尽したることどもなりき。中秋の月宴に，島台・軽台を始め負劣らじと趣向したる中に，或家の進物は小なる青竹籃に，活発にして大鱠七，八計，些少の野蔬をあしらひ，青柚一つ，家彫萩薄の柄の小刀にてその柚を貫きたり。……又某家のは，いと大なる竹籠に，しび二尾なり。此二つは類無しとて興になりたりと云。又田氏中暑にて臥したるとき，候間の使价，此節は何を翫り給ふやと訊ふ。菖盆を枕辺に置て見られ候と用人答しより，二，三日の間諸家各色の石菖を大小と無く持込，大なる坐敷二計は透間も無く並べたて、取扱にもあぐみしと云。b その頃の風儀此の如くぞありける。
>
> （『甲子夜話』）

問1　下線部 a の時期について述べた文として正しいものを次の中から選び，記号で答えよ。
　　ア．幕府の財政収入を増大させるため，上知令を出した。
　　イ．最上徳内らを蝦夷地に派遣し，その開発やロシア人との交易の可能性を調査させた。
　　ウ．実学奨励のため，漢訳洋書輸入制限を緩和した。
　　エ．商業の発展を図るため，運上や冥加などの営業税を廃止した。
問2　田沼氏が老中になった年に鋳造された貨幣は何か。
問3　下線部 b について，この史料の内容から当時の風潮について簡単に述べよ。

補充問題
問1　田沼氏が老中になった時の将軍は誰か。
問2　田沼氏が長崎貿易の制限を緩和し，金銀の輸入を図るために輸出を奨励したものは何か。2つ答えよ。
問3　田沼時代に杉田玄白らによって刊行された医学書は何か。

2 天明の飢饉の影響

演習問題 次の史料を読み，あとの問いに答えよ。

> a天明午のとし，諸国□□改められしに，まへの子のとしよりは諸国にて百四十万人減じぬ。この減じたる人みな死うせしにはあらず。只b帳外となり，又は出家山伏となり，又はc無宿となり，又は江戸へ出て□□にもいらずさまよひありく徒とは成りにける。
>
> （『宇下人言』）

問1　下線部 a について，この時期に関して述べた文として誤っているものを次の中から1つ選び，記号で答えよ。
　　ア．天明の飢饉は長雨や浅間山噴火・冷害などで全国的に被害が広がった。
　　イ．天明の飢饉後，陸奥国では代官の寺西封元が幕領の復興に尽力した。

ウ．天明の飢饉により世情が不安定になり，老中松平定信は失脚した。
エ．天明の飢饉を背景に，大坂や江戸で大規模な打ちこわしが起こった。

問2　2つの空欄には同じ語が入る。適する語を次の中から選び，記号で答えよ。
　　ア．人別　　イ．人掃　　ウ．人口　　エ．戸籍
問3　下線部bはどのような立場になった人々のことを指すか，簡単に説明せよ。
問4　下線部cについて，寛政の改革において無宿人の対策として江戸の石川島に設けられた施設は何か。
問5　この史料の出典『宇下人言』の著者は誰か。

3 天明の打ちこわし

実戦問題 次の史料を読み，あとの問いに答えよ。

　a翌年天明七丁未年五月……茲にいたりてb米穀動かず。米屋ども江戸中に閉す。同月廿日の朝，c雑人共赤坂御門外なる米屋を打ち毀す。……同日同刻京橋南伝馬町三丁目万屋佐兵衛，万佐とてきこえたる，米穀問屋を打ち毀す。此の時おのれ十九歳，毀したる跡を見たるに，破りたる米俵，家の前に散乱し，米こゝかしこに山をなす。……後に聞けば，はじめは十四五人なりしに，追々加勢にて百人計なりしとぞ。同夜中小網町，伊勢町，小船町，神田内外，d蔵前，浅草辺，千住，本郷，市ケ谷，四ツ谷，同夜より翌日廿二日に至りて，暁まで諸方の蜂起，米屋のみにあらず。富商人は手をくだせり。然れども，e官令寂として声なし。廿二日午の刻，町奉行出馬・御先手方十人捕へ方の命あり。又竹鑓御免死骸酬に及ばざるの令，市中に降りしゆえ，市人勢を得て，木戸々々を〆切り，相識し言葉を作り，互に加勢の約をなし，拍子木をしらせとす。茲に至りて，蜂起も又寂として声なし。f江都開発以来，未だ曾て有らざる変事地妖といふべしと，諸人いひけり。
（『蜘蛛の糸巻』）

問1　下線部aについて，この史料はこの時に起きた事件の様子を記したものであるが，この事件を何というか。
問2　下線部bの内容として正しいものを次の中から選び，記号で答えよ。
　　ア．騒乱により米穀を運搬することができない。
　　イ．江戸や大坂の近郊農村から江戸に米穀が入荷されない。
　　ウ．米価の騰貴により誰も米を売る者がいない。
　　エ．米価が下落し米屋の利益が減っている。
問3　下線部cについて，このような人々の階層として不適切なものを次の中から1つ選び，記号で答えよ。
　　ア．店借　　イ．棒手振　　ウ．日雇　　エ．直参
問4　下線部dについて，この地域で旗本や御家人の蔵米の受取りや売却などの業務を行った商人を何というか。
問5　下線部eの内容として正しいものを次の中から選び，記号で答えよ。
　　ア．町奉行が蜂起を鎮圧するために出動しない。
　　イ．町奉行が蜂起する人々を徹底的に鎮圧した。
　　ウ．幕府の転覆を図る町奉行が蜂起を黙認した。

エ．町人たちは町奉行の命令に服従した。
問6　下線部 f について，「江都」とは江戸のことであるが，徳川家康が豊臣秀吉によりこの地に転封されたのは西暦何年のことか。
問7　問1の事件が起こった時の幕府の将軍は誰か。
問8　この史料の随筆を書いた岩瀬京山の兄は，寛政の改革の際に洒落本『仕懸文庫』で処罰されているが，それは誰か。

> **分析・解説**
>
> 　9代将軍徳川家重，10代将軍家治の治世に側用人から老中首座へ昇進し，幕政の中心にあったのが田沼意次であった。田沼氏の政治は，享保の改革で再建された幕府財政を維持するために重商主義を基調とするものであった。その一環として，享保の改革で公認された株仲間を冥加金目的にいっそう積極的に公認し増収を図った。また，幕府専売のもとに直営の座を設立したのも，その目的は幕府の財政収入の増大と貿易品の統制にあった。南鐐二朱銀という良質な定量計数銀貨を初めて鋳造し，近代的な通貨の一元化を志向し，商業の効率化をめざしたこともこの一連の経済政策の中に位置づけられよう。
>
> 　しかし，このようなことから商人との癒着，いわゆる賄賂政治ということも指摘されるのであるが，その具体的な様子をうかがえるのが 1 である。ここでは，大名たちが田沼氏の機嫌をとるための方策として豪華な贈答品を次々と贈り届けている様子が描かれている。
>
> 　そのような中で，1782（天明2）年に東北地方の冷害から始まった天明の飢饉は，翌年の浅間山の大噴火を経て，多数の死者を出した。2 の史料では荒廃した農村人口の減少を記しているが，当時の人口把握（人別改）には宗門人別帳が利用され，離村し行方不明となった者は人別帳から外された。これが問3の帳外である。その中には江戸など大都市への流入民も多く，裏長屋に住むこれらの中には 3 の打ちこわしに加わった者も少なくなかったといえるだろう。問2は江戸の打ちこわしが米の端境期でもある5月に起こっており，その要因として凶作による物価上昇，米価高騰をみこんで米を売る者がいなかったことを想起してほしい。また，問3の答えはエの直参であるが，これは将軍直属の旗本・御家人を指す。
>
> 　こうした災害や騒擾の中で1784（天明4）年には若年寄であった田沼意知（意次の子）が江戸城内で旗本の佐野政言に殺され，1786（天明6）年の将軍家治の死去後には意次も老中を罷免されて，田沼政治の多くの政策も中止されたのであった。

第3節 寛政の改革

1 棄捐令

実戦問題 次の史料を読み，あとの問いに答えよ。

　此度御蔵米取御旗本・御家人a勝手御救のため，①借金仕法御改正仰せ出され候事。
一　御旗本・御家人①共より借入金利足の儀は，向後金壱両ニ付銀六分宛の積り，利下ケ申し渡し候間，借り方の儀ハ，是迄の通①と相対に致すべき事。
一　旧来の借金は勿論，b六ケ年以前辰年までニ借請候金子は，古借・新借の差別無く，②の積り相心得べき事。
（『御触書天保集成』）

問1　下線部aはどのようなことか，簡単に答えよ。
問2　空欄①に適する語を入れよ。
問3　また問2の語は蔵米の受取りや売却を代行する商人のことであるが，このような商人を何というか。適するものを次の中から選び，記号で答えよ。
　　ア．両替商　　イ．札差　　ウ．借上　　エ．無尽
問4　下線部bは西暦何年のことか。
問5　空欄②に適する語を入れよ。
問6　この史料の政策と同時期に進められた政策として適切なものを次の中から選び，記号で答えよ。
　　ア．株仲間解散令　　イ．人足寄場の設置　　ウ．足高の制　　エ．上知令

補充問題

問1　これらの一連の改革を実施した幕府の老中は誰か。
問2　この人物が反対し実現できなかったことで，朝廷と幕府との協調関係が崩れたとされる問題を何というか。
問3　また，問1の人物が老中退職後に著した和漢混交文の随筆は何か。

2 寛政異学の禁

実戦問題 次の史料を読み，あとの問いに答えよ。

　朱学の儀は，慶長以来御代々御信用の御事にて，已ニa其方家代々右学風維持の事仰せ付け置かれ候儀ニ候得共，油断無く①励，門人共取立申すべき筈ニ候。然処b近来世上種々新規の説をなし，②流行，風俗を破り候類之有り，全く①衰微の故ニ候哉，甚だ相済まざる事ニて候。其方門人共の内にも右体の学術純正ならざるも，折節は之有る様ニも相聞え，如何ニ候。此度c聖堂御取締厳重に仰せ付けられ，d柴野彦助，岡田清助儀も右御用仰せ付けられ候事ニ候得ば，能々此旨申し談じ，急度門人共②相禁じ，猶又，自門に限らず他門ニ申し合せ，①講窮致し，人才取立候様相心掛申すべく候事。
（『憲法類集』）

問1　この史料は幕府の教学統制を示すものであるが，何とよばれるものか。
問2　下線部aは何家を指すか。適するものを次の中から選び，記号で答えよ。
　　ア．一橋家　　イ．林家　　ウ．前田家　　エ．吉良家
問3　下線部bについて，山鹿素行らが属した学派は何か。
問4　空欄①・②に適する語の組み合わせを次の中から選び，記号で答えよ。
　　ア．①正学　②異学　　イ．①儒学　②洋学
　　ウ．①国学　②異学　　エ．①国学　②洋学
問5　下線部cは徳川綱吉が上野忍ケ岡にあった林家の家塾を移設して建てた学問所を指すが，その場所はどこか。適する地名で答えよ。
問6　また，この学問所が整備され，1797年に創設された幕府直轄の教育機関は何か。
問7　下線部dについて，この両名とともに寛政の三博士の1人とされた人物を次の中から選び，記号で答えよ。
　　ア．石田梅岩　　イ．中井竹山　　ウ．服部南郭　　エ．尾藤二洲

3 旧里帰農令

演習問題 次の史料を読み，あとの問いに答えよ。

> 在方より a 当地え出居候者，故郷え立帰度存じ候得共，路用金調難く候か，立帰候ても夫食，農具代など差支候ものは，b 町役人差添願出づべく候。吟味の上夫々御手当下さるべく候。若村方に故障の儀これあるか，身寄の者これなく，c 田畑も所持致さず，故郷の外にても百姓に成申し度存じ候者は，前文の御手当下され，d 手余地等これある国々へ差遣し，相応の田畑下さるべく候。妻子召連れ度旨願わば，その意に任すべく候。
>
> （『御触書天保集成』）

問1　この史料の法令は寛政の改革の際に発せられたものであるが，何とよばれるものか。
問2　下線部aの「当地」が示す具体的な地名はどこか。適するものを次の中から選び，記号で答えよ。
　　ア．城下町　　イ．大坂　　ウ．三都　　エ．江戸
問3　下線部bについて，町奉行の下で当地の町政を統括した町役人を何というか。
問4　下線部cについて，このような百姓は何と称されたか。
問5　下線部dはどのような土地か，簡単に説明せよ。

4 囲米

実戦問題 次の史料を読み，あとの問いに答えよ。

> 近年御物入相重り候上，a 凶作等打続き，御手当御救筋莫大に及び候に付，追々御倹約の儀仰せ出され候得共，b 天下の御備え，御手薄ニ之有り候ては相済まざる儀ニ思召し候。之に依り，c 享保の御例を以て上納米も仰せ付らるべく候得共，当時不如意多の儀，且凶作等ニて難渋の砌ニも候得ば，御沙汰に及ばれず候。然しながら広大の御備の儀ニ候得ば，当時の御倹約のミを以て，其手当ニ仰せ付けらるべき様も之無く候間，高壱万石ニ付 ① 石の割合を以て，d 来る戌年より寅年迄五ケ年の間，e 面々領邑ニ

98　第5章　幕藩体制の動揺

②　いたし候様に仰せ出され候。　　　　　　　　　　　　　　　（『御触書天保集成』）

問1　下線部aについて，この史料にもっとも近い時期に起こった凶作により発生した飢饉は次のどの時期のものか。記号で答えよ。
　　ア．養和　　イ．享保　　ウ．天明　　エ．天保
問2　下線部bについて，富裕者によって穀物が備蓄された施設を何というか。
問3　下線部cに該当する政策を次の中から選び，記号で答えよ。
　　ア．徳政令　　イ．上知令　　ウ．囲米　　エ．上げ米
問4　空欄①に適する数を次の中から選び，記号で答えよ。
　　ア．五十　　イ．百　　ウ．百五十　　エ．二百
問5　下線部dは西暦何年のことか。
問6　下線部eは何を示すか。
問7　空欄②に適する語を次の中から選び，記号で答えよ。
　　ア．上米　　イ．献上　　ウ．囲穀　　エ．借上
問8　この史料の内容は何という政策について記したものか。

5 七分積金

実戦問題　次の史料を読み，あとの問いに答えよ。

> a当地の儀は，万物諸国より入来候て，自由をたし候事ニて候得共，b天明午未年直段甚引き上げ候節，弐拾万両の御金御下ケ下され，買米相渡候ても，末々は困窮に及び候程の事ニて候。都て国々は諸大名囲穀を始めとして，京，大坂，其外共，夫々ニc凶年の備之有りといへども，江戸表にては其備も之無きニ付，此度町法改正の上，①　の費用を省き，右を以て非常の備，囲穀・②　致し置べく候。
> 一　①　減金の　③　通を以て，町々永続の囲籾且②　致し，弐歩通は地主共増し手取金たるべし。残り壱歩は①　の余分として差加申すべく候。　（『御触書天保集成』）

問1　下線部aはどこを指すか。その地名で答えよ。
問2　下線部bについて述べた文として正しいものを次の中から選び，記号で答えよ。
　　ア．これにより天明の打ちこわしが起こった。
　　イ．この時幕政を主導していたのは新井白石であった。
　　ウ．天明の打ちこわしの鎮圧には，八王子千人同心が動員された。
　　エ．これは西日本を中心に起こった世直し一揆が一因となっている。
問3　下線部cについて，住民が分相応に拠出した穀物倉を何というか。
問4　空欄①～③に適する語を入れよ。

6 『海国兵談』

実戦問題　次の史料を読み，あとの問いに答えよ。

> 当時　①　に厳重に石火矢の備有て，却て安房，相模の海港に其備なし。此事甚不審。細カに思へば江戸の　②　より唐，阿蘭陀迄境なしの水路也。然ルを此に備へず

第3節　寛政の改革　99

して　①　にのミ備ルは何ぞや。

問1　この史料の主張が載っている書物は何か。
問2　また，その著者を次の中から選び，記号で答えよ。
　　　ア．林子平　イ．工藤平助　ウ．高野長英　エ．渡辺崋山
問3　この主張を幕府への批判とみなし弾圧した人物は誰か。次の中から選び，記号で答えよ。
　　　ア．松平定信　イ．水野忠邦　ウ．新井白石　エ．田沼意次
問4　空欄①・②に適する語を入れよ。
問5　この史料の主張通り，1853年になると江戸湾に外国船が侵入してきたが，それはどこの国の船か。次の中から選び，記号で答えよ。
　　　ア．中国　イ．イギリス　ウ．アメリカ　エ．フランス

【補充問題】
問1　この史料の著者が1786年に刊行した，日本を中心に朝鮮・琉球・蝦夷地を図示し解説した地理書は何か。
問2　この史料が刊行された翌年の1792年に大黒屋光(幸)太夫らの漂流民を伴い，根室に来航したロシア使節は誰か。
問3　この史料よりも前に，工藤平助が蝦夷地の開発とロシアとの交易を論じ，田沼意次に献上した著書は何か。

【分析・解説】

　田沼時代の後，老中首座となったのが，8代将軍吉宗の子である田安宗武の7男で，白河藩主となっていた松平定信である。11代将軍となった徳川家斉の実父一橋治済に藩政の実績を買われての登用であった。その政治改革が寛政の改革であるが，その内容は体制的な危機に直面しており多岐にわたる。大別すれば，農村再建政策，社会政策，学問・思想統制などであり，幕藩領主による封建社会維持のための政策ということができるであろう。
　1～6までの史料は，どれも基本史料であり，設問自体も基本的なものが中心である。
　1の補充問題とした尊号一件は，1789(寛政元)年に光格天皇が皇位についたことのない実父閑院宮典仁親王に太上天皇(上皇)の称号を贈ることを希望し，幕府に相談したところ，定信の反対により実現しなかった問題である。これを機に朝廷と幕府の関係は崩れはじめ，尊王論が高まっていった。
　2の寛政異学の禁は，近年の大学入試ではもっとも頻出の割合が高いテーマの1つである。ここでは田沼時代に緩んだ士風の引き締めに正学として大義名分論を尊重する朱子学の重視が求められ，反対に現状批判につながる可能性のある古学などが異学と捉えられた。古学派は，直接孔子や孟子の原典にあたりその真意をくみとろうとする学派で，山鹿素行の著作には『聖教要録』・『中朝事実』・『武家事紀』などがある。
　3では，問5の説明が難しい。史料集などで確認しておきたい。すなわち，「手余地」とは耕作者が不在となった農地の意味である。そして以下の文章では，農村から江戸へ流入してきた住民らを帰農させ農村の復興を図るため，耕作者不在の田畑を分け与えるとい

うことが述べられている。

　なお，松平定信の自叙伝が『宇下人言』で，ここには天明期から寛政期までの幕政や社会について描写されている。ここでは割愛したが，特に蘭学の統制に関する部分などは，ぜひ史料集で確認しておきたい。大学入試問題では，近世の学問の発展にからめて出題されるケースもある。ちなみに，『宇下人言』の書名の由来は，定信の2文字を分割して表したものとされている。

寛政の改革

特色		①享保の改革を理想とした復古的理想主義 ②農村の復興と都市政策の強化 ③士風の引き締め，幕府権威の再建
政策	農村復興	囲米・社倉・義倉を設置(1789発令) 出稼ぎ制限，旧里帰農令(1790)
	都　市	勘定所御用達の登用(江戸の豪商10名) 江戸石川島人足寄場に無宿人を収容(1790) 七分積金の制度化(1791)
	財　政	倹約令(1787)　棄捐令(1789, 旗本・御家人の救済)
	思想・出版統制	寛政異学の禁(1790)　寛政の三博士の登用 出版統制令(1790)　①林子平への弾圧…『三国通覧図説』『海国兵談』　②洒落本作者の山東京伝，黄表紙作者の恋川春町，出版元の蔦屋重三郎らを弾圧
	その他	海防政策…ラクスマンの来航を機に，幕府は諸藩に江戸湾・蝦夷地の海防の強化を命令(1792〜93)
結果		一時的に幕政が引き締められ，厳しい統制・倹約で，民衆の反発を招く 尊号一件(1789〜93, 松平定信は天皇の実父への尊号宣下を拒否) →幕府と朝廷の協調関係崩壊 1793, 定信は徳川家斉と対立し退陣(老中在職6年)

第4節 天保の改革

1 大塩平八郎の檄文

演習問題 次の史料を読み，あとの問いに答えよ。

　此節ハ米価いよいよ高直に相成，①　の奉行・諸役人共万物一体の仁を忘れ得手勝手の政道を致し，②　ヘハ廻米の世話致し，天子御在所の京都ヘハ廻米の世話をいたさゞる而已ならず，五升壱升位の米を買に下り候者共を召捕など致し……其上勝手我儘の触書等を度々差し出し，①　市中a遊民計を大切に心得候は，前にも申す通，道徳仁義も存ぜざる拙き壹故にて，甚以厚か間敷不届の到り，……是に於て蟄居の我等最早堪忍成難く湯武の勢ひ孔孟の徳ハなけれども，拠ところなく天下の為と存じ血族の禍ひ侵し，此度有志の者と申合せ，下民を悩し苦しめ候諸役人共を誅戮致し，引続き奢に長じ居候①　市中金持の町人共を誅戮致すべく候間，右の者共穴蔵に貯へ置候金銀銭・諸蔵屋敷内へ隠し置候俵米，夫々分散配当致し遣し候間，b摂，河，泉，播の内田畑所持致さざる者，縦令，所持致し候共父母妻子家内の養方出来難く候程の難渋者ヘハ，右金米取らせ遣し候間，何日にても①　市中に騒動起り候と聞得候ハヾ，里数を厭ず一刻も早く①　へ向け一馳参り候面々へ右米金分遣し申すべく候。……
　摂，河，泉，播村々　c庄屋・年寄・小前百姓共江
天保八丁酉年月日
　　　　　　　　　　　　　　　　　　　　　　　　　（『改訂史籍集覧』）

問1　空欄①・②に適する語の組み合わせを次の中から選び，記号で答えよ。
　　ア．①江戸　②大坂　　イ．①大坂　②京都
　　ウ．①大坂　②江戸　　エ．①京都　②江戸
問2　この文章を書いたのは誰か。
問3　また，この人物は陽明学者として家塾を開いていたが，それを何というか。
問4　下線部aについて，このような人物について述べた文として正しいものを次の中から選び，記号で答えよ。
　　ア．ここでは買い占めで不当な利益をむさぼる商人や高利貸を指している。
　　イ．ここでは大都市に流入した百姓を指している。
　　ウ．ここでは幕政を批判している蘭学者を指している。
　　エ．ここでは反社会的なかぶき者を指している。
問5　下線部bをそれぞれ旧国名で答えよ。
問6　下線部cは村の長のことであるが，これは関東ではどのようによばれたか。
問7　この文章の内容を要約し，130字程度で述べよ。

2 株仲間の解散

演習問題 次の史料を読み，あとの問いに答えよ。

　　　積間屋共より是迄年々a冥加上納金致し来り候処，b問屋共不正の趣も相聞え候ニ付，以来上納ニ及ばず候。尤，向後右仲間株札ハ勿論，此外共都て問屋仲間・

組合拵と唱候儀は，相成らず候間其段申し渡さるべく候。
一　右ニ付てハ，是迄右船ニ積み来り候諸品ハ勿論，都て何国より出候何品にても，c素人直売買勝手次第たるべく候。且又諸家国産類，其外惣て江戸表江相廻し候品ニも，問屋ニ限らず，銘々出入のもの共引き受け，売捌候義も是又勝手次第ニ候間，其段申し渡さるべく候。
（『天保法制』）

問1　この史料は天保の改革で出された法令に関するものだが，その法令とは何か。
問2　この法令を出した老中の名前を答えよ。
問3　空欄には南海路で物資を輸送した廻船名が入る。それは何か。
問4　下線部aについて簡単に説明せよ。
問5　下線部bはどのようなことか，具体的に説明せよ。
問6　下線部cに関係の深いものを次の中から選び，記号で答えよ。
　　ア．株仲間　　イ．在郷商人　　ウ．十組問屋　　エ．二十四組問屋
問7　この法令が出された目的と結果について40字程度で説明せよ。

3 上知令

演習問題　次の史料を読み，あとの問いに答えよ。

a御料所の内，b薄地多く，御収納免合相劣り，……当時御料所より私領の方，c高免の土地多くこれあり候は，不都合の儀と存じ奉り候。仮令如何様の御由緒を以て下され，又は家祖共武功等にて頂戴候領知に候とも，加削は当御代思召次第の処，……幸此度，江戸・大坂最寄御取締の為　　　　　仰せ付けられ候。右領分その余，飛地の領分にも，高免の場所もこれあり，御沙汰次第差上，代知の儀処如何様ニも苦しからず候。
（『天保法制』）

問1　下線部aと関係の深いものを次の中から選び，記号で答えよ。
　　ア．禁裏御料　　イ．天領　　ウ．大名知行地　　エ．鷹場
問2　下線部bはどのような土地か，簡単に答えよ。
問3　下線部cはどのような土地か，簡単に答えよ。
問4　空欄に適する語を入れよ。
問5　この法令が出された目的と結果について70字程度で説明せよ。

分析・解説

　幕府は内憂外患に対応するため，1841（天保12）年に大御所徳川家斉の死後，老中水野忠邦を中心に権力強化をめざし改革を実施した。これを，天保の改革とよんでいる。享保・寛政の改革にならい倹約や農村再建による幕府の建て直しが図られたが，実質的効果を得られず，これにより幕府権力の衰退を示す結果を招いた。
　1は水野忠邦がこれまで行ってきた政策に対し，1837（天保8）年に大塩平八郎が発した檄文である。問7の内容要約は，史料を丹念に読み込む訓練をしていれば解答できるだろう。130字程度なので細部に気をとられぬよう，概要のみを記すように注意したい。
　こうした事態をうけて水野忠邦は，1841年より天保の改革を実施した。具体的政策とし

第4節　天保の改革　103

て2は，物価騰貴の原因とみられた**株仲間の解散**を命じたもの。問5の「問屋共不正の趣」の文言は，幕府がみた物価騰貴の原因として問屋による価格つりあげを念頭にしたものといえる。しかし物価騰貴の実際の原因は生産地から上方市場への商品流通量が減少して生じたもので，この政策によりいっそう江戸への商品輸送量が減り，同時に流通機構を混乱させることになった。

3の**上知令**も幕府権力の強化をめざし江戸・大坂周辺の合わせて約50万石の地を直轄地にし，幕府の財政安定や対外防備の強化を図ろうとしたが，年貢収納率の悪い替地との交換は諸大名や旗本の反対をうけ，撤回された。また1840（天保11）年に企図された**三方領知替え**も実施できなかったほか，農村復興のために企図した**人返しの法**も効果なく，天保の改革は挫折した。

天保の改革

性格	復古的理想主義……享保・寛政の改革を目標とする。封建制の再編成		
施策	財政安定	**倹約令**（1841） **上知令**（1843，江戸・大坂周辺の地を幕領とする計画）	
	商業政策	**株仲間の解散**（1841） 御用金と貨幣改悪	
	農村復興	**人返しの法**（1843，百姓を強制的に帰村させる）	
	海防政策	西洋砲術の採用（1841，高島秋帆に出ров を命令） **薪水給与令**（1842，異国船打払令緩和）	
	芝居統制	江戸の歌舞伎3座を場末の浅草に移転（1842）	
	出版統制	人情本作者の為永春水，合巻作者の柳亭種彦を処罰（1842）	
	開拓事業	印旛沼の干拓事業（1843）	
	その他	**三方領知替え**（1840～1841，撤回）	
結果	失敗し幕府権力は衰退		

三方領知替え
- 庄内藩 14万石
- 長岡藩 7万石
- 川越藩 15万石

第5節 武士の困窮と近世後期の学問・思想

1 『経済録』

実戦問題 次の史料を読み，あとの問いに答えよ。

> a今ノ世ノ諸侯ハ，大モ小モ，皆首ヲタレテb町人ニ無心ヲイヒ，江戸，京都，大坂，其外処々ノ富商ヲ憑デ，其続ケ計ニテ世ヲ渡ル。c邑入ヲバ悉ク其方ニ振向ケ置テ，d収納ノ時節ニハ，子銭家ヨリ倉ヲ封ズル類也。子銭家トハ，金銀ヲ借ス者ヲ云フ。
> 　　　　　　　　　　　　　　　　　　　　　　　　　　　　　（『経済録』）

問1　下線部aは享保期頃を指すが，この時期について述べた文として誤っているものを次の中から1つ選び，記号で答えよ。
　ア．江戸町奉行が受理した訴訟では9割以上が金公事であった。
　イ．新しい産業を奨励し，漢訳洋書の輸入制限をゆるめた。
　ウ．この頃から幕末まで幕領の石高は440万石程度であった。
　エ．物価上昇への不満から民衆の世直し一揆が起きた。

問2　下線部bについて，このような町人への「無心」は何と称されるか。適するものを次の中から選び，記号で答えよ。
　ア．頼母子　　イ．大名貸　　ウ．無尽　　エ．高利貸

問3　下線部cの「邑入」とはどのようなことか。適するものを次の中から選び，記号で答えよ。
　ア．年貢収入　　イ．村入用　　ウ．人返し　　エ．運上

問4　下線部dに関連して，享保期頃より幕領で広く取り入れられるようになった年貢率の決定方法は何か。

問5　この史料の出典『経済録』の著者は誰か。

2 洋学の発達

演習問題 次の史料Ⅰ・Ⅱを読み，あとの問いに答えよ。

> Ⅰ　凡そ，a其人博聞強記にして，彼方多学の人と聞えて，天文，地理の事に至ては，企及ぶべしとも覚えず。……其教法を説くに至ては，一言の道にちかき所もあらず。智愚たちまちに地を易へて，二人の言を聞くに似たり。こゝに知りぬ，彼方の学のごときは，たゞ其形と器とに精しき事を。所謂b形而下なるもののみを知りて，c形而上なるものはいまだあづかり聞かず。
> 　　　　　　　　　　　　　　　　　　　　　　　　　　　　　（『西洋紀聞』）
>
> Ⅱ　一　其翌日，良沢が宅に集り，前日の事を語合ひ，先ッ，彼dターフルアナトミイの書に打向ヒしに，誠に艫・舵なき船の大海に乗出せしが如く，茫洋として寄べきかたなく，たゞあきれにゝゝゝゝ居たるまでなり。

問1　下線部aは1708年に屋久島に潜入したイエズス会の宣教師を指すが，それは誰か。
問2　下線部b・cについて，それぞれどのような内容を指摘しているのか，簡潔に記せ。
問3　史料Ⅰの出典『西洋紀聞』の著者は誰か。

問4　また，この人物による世界の地理・風俗を記した書が1713年に成立している。その書名を答えよ。
問5　下線部dの書の原典となる『解剖図譜』を記したドイツ人は誰か。
問6　また，下線部dの書を和訳した最初の翻訳解剖書といわれるのは何か。

> 補充問題
問1　幕府の書物方であり，将軍徳川吉宗より蘭学の研究を命じられ，『蕃薯考』を記したのは誰か。
問2　『解体新書』の挿絵を描いた秋田藩士で，洋画家としても活躍したのは誰か。
問3　史料Ⅱは杉田玄白の蘭学創始期の回想録だが，この書名を答えよ。

3 外国貿易論
> 実戦問題　次の史料を読み，あとの問いに答えよ。

　都て大造なる国務も，威儀，城郭も，我国の力のみを以てすれば，国民疲れて大業なしがたし。a外国の力を合てするを以て，其何なる大業にても成就せずと云ことなし。……日本は海国なれば，渡海・運送・交易は，固より国君の天職最第一の国務なれば，b万国へ船舶を遣りて，国用の要用たる産物，及び金銀銅を抜き取て日本へ入れ，国力を厚くすべきは海国具足の仕方なり。自国の力を以て治る計りにては，国力次第に弱り，其弱り皆農民に当り，農民連年耗減するは自然の勢ひなり。

問1　この史料は，国内の開発や海外貿易について述べた書の一節であるが，その著者は誰か。
問2　この書名を答えよ。
問3　下線部aについて，この内容と合致する語を史料中にある漢字2文字で答えよ。
問4　下線部bに関連して，日本から海外へ渡航することが全面的に禁じられたのは西暦何年のことか。次の中から選び，記号で答えよ。
　　ア．1633年　　イ．1635年　　ウ．1637年　　エ．1641年
問5　経世家であるこの史料の著者の主張とは異なるものを次の中から1つ選び，記号で答えよ。
　　ア．外国の力を頼らず自国の力だけで国を治めることが肝要である。
　　イ．国力の衰弱により農民が疲弊するのは自然の流れである。
　　ウ．将軍の第1の仕事は渡海・運輸・交易である。
　　エ．いかなる大業も外国との交易の利益によって成就しないことはない。

4 「鎖国」政策への批判
> 実戦問題　次の史料を読み，あとの問いに答えよ。

　aイキリスは，日本に対し，敵国にては之無く，いはゞ付合も之無き他人に候故，今彼れ漂流人を憐れみ，仁義を名とし，態々送り来り候者を，何事も取合申さず，b直に打払に相成候はゞ，日本は民を憐まざる不仁の国と存じ，若又万一其不仁不義を憤り

> 候はゞ，日本近海にイキリス属島夥しく之有り，始終通行致し候得ば，後来海上の寇と相成候て，海運の邪魔とも罷成申すべく，たとへ右等の事之無く候共，御打払に相成候はゞ，理非も分り申さざる暴国と存じ，不義の国と申し触らし，礼儀国の名を失ひ，是より如何なる患害，萌生仕り候やも計り難く，或は又ひたすらイキリスを恐る様に考え付けられ候はゞ，国内衰弱仕り候様にも推察せられ，恐れながら，国家の御武威を損ぜられ候様にも相成候はんやと，恐多くも考えられ候。（『戊戌夢物語』）

問1 下線部aについて，この記述に関係ある打ち払い事件を史実に即して答えよ。
問2 また，ここに記された国の軍艦が1808年に長崎湾に侵入した事件を何というか。
問3 下線部bについて，1825年に幕府が定めた法令は何か。
問4 この史料の出典『戊戌夢物語』の著者は誰か。
問5 この人物は，問1の事件を批判したとして幕府から処罰されることになったが，それを何というか。
問6 この人物とともに問5の事件で処罰された三河田原藩の家老であった人物は誰か。

分析・解説

幕藩制の展開とともに封建社会が抱える諸問題への対処として**経世論**（世を治め民を救う政治経済論）や西洋対処論が登場したが，その事例として上記の3題を取り上げた。

1の『**経済録**』は**荻生徂徠**の門弟で，**蘐園塾**で学んだ儒学者（蘐園学派）**太宰春台**の著書で1729（享保14）年に成立した。この著書では，武士土着論などを説いたことが有名である。引用した部分では，享保頃の諸大名や武士が経済的困窮に直面していた状況を端的に示している。貨幣経済の浸透により世の中が大きく変化していた当時，将軍徳川吉宗の諮問に答えたのが春台の師であった荻生徂徠の『**政談**』であり，これも重要史料である。問1のエは，民衆の世直し一揆が誤りで，時期の違いを見抜けるようにしておきたい。

2の洋学の発達は，補充問題と併せて大問として大学入試では出題される頻度も高い。問2は聞きなれない言葉だと思うが，実学としての洋学について，「彼方の学のごときは，たゞ其形と器とに精しき事を」の部分から推測することも可能であろう。また，出題していないが，**前野良沢**や**杉田玄白**に学んだ**大槻玄沢**の書『**蘭学階梯**』やその家塾**芝蘭堂**など，この時期の蘭学の動向を確実におさえておくことが望ましい。

3は1798（寛政10）年に成立した越後出身の**本多利明**の著。国家の財政窮乏を救う手段として外国貿易を説いている。利明はこのほか『**西域物語**』でも航海・貿易の必要を説いている。問5については，引用史料文中にみえる「自国の力を以て治る計りにては，国力次第に弱り」の部分を正確に読み解けばどれが誤文か判断できるであろう。

4は1837（天保8）年の**モリソン号事件**を批判した**高野長英**と**渡辺崋山**が処罰された事件に関する出題。史料の冒頭に「イキリス」とあるが，「史実」に即して答えれば，アメリカ船のモリソン号事件となる。これを批判した高野・渡辺が処罰された事件が**蛮社の獄**である。なお，彼らが所属していた**尚歯会**は，本来，老人（歯）を尊敬（尚）し高齢者を祝う会を指すものである。

第5節 武士の困窮と近世後期の学問・思想

第6章 近代国家の成立・発展

第1節 開国要求への対処

1 異国船打払令

実戦問題 次の史料を読み，あとの問いに答えよ。

　　異国船渡来の節取計ひ方，前々より数度仰せ出されこれ有り。をろしや船の儀に付ては，a文化の度改めて相触れ候次第も候処，bいきりすの船，c先年長崎において狼藉に及び，近年は所々え小船ニて乗寄せ，薪水食料を乞ひ，d去年ニ至り候ては猥ニ上陸致し，或は廻船の米穀，嶋方の野牛等奪ひ取り候段，追々横行の振舞，其上邪宗門勧め入れ候致し方も相聞へ，傍捨て置かれ難き事ニ候。一体いきりすニ限らず，南蛮，西洋の儀は，e御制禁邪教の国ニ候間，以来何れの浦方ニおゐても，異国船乗寄せ候を見受け候ハヾ，其所ニ有合せ候人夫を以て，有無に及ばず，一図ニ打払ひ，逃延び候ハヾ，追船等差出すに及ばず，其分ニ差置き，若し押して上陸致し候ハヾ，搦捕り，又は打留め候ても苦しからず候。本船近寄り居り候ハヾ，打潰し候共，是又時宜次第取計らるべき旨，浦方末々の者迄申含め，追て其段相届け候様，改めて仰せ出され候……尤も唐，朝鮮，①　などハ船形人物も相分かるべく候得共，②　船は見わけも相成り兼ね申すべく，右等の船万一見損ひ，打誤り候共，御察度はこれ有る間敷候間，③　無く，打払ひを心掛け，図を失はざる様取計ひ候処，専要の事に候条，油断無く申し付けらるべく候。

（『御触書天保集成』）

問1　下線部aについて，これに該当する法令を何というか。
問2　下線部bのイギリス船の船名を答えよ。
問3　下線部cは西暦何年のことか。
問4　下線部dについて，この時に上陸された場所を次の中から選び，記号で答えよ。
　　ア．長浜　　イ．大津浜　　ウ．浦賀　　エ．横須賀
問5　下線部eは何を指しているか。
問6　空欄①・②に適する語の組み合わせを次の中から選び，記号で答えよ。
　　ア．①阿蘭陀　②琉球　　　イ．①琉球　②清
　　ウ．①琉球　②阿蘭陀　　　エ．①清　②阿蘭陀
問7　空欄③に適する語を入れよ。
問8　次の出来事を年代の古い順に記号で並べよ。
　　ア．ゴローウニン事件　　イ．アヘン戦争
　　ウ．シーボルト事件　　　エ．モリソン号事件

2 オランダ国王の開国勧告

実戦問題 次の史料を読み，あとの問いに答えよ。

　　a近来英吉利国王より支那国帝に対し兵を出して烈しく戦争せし本末ハ，b我国の船，毎年①　に到て呈する②　を見られて既に知り給ふべし。……謹んで古今の時勢を通考するに，天下の民ハ速ニ相親しむものにして，其勢ハ人力のよく防ぐ所に非ず。

蒸気船を創製せるにより、以来各国相距ること遠くて猶近きに異ならず。斯の如く互に好を通する時に当りて、c独国を鎖して万国と相親しまざるハ人の好ミする所にあらず。貴国歴代の法に異国の人と交を結ぶことを厳禁し玉ふハ、欧羅巴州にて遍く知る所なり。……是にd殿下に丁寧に忠告する所なり。今貴国の幸福なる地をして兵乱の為に荒廃せざらしめんと欲せば、異国の人を厳禁する法を弛め給ふべし。

（『通航一覧続輯』）

問1　下線部aの戦争とは何か。
問2　下線部bはどこの国を指すか。
問3　空欄①・②に適する語を入れよ。
問4　下線部cは日本の鎖国政策を述べているが、「鎖国」の語が使われるきっかけになった1801年刊行の『鎖国論』の著者は誰か。
問5　下線部dは誰のことか。

3 アメリカ大統領の国書

実戦問題　次の史料を読み、あとの問いに答えよ。

a与が志、二国の民をして交易を行ハしめんと欲す。是を以て日本の利益となし、兼て合衆国の利益となさんことを欲してなり。貴国従来の制度、b支那人及び和蘭人を除くの外ハ、外邦と交易することを禁ずるハ、固より予が知る所なり。然れども、世界中時勢の変換に随ひ、改革の新政行るゝの時に当ては、其時に随ひて新律を定むるを智と称すべし。……予更にc水師提督に命じて、一件の事を殿下に告明せしむ。合衆国の舟毎年角里伏尔尼亜より支那に航するもの甚だ多し。又鯨猟の為め、合衆国人日本海岸に近づくもの少からず。而して若し颶風あるときハ、貴国の近海にて往々破船に逢ふことあり。若し是等の難に遇ふに方っては、貴国に於て其難民を撫邮し、其財物を保護し、以て本国より一舶を送り、難民を救ひ取るを待たんこと、是予が切に請ふ所なり。

（『幕末外国関係文書』）

問1　下線部aはこの国書を記したアメリカ大統領を指すが、それは誰か。
問2　下線部bについて、この2国以外に通信国として1607年以降将軍の代がわりごとに来日し、11代将軍徳川家斉まで12回の外交使節を派遣してきた国はどこか。
問3　下線部cは誰のことか。
問4　これ以前の1846年に浦賀に来航したアメリカ東インド艦隊司令長官は誰か。

分析・解説

　いずれも標準的な設問である。18世紀後半以降、世界情勢は大きく変化し、ロシア船やイギリス船が頻繁に日本近海に出現するようになり、幕府は外交体制の変更をせまられる重要な時期を迎えた。

1は1825（文政8）年に幕府が発したいわゆる**無二念打払令**で、これも大学入試では頻出のテーマである。1792（寛政4）年のロシア使節**ラクスマン**の根室来航、1804（文化元）年の**レザノフ**の長崎来航などに続き、1808（文化5）年にはイギリス軍艦**フェートン号**が当時敵国であったオランダ船を追って長崎に入港し、オランダ商館員を捕らえ薪水・食糧を強

第1節　開国要求への対処　109

要する**フェートン号事件**を起こした。法令はこうした事態に対応したものである。問8は，それぞれア．**ゴローウニン事件**が1811（文化8）年，イ．**アヘン戦争**が1840（天保11）年，ウ．**シーボルト事件**が1828（文政11）年，エ．**モリソン号事件**が1837（天保8）年に起こった事件である。

2は通商国のオランダ国王が1844（弘化元）年に幕府に開国を勧めた勧告書で，『通航一覧続輯』に所収されている。「我国の舶，毎年 ① に到て呈する ② 」とは，オランダ風説書のことで，これは長崎にオランダ船が入港するたびにカピタンとよばれたオランダ商館長が幕府に提出した海外事情報告書で，オランダ通詞によって翻訳された。だが世界情勢の認識に乏しい当時の幕府は，「鎖国は祖法」としてオランダ国王の開国勧告を拒絶したのである。

3は『大日本古文書　幕末外国関係文書』で，産業革命を進めたアメリカが中国貿易に力を入れ，太平洋を航海する船舶や捕鯨船の寄港地として日本の開国を求めてきたことを史料から読みとることが肝要である。

対外関係略年表

1778（安永7）	ロシア船，蝦夷地厚岸に来航
1786（天明6）	最上徳内，千島を探検
1792（寛政4）	ラクスマン，根室へ来航
1798（〃10）	近藤重蔵，択捉島に標柱建つ
1799（〃11）	東蝦夷地を幕府直轄とする
1804（文化1）	レザノフ，長崎に来航
1806（〃3）	文化の撫恤令（薪水給与令）
1807（〃4）	西蝦夷地を幕府直轄とする
1808（〃5）	フェートン号事件
	間宮林蔵，樺太を探検（～09）
1811（〃8）	ゴローウニン事件
1818（文政1）	英人ゴルドン，浦賀に来航
1824（〃7）	英船，常陸・薩摩宝島に来航
1825（〃8）	異国船打払令
1828（〃11）	シーボルト事件
1837（天保8）	米船モリソン号打払われる
1840（〃11）	清国でアヘン戦争（～42）
1842（〃13）	天保の薪水給与令
1844（弘化1）	オランダ国王，開国勧告
1846（〃3）	米人ビッドル，浦賀へ来航
1853（嘉永6）	ペリー，浦賀へ来航

第2節 条約の調印

1 日米和親条約

実戦問題 次の史料を読み，あとの問いに答えよ。

第一ケ条　一a日本と合衆国とハ，其人民永世不朽の和親を取結ひ，場所・人柄の差別これ無き事。
第二ケ条　一伊豆 ① ・b松前地 ② の両港ハ，日本政府ニ於て，亜墨利加船薪水・食料・石炭欠乏の品を，日本にて調ひ候丈け給し候為メ，渡来の儀差し免し候。
第八ケ条　一薪水・食料・石炭・欠乏の品を求る時ニハ，其地の役人にて取扱すへし，私に取引すへからさる事。

（『幕末外国関係文書』）

問1　この史料の条約は何とよばれるものか。
問2　下線部aについて，この条約が締結されたときに幕府の老中首座であった人物は誰か。
問3　空欄①・②に適する語の組み合わせを次の中から選び，記号で答えよ。
　　ア．①下田　②根室　　イ．①浦賀　②箱館
　　ウ．①下田　②箱館　　エ．①伊東　②根室
問4　この条約と同様の条約が他国とも結ばれている。その相手国として不適切な国を次の中から1つ選び，記号で答えよ。
　　ア．ロシア　　イ．イギリス　　ウ．オランダ　　エ．ポルトガル
問5　下線部bについて，蝦夷地支配に伴い1807年に設置された幕府の役人を何というか。

2 日米修好通商条約

実戦問題 次の史料を読み，あとの問いに答えよ。

第一条　向後a日本大君と，亜墨利加合衆国と，世々親睦なるへし。
第三条　下田・箱館港の外，次にいふ所の場所を，左の期限より開くへし。
　　　b神奈川・長崎・新潟・兵庫（期限省略）
第四条　総て国地に輸入輸出の品々，c別冊の通，日本役所へ，d運上を納むへし。
第五条　外国の諸貨幣は，日本貨幣同種類の同量を以て，通用すへし。
第六条　日本人に対し，法を犯せる亜墨利加人は，亜墨利加コンシュル裁断所にて吟味の上，亜墨利加の法度を以て罰すへし。亜墨利加人へ対し，法を犯したる日本人は，日本役人糺の上，日本の法度を以て罰すへし。

（『幕末外国関係文書』）

問1　この史料の条約は何とよばれるものか。
問2　この条約が調印されたのは西暦何年のことか。
問3　この条約は天皇の勅許を得ずに調印された。この時の幕府の大老は誰か。
問4　条約調印をめぐり問3の人物と対立した者は，のちに幕府による弾圧をうけた。それを何というか。
問5　下線部aは当時の将軍を指すが，それは誰か。

問6　下線部bについて，神奈川のかわりに実際に開港された港はどこか。
問7　また，新潟・兵庫の開港はそれぞれ西暦何年か。
問8　下線部cの「別冊」とは具体的に何を指すか。
問9　下線部dの「運上」とは関税のことであるが，1866年には関税に関する新たな規定が定められている。それを何というか。
問10　第五条に関連して，日本では貿易開始後に大きな問題が生じたが，それを簡単に記せ。
問11　第六条は，一般に何とよばれる規定か。

3 五品江戸廻送令

演習問題　次の史料を読み，あとの問いに答えよ。

> ①御開港，a外国貿易仰せ出され候ニ付，諸商人共一己の利徳ニ泥み，競而相場糶上げ，荷元を買受け，直ニ御開港場所江相廻し候ニ付，b御府内入津の荷物相減じ，諸色払底ニ相成り，難儀致し候趣相聞候ニ付，当分の内左の通り仰せ出され候。
> 　一　雑穀　一　水油　一　蠟　一　呉服　一　②
> 右の品々ニ限り，貿易荷物の分者，都而御府内より相廻し候筈ニ候間，在々より決而①表江積出し申す間敷候。
> 　　　　　　　　　　　　　　　　　　　　　　　　　　　（『続徳川実紀』）

問1　空欄①・②に適する語を入れよ。
問2　下線部aについて，当時の貿易相手国として最大であった国はどこか。
問3　下線部bの文意を簡単に説明せよ。
問4　この史料の法令が出されたのは西暦何年か。

分析・解説

　幕府はアメリカの砲艦外交により1854（安政元）年，**1**の日米和親条約（神奈川条約）を結んだ。これにより，①アメリカ船に対し必要な燃料や食糧などの供給，②難破船や乗組員の救助，③下田・箱館の開港，④片務的最恵国待遇の付与などが取り決められた。
　また**2**は和親条約により初代総領事として下田に駐在したハリスが，幕府に強くせまって調印した日米修好通商条約（1858年）である。条約勅許問題で失脚した堀田正睦にかわり大老井伊直弼がその任にあたった。内容は，①神奈川・長崎・新潟・兵庫の開港と江戸・大坂の開市，②自由貿易，③開港場での居留地設置と一般外国人の国内旅行禁止，④領事裁判権の承認，⑤協定関税制度（関税自主権の喪失）などである。設問自体はいずれも標準的なものばかりだが，**1**・**2**の違いを確実にしておきたい。和親条約・通商条約ともアメリカ以外に複数の国と結び，内容はほぼ同様だが，プチャーチンとの間で結ばれた日露和親条約では，下田・箱館のほか長崎を加えた3港の開港と，国境に関して択捉島以南を日本領，得撫島以北をロシア領とし，樺太は両国人雑居の地として境界を定めていない点などは重要なので留意しておくこと。
　3の五品江戸廻送令は貿易開始後に物価抑制を理由に幕府がとった対応策である。その要因は，輸出品が産地から貿易港の横浜に直接送られるようになったことにあり，江戸の問屋商人を中心とする流通機構を混乱させた。しかし，この政策は輸出向け商品を取り

扱った**在郷商人**や貿易相手国の反対により効果はなかった。

　なお，主要輸出品の**生糸**生産では**マニュファクチュア**経営が発達した反面，輸入では機械生産による安価な綿織物の大量輸入が国内の綿作や綿織物業に打撃を与えたことに留意しよう。さらに国内外の**金銀比価の相違**（金：銀の比は日本で１：５，外国では１：15の交換比率であった）で多量の金貨が海外に流出したため，幕府は品質を下げた**万延小判**を鋳造した。こうした背景から著しい物価上昇を招き攘夷運動も起こったのである。

第3節 江戸幕府の滅亡

1 幕府の政権返上

実戦問題 次の史料を読み，あとの問いに答えよ。

> 臣①，謹テ皇国時運ノ沿革ヲ考候ニ，昔シ王綱紐ヲ解キ相家権ヲ執リ，a保平ノ乱政権武門ニ移ヨリ，b祖宗ニ至リ更ニ寵眷ヲ蒙リ，二百余年子孫相受ク。臣其職奉スト雖モ，政刑当ヲ失フコト少カラス。今日ノ形勢ニ至リ候モ，畢竟薄徳ノ致ス所，慙懼ニ堪ヘス候。況ヤ当今，外国ノ交際日ニ盛ナルニヨリ，愈朝権一途ニ出申サス候テハ，綱紀立チ難ク候間，従来ノ旧習ヲ改メ，c政権ヲ②ニ帰シ奉リ，広ク天下ノ③ヲ尽シ，聖断ヲ仰キ，同心協力，共ニ皇国ヲ保護仕候得ハ，必ス海外万国ト並立ツヘク候。
>
> （『維新史』）

問1　この史料の文章は一般に何とよばれるものか。
問2　空欄①〜③に適する語を入れよ。
問3　下線部aは1156年と1159年に起こった戦乱を指すが，それは何か。
問4　下線部bは誰を指すか。
問5　下線部cについて，空欄①の人物に対し，政権の返上を建議した前土佐藩主は誰か。

2 王政復古の大号令

実戦問題 次の史料を読み，あとの問いに答えよ。

> a徳川内府従前御委任ノb大政返上，①職辞退ノ両条，今般断然聞シ食サレ候。抑c癸丑以来未曾有ノ国難，d先帝頻年宸襟ヲ悩サレ候御次第，衆庶ノ知ル所ニ候。之ニ依テ叡慮ヲ決セラレ，②，国威挽回ノ御基立テサセラレ候間，自今摂関幕府等廃絶，即今，先ツ仮ニ，e総裁・③・参与ノ④ヲ置カレ，万機行ハセラルヘシ。諸事神武創業ノ始ニ原キ，縉紳・武弁，堂上・地下ノ別ナク，至当ノ公議ヲ竭シ，天下ト休戚ヲ同シク遊サルヘキ叡慮ニ付キ各勉励，旧来驕惰ノ汚習ヲ洗ヒ，尽忠報国ノ誠ヲ以テ奉公致スヘク候事。
>
> （『法令全書』）

問1　空欄①〜④に適する語を入れよ。
問2　下線部aの「内府」は官職名を指すが，それは何か。
問3　下線部bが実施されたのは西暦何年か。
問4　下線部bが実施されたのと同じ日に，薩長討幕派に対しある命令が出されたが，それを何というか。
問5　下線部cはある出来事を指すが，それを西暦年とともに記せ。
問6　下線部dは誰を指すか。
問7　問6の人物の妹で，1862年に幕府の要請で14代将軍と結婚した人物は誰か。
問8　下線部eに就任した人物は誰か。
問9　この史料の文章で発足した政権が，同日夜に開いた会議を何というか。
問10　問9の会議で決せられたことで，旧幕府側が抵抗した事柄は何か，簡単に記せ。

114　第6章　近代国家の成立・発展

分析・解説

　幕末の政局に関する重要史料で，設問は標準的である。1860年代は幕府の威信が低下し，**公武合体**や**尊王攘夷**運動が起こり，やがて雄藩連合による倒幕へと進展した。**1**の**大政奉還**の上表文では，慶喜が政権を返上して倒幕派の矛先をかわし，**坂本龍馬**らの公議政体論に基づく列侯会議による公議政体の首班として，政局の主導権を掌握しようとしたと考えられる。また**2**は大政奉還で機先を制せられることをおそれた討幕派による**王政復古の大号令**である。問いにはないが，この史料の中では「摂関幕府等廃絶」の部分も問題化される可能性がある。例えば，時代はさかのぼるが，摂関政治に関する出題や幕藩体制についての問いは容易に想像できるだろう。また，演習問題としては，なぜこの時，これらを廃絶しようとしたのか，その目的を答えさせることもあり得る。引用史料文の中で「諸事神武創業ノ始ニ原キ」とあるように，かつての天皇を中心とする中央集権体制の樹立をめざしたことを想起したい。なお，これにより発足した新政権の参与には薩摩の**西郷隆盛**・**大久保利通**，土佐の**後藤象二郎**・**福岡孝弟**らが任じられた。

第4節 明治政府の基本方針

1 五箇条の誓文

実戦問題 次の史料を読み、あとの問いに答えよ。

　一　広ク会議ヲ興シ万機　　　ニ決スヘシ
　一　上下心ヲ一ニシテ盛ニ経綸ヲ行フヘシ
　一　官武一途庶民ニ至ル迄各其志ヲ遂ケ人心ヲシテ倦マサラシメン事ヲ要ス
　一　a旧来ノ陋習ヲ破リ天地ノ公道ニ基クヘシ
　一　b智識ヲ世界ニ求メ大ニ皇基ヲ振起スヘシ
　我国未曾有ノ変革ヲ為ントシ、c朕躬ヲ以テ衆ニ先ンシ、天地神明ニ誓ヒ、大ニ斯国是ヲ定メ、万民保全ノ道ヲ立トス。衆亦此旨趣ニ基キ、協心努力セヨ。　　　（『法令全書』）

- 問1　この史料は何とよばれるものか。
- 問2　空欄に適する語を入れよ。
- 問3　下線部aは何を意味するか。
- 問4　下線部bに関連して、新政府が1871年から欧米に派遣した外交使節を何というか。
- 問5　下線部cは誰のことか。
- 問6　この史料の原案は「議事之体大意」とよばれるものであった。その起草者である福井藩士は誰か。
- 問7　問6の「議事之体大意」は別の人物により修正され「会盟」とよばれるものとなるが、これにたずさわったのは誰か。
- 問8　問7の「会盟」はさらにある人物により修正された。その人物は誰か。
- 問9　この史料発布の翌日に、太政官が民政方針を示すために出した高札を何というか。

補充問題
- 問1　この史料が発布された同日に天皇はある文書を記している。これを何というか。
- 問2　1868年の明治改元の詔によって確定した制度は何か。

2 政体書

実戦問題 次の政体書の史料を読み、あとの問いに答えよ。

　一　大ニ斯国是ヲ定メ制度規律ヲ建ツルハ、御誓文ヲ以テ目的トス
　　　右、御誓文ノ条件相行ハレ不悖ヲ以テ旨趣トセリ。
　一　天下ノ権力総テコレヲ　①　ニ帰ス、則チa政令二途ニ出ルノ患無カラシム、　①　ノ権力ヲ分ツテ、立法・b行法・司法ノ三権トス。則偏重ノ患無ラシムルナリ
　一　立法官ハ行法官ヲ兼ヌルヲ得ス、行法官ハ立法官ヲ兼ヌルヲ得ス。……
　一　c各府、各藩、各県、皆　②　ヲ出シ議員トス、議事ノ制ヲ立ツルハ輿論公議ヲ執ル所以ナリ

116　第6章　近代国家の成立・発展

一　諸官四年ヲ以テ交代ス。③　入札ノ法ヲ用フヘシ，但今後初度交代ノ時其一部ノ半ヲ残シ，二年ヲ延シテ交代ス，断続宜シキヲ得セシムルナリ。若シ其人衆望ノ属スル所アッテ去リ難キ者ハ，猶数年ヲ延サヽルヲ得ス

（『法令全書』）

問1　空欄①に適する語を入れよ。
問2　下線部aに関する説明文として正しいものを次の中から選び，記号で答えよ。
　ア．これにより中央集権化が図られた。
　イ．政府の命令は多方面から発せられなければならない。
　ウ．政令の発令には2通りの方法があることがのぞましい。
　エ．政府は中央集権化には弊害があるとみなしていた。
問3　下線部bについて，この時に設けられた行政機関として不適切なものを次の中から1つ選び，記号で答えよ。
　ア．神祇官　　イ．地方官　　ウ．軍務官　　エ．外国官
問4　下線部cについて，このような政体書による地方制度を何というか。
問5　空欄②に適する語を次の中から選び，記号で答えよ。
　ア．貢士　　イ．議官　　ウ．参事　　エ．官吏
問6　空欄③に適する語を次の中から選び，記号で答えよ。
　ア．抽選　　イ．互選　　ウ．民選　　エ．公選

分析・解説

　新政府の徳川慶喜への辞官納地問題は旧幕府の反発をうけ，1868（明治元）年1月の鳥羽・伏見の戦いから翌年5月の箱館五稜郭の戦いまでの武力衝突となった。この間，鳥羽・伏見の戦いで敗れた慶喜は江戸に逃れ，新政府の東征軍は同年4月に江戸を占領，その結果，江戸城は慶喜の恭順，幕臣勝海舟・新政府軍参謀西郷隆盛の会見などにより無血開城された。しかし，その後も旧幕臣の抵抗は続き，上野寛永寺に籠もった彰義隊の上野戦争，奥羽越列藩同盟を結成した東北諸藩や会津若松城での会津戦争などを引き起こし，会津では少年の白虎隊や女子の娘子軍も参戦する激戦となった。だが，五稜郭で抗戦した旧幕臣榎本武揚らが降伏したことにより，国内は新政府によってほぼ統一された。この一連の戦いを戊辰戦争と総称する。

　交戦中，並行して新政府による政治の御一新が図られた。1は五箇条の誓文で，新政府が公議世論の尊重と開国和親などの国策の基本を示したものである。天皇が神々に誓う形式をとり，天皇親政を強調した。また，設問にもあるように発布までの経過で福岡孝弟の修正案にあった「列侯会議ヲ興シ」が木戸孝允によって「広ク会議ヲ興シ」と字句修正されたのは，旧幕府に対して新政府の勝利が明確になった時点で公議政体論による列侯会議派を否定し，その一方で公議の尊重を印象づけようとしたものといえるだろう。さらに第4条には「旧来ノ陋習」とあり，これもよく問われるところで，攘夷運動を指している。この翌日に示された民衆統治の方針が五榜の掲示で，ここでは君臣・父子・夫婦間などの儒教的道徳（五倫の道）の重視や徒党・強訴・逃散などの民衆運動を禁じ，キリスト教を禁教とするなど，旧幕府の教学政策が継承された。

　2は1868年閏4月に制定された政体書で，政府の基本的組織を規定した。1868年3月

14日の**国威宣揚の宸翰**や五箇条の誓文で示された国家目標を具体化するものである。天皇親政を明確にするため「三職」筆頭の総裁を廃止したほか，近代的中央集権制のため**太政官**への権力集中とアメリカ合衆国憲法にならった形式上の**三権分立**を取り入れ，高級官吏は4年ごとに互選で交代させる（実際には1回行われただけであった）など，欧米政治の体裁を各所に取り入れたものであった。立法・司法・行政の3権を統括した太政官の下には**七官**がおかれたが，問3は，その1つである**議政官**で，議定・参与で組織される**上局**と各府県・各藩選出の**貢士**からなる**下局**の合議制の立法機関であった。下局は翌年公議所となり，さらに集議院へと再編成された。このほか，七官には行政機関として神祇・会計・軍務・外国の各官を統括する**行政官**や司法機関の**刑法官**があったが，実際には立法と行政との区別は明瞭でなく，議政官も議定から選出された2人の**輔相**（**三条実美・岩倉具視**）を長とする行政官に圧倒されて廃止となり，1869（明治2）年の官制改革では行政官も太政官と改称されている。その後も，太政官制は1885（明治18）年の内閣制度まで何度も改編されたが，政体書による官制は，絶対君主としての天皇の下で少数の高級官僚が専制的な権力行使を可能とさせた政治体制を築く基礎となるものであったと指摘することができるだろう。

第5節 近代化の諸政策

1 廃藩置県

演習問題 次の史料を読み，あとの問いに答えよ。

> 朕惟フニ，更始ノ時ニ際シ，内以テ億兆ヲ保安シ，外以テ万国ト対峙セント欲セハ，宜ク名実相副ヒ，政令一ニ帰セシムヘシ。朕曩ニ諸藩 ① ノ議ヲ聴納シ，新ニ ② ヲ命シ，各其職ヲ奉セシム，a 然ルニ数百年因襲ノ久キ，或ハ其名アリテ其実挙ラサル者アリ。何ヲ以テ億兆ヲ保安シ万国ト ③ スルヲ得ンヤ。朕深ク之ヲ慨ス。仍テ今更ニ b 藩ヲ廃シ県ト為ス。是務テ冗ヲ去リ簡ニ就キ，有名無実ノ弊ヲ除キ，政令多岐ノ憂無ラシメントス。汝群臣其レ朕カ意ヲ体セヨ。
>
> （『法令全書』）

- 問1 この史料は明治政府が実施した政策に関するものだが，その政策とは何か。
- 問2 この史料の政策は西暦何年に実施されたか。
- 問3 空欄①～③に適する語を入れよ。
- 問4 下線部aは空欄①を実施した結果について触れている。この部分を解釈せよ。
- 問5 この史料の政策を実施するために組織された政府直属の兵力を何というか。
- 問6 この史料の政策後，政府が出した家禄・賞典禄奉還に関する布告を何というか。
- 問7 下線部bに関連して，1879年に設置された県は何か。

2 地租改正

演習問題 次の史料を読み，あとの問いに答えよ。

> 今般 ① ニ付，a 旧来田畑貢納ノ法ハ悉皆相廃シ，更ニ ② 調査相済次第，土地ノ代価ニ随ヒ ③ ヲ以テ ④ ト相定ムヘキ旨仰セ出サレ候条，改正ノ旨趣別紙条例ノ通相心得ヘシ。
>
> 　　　（別紙） ① 条例
> 第二章 ① 施行相成候上ハ，b 土地ノ原価ニ随ヒ賦税致シ候ニ付，以後仮令豊熟ノ年ト雖モ増税申シ付ケサルハ勿論，違作ノ年柄之有リ候トモ減租ノ儀一切相成ラス候事
>
> （『法令全書』）

- 問1 空欄①～④に適する語を入れよ。
- 問2 下線部aについて，従来の土地の生産力を米の生産量で示す制度を何というか。
- 問3 また，1871年と1872年には江戸時代の法令が解禁されたが，それぞれ何か記せ。
- 問4 下線部bについて，土地を所有しない小作農は地主に対してどのような負担があったか。

3 徴兵告諭

実戦問題 次の史料を読み，あとの問いに答えよ。

> 我朝上古ノ制，海内挙テ兵ナラサルハナシ。有事ノ日，天子之カ元帥トナリ，丁壮兵

第5節　近代化の諸政策　119

役ニ堪ユル者ヲ募リ，以テ不服ヲ征ス。……然ルニ太政維新，a列藩版図ヲ奉還シ，b辛未ノ歳ニ及ヒ，c遠ク郡県ノ古ニ復ス。世襲坐食ノ士ハd其禄ヲ減シ，刀剣ヲ脱スルヲ許シ，四民漸ク自由ノ権ヲ得セシメントス。是レ上下ヲ平均シ，人権ヲ斉一ニスル道ニシテ，即チ兵農ヲ合一ニスル基ナリ。是ニ於テ，士ハ従前ノ士ニ非ス，民ハ従前ノ民ニアラス，均シク皇国一般ノ民ニシテ，国ニ報スルノ道モ，固ヨリ其別ナカルヘシ。凡ソ天地ノ間，一事一物トシテ税アラサルハナシ。以テ国用ニ充ツ。然ラハ則チ人タルモノ，固ヨリ心力ヲ尽シ，国ニ報セサルヘカラス。西人之ヲ称シテ　①　ト云フ。……西洋諸国，数百年来研究実践，以テ兵制ヲ定ム。……故ニ今其長スル所ヲ取リ，古昔ノ軍制ヲ補ヒ，海陸二軍ヲ備ヘ，全国四民，男児　②　歳ニ至ル者ハ，尽ク兵籍ニ編入シ，以テ緩急ノ用ニ備フヘシ。……

（『法令全書』）

問1　下線部aは版籍奉還のことであるが，これにより旧藩主の立場はどのようになったか。その職名を答えよ。
問2　下線部bは西暦何年のことか。
問3　下線部cは何とよばれる政策か。
問4　下線部dに関連し，1873年から始まり1876年に完了した事業を何とよぶか。
問5　空欄①に適する語を次の中から選び，記号で答えよ。
　　ア．軍役　　イ．献血　　ウ．血税　　エ．血判
問6　空欄②に適する数を次の中から選び，記号で答えよ。
　　ア．十八　　イ．二十　　ウ．二十五　　エ．三十
問7　この史料の告諭に基づき，この翌年に制定された法令名を答えよ。
問8　長州藩出身で近代軍制の創始者とされる人物は，1869年に軍制改革に反対する攘夷派士族に襲われ，それが原因で死去したが，それは誰か。
問9　問8の人物の遺志を継いで徴兵制度を実現させた人物は誰か。
問10　問7の法令は国民皆兵を原則としたが，兵役免除の規定も存在した。代人料上納により免除される場合，代人料は何円であったか。

分析・解説

　新政府は，1869（明治2）年の**版籍奉還**に続き，藩制を全廃し強力に中央集権を進めるために1871（明治4）年には**1**の**廃藩置県**を断行した。これにより知藩事は罷免され東京居住を命じられ，新たに**府知事・県令**が中央政府から任命された。また**2**は廃藩を機に財源の安定を図るため実施した**地租改正**である。要点は，①課税の基準を収穫高から一定した地価に変更し，②地租を物納から金納に改め税率を地価の3％とし，③土地所有者を納税者とした，この3点をしっかり把握しておこう。さらに近代的軍隊創設のため，廃藩とともに藩兵を解散して全国の兵権を**兵部省**におさめ，**3**の**徴兵告諭**に基づき，1873（明治6）年1月には国民皆兵をめざす**徴兵令**を公布し，満20歳に達した男性を徴兵する統一的兵制が実現した。徴兵令による軍隊の創設は，長州藩の**大村益次郎**が構想したが，これに不満をもつ士族によって暗殺され，その遺志を継いで山県有朋が実現したこともおさえておこう。しかし，徴兵令では戸主・嗣子・養子・官吏・学生などのほか，とくに**代人料270円**をおさめるものには免役を認めていたこともよく問われる。実際に兵役を負担した

のはほとんどが農村の二男以下であった。

常備兵役概則などのおもな免役規定

① 身長1m55cm 未満
② 病弱者
③ 官吏
④ 陸海軍の士官養成学校の生徒
⑤ 官立学校生徒・留学生
⑥ 戸主
⑦ 嗣子
⑧ 養子
⑨ 代人料270円納入者

徴兵免役者状況(明治9年)

20歳壮丁の総員	296,086人
徴兵連名簿人数	53,226
免役連名簿人数	242,860
免役者百分率	82.0%

なお軍管区別免役者率は，第一(東京)87.1％，第二(仙台)70.6％，第三(名古屋)80.8％，第四(大阪)80.8％，第五(広島)77.0％，第六(熊本)81.0％。

第6節 明治初期の国際問題

1 岩倉使節団

実戦問題 次の史料を読み，あとの問いに答えよ。

> a全権の使節をb各国へ差遣し，一は我政体更新に由て，更に和親を篤くする為め聘問の礼を修め，一はc条約改正により我政府の目的と期望する所とを，各国政府に報告商議するに在り。此報告と商議は，彼より論せんとする事件を我より先発し，彼より求むる所を我より彼に求むる所以なれば，議論も伸の処あり。必す我論説を至当なる事とし，之に同意し，相当の目的と考案を与ふへし。……
> （『d大久保利通伝』）

問1　下線部aについて，この史料はある外交使節団派遣に関するものだが，その「全権」とは誰か。

問2　下線部bについて，この外交使節団が訪問した次の国々のうち，最初に訪問した国はどこか，記号で答えよ。
　　ア．アメリカ　　イ．イギリス　　ウ．フランス　　エ．ドイツ

問3　下線部cに関する説明文として，不適切なものを次の中から1つ選び，記号で答えよ。
　　ア．日米和親条約の規定では，1年前の通告をもって1872年5月末から改正交渉に入れることになっていた。
　　イ．条約改正交渉の目的は，領事裁判権の撤廃と関税自主権の回復であった。
　　ウ．使節団による条約改正の予備交渉は不調に終わり，使節団は1873年に帰国した。
　　エ．領事裁判権の撤廃は，1894年の日英通商航海条約の締結により実現した。

問4　下線部dの人物とともにこの使節団の副使の任にあった人物として，誤っているものを次の中から1つ選び，記号で答えよ。
　　ア．山口尚芳　　イ．木戸孝允　　ウ．大隈重信　　エ．伊藤博文

問5　この外交使節団の随行員であった人物は，その見聞録として『米欧回覧実記』を著したが，それは誰か。

補充問題

問1　この外交使節団に加わった女子留学生の中で，帰国後，華族女学校の英語教師を経て再渡米し，1900年に女子英学塾を設立したのは誰か。

問2　この外交使節団派遣期間中に行われたこととして，不適切なものを次の中から1つ選び，記号で答えよ。
　　ア．国立銀行条例公布　　イ．学制公布
　　ウ．神仏分離令公布　　エ．富岡製糸場開設

問3　この外交使節団の派遣中，国内に留まった要人らによる政府を何というか。

2 日朝修好条規

実戦問題 次の史料を読み，あとの問いに答えよ。

> 第一款　朝鮮国ハ[　　]ノ邦ニシテ，日本国ト平等ノ権ヲ保有セリ。嗣後両国和親ノ実ヲ表セント欲スルニハ，彼此互ニ同等ノ礼義ヲ以テ相接待シ，毫モ侵越猜嫌スル事アルヘカラス。……
> 第八款　嗣後日本国政府ヨリ朝鮮国指定a各口へ時宜ニ随ヒ日本商民ヲ管理スルノ官ヲ設ケ置クヘシ。若シ両国ニ交渉スル事件アル時ハ，該官ヨリ其所ノ地方長官ニ会商シテ弁理セン。
> 第十款　b日本国人民，朝鮮国指定ノ各口ニ留在中，若シ罪科ヲ犯シ朝鮮国人民ニ交渉スル事件ハ，総テ日本国官員ノ審断ニ帰スヘシ。若シ朝鮮国人民罪科ヲ犯シ日本国人民ニ交渉スル事件ハ，均シク朝鮮国官員ノ査弁ニ帰スヘシ。尤双方トモ各其国律ニ拠リ裁判シ，毫モ回護袒庇スル事ナク務メテ公平允当ノ裁判ヲ示スヘシ。
>
> （『日本外交文書』）

問1　この史料はある条約の条文であるが，その条約とは何か。
問2　この条約締結のきっかけとなった国際的紛争が条約締結の前年に起こっているが，それは何という事件か。
問3　この条約を調印した日本側の全権大使を答えよ。
問4　空欄に適する語を入れよ。
問5　下線部aについて，これはこの条約で開港が約束された港を指すが，開港されたのはのちに決定された2港を合わせて3港となった。開港の対象とされた港として誤っているものを次の中から1つ選び，記号で答えよ。
　　ア．釜山　　イ．仁川　　ウ．元山　　エ．蔚山
問6　下線部bの条項は何という規定か。
問7　また，この条約では日本は無関税特権を得ているが，それを定めた付属の規定は何か。
問8　この条約調印以降の出来事を次の中から選び，記号で答えよ。
　　ア．日清修好条規　　イ．琉球藩の設置　　ウ．台湾出兵　　エ．西南戦争

補充問題
問1　この史料の条約締結以前の1871年に日本は天津である条約を結んでいるが，その条約名を答えよ。
問2　また，問1の条約締結に際し，両国の全権の任にあった人物を答えよ。

3 樺太・千島交換条約

演習問題 次の史料を読み，あとの問いに答えよ。

> 第一款　大日本国皇帝陛下ハ其後胤ニ至ル迄，現今樺太島即薩哈嗹島ノ一部ヲ所領スルノ権理及君主ニ属スル一切ノ権理ヲ，全魯西亜国皇帝陛下ニ譲リ，而今而後樺太全島ハ悉クa魯西亜国ニ属シ，「ラペルーズ」海峡ヲ以テ両国ノ境界トス。

第6節　明治初期の国際問題

> 第二款　全魯西亜国皇帝陛下ハ，第一款ニ記セル樺太島即薩哈嗹島ノ権理ヲ受シ代トシテ，其後胤ニ至ル迄，現今所領b「クリル」群島，即チ第一「シュムシュ」島，……第十八「ウルップ」島共計十八島ノ権理及ビ君主ニ属スル一切ノ権利ヲ大日本国皇帝陛下ニ譲リ，而今而後「クリル」全島ハ日本帝国ニ属シ，東察加地方「ラパツカ」岬ト「シュムシュ」島ノ間ナル海峡ヲ以テ両国ノ境界トス。
> 　　　　　　　　　　　　　　　　　　　　　　　　　　　　　　　（『日本外交文書』）

問1　この史料はある条約の条文であるが，その条約とは何か。
問2　この条約が締結されたのは西暦何年か。
問3　下線部aについて，1854年にこの条約の相手国と締結された条約では，日本との国境はどのように決められたか。
問4　下線部bにあたる地名を次の中から選び，記号で答えよ。
　　ア．千島列島　　イ．小笠原諸島　　ウ．薩南諸島　　エ．南洋群島

分析・解説

　明治初期の国際問題では，その外交課題として幕末に締結された不平等条約に対し，「万国対峙」を掲げその改正が強く求められた。このことを **1** の「岩倉使節団」派遣事由書で確認したい。これは，1911（明治44）年に刊行された勝田孫弥著『大久保利通伝』からの引用であるが，結果的には条約改正交渉は不調に終わり，むしろ使節団が視察してきた欧米の政治や社会に範をとり，今後の近代化政策の方向性が強く摸索されることにつながったことを確認しておきたい。帰国後の大久保利通による内務省の設立や内国勧業博覧会の開催などは，富国強兵・殖産興業政策の充実を図ったものである。なお，問5の『米欧回覧実記』は使節に随行した久米邦武の著作で，高等学校の授業などで取り上げられることは少ないかもしれないが，ここには使節団が訪問した各国の記録が興味深く記されているので，一読をすすめたい。

　また，**2** の「日朝修好条規」は1875（明治8）年の江華島事件を契機にして，翌年に調印されたもの。補充問題にあるように，日本はこれを締結する前の1871（明治4）年に清国との間で日清修好条規を結んでいる。これは清との対等な関係を築くものであったが，これにより日本の地位は向上し，対朝鮮外交を有利に進めることになった。設問の中では問3と問7はやや難しいかもしれないが，ほかは簡単に答えられるであろう。

　3 は1875年の樺太・千島交換条約であるが，明治初期にこれらの近隣諸国との条約締結が進められたことは，政府による近代国民国家建設を大きく前進させるものであったことを理解してほしい。

第7節 自由民権運動

1 自由民権運動の展開

実戦問題 次の史料Ⅰ・Ⅱ・Ⅲを読み，あとの問いに答えよ。

Ⅰ　a臣等伏シテ方今政権ノ帰スル所ヲ察スルニ，上帝室ニ在ラス，下人民ニ在ラス，而シテ独リ ① ニ帰ス。……臣等愛国ノ情自ラ已ム能ハス。乃チ之ヲ振救スルノ道ヲ講求スルニ，唯天下ノ公議ヲ張ルニ在ル而已。天下ノ公議ヲ張ルハ，② ヲ立ルニ在ル而已。

Ⅱ　第二章　b吾党はc善良なる立憲政体を確立することに尽力すべし。
　　第三章　吾党は日本国に於て吾党と主義を共にし，目的を同くする者と一致協力して，以て吾党の目的を達すべし。

Ⅲ　王室ノ尊栄ト人民ノ幸福ハd吾党ノ深ク冀望スル所ナリ。……政治ノ改良前進ハ我党之レヲ冀フ。然レトモ急激ノ変革ハ我党ノ望ム所ニ非ラス。

問1　下線部aは，この史料Ⅰの文書に署名した人々を指すが，これに該当しない人物を次の中から1人選び，記号で答えよ。
　　　ア．福沢諭吉　　イ．後藤象二郎　　ウ．副島種臣　　エ．江藤新平
問2　空欄①・②に適する語を入れよ。
問3　史料Ⅰはあるイギリス人が創刊した邦字新聞に掲載されたが，その新聞とは何か。
問4　下線部bの政党名を記せ。
問5　また，その初代党首となった人物は誰か。
問6　下線部cについて，この政党の性格・主張と異なるものを次の中から1つ選び，記号で答えよ。
　　　ア．フランス流の急進的民約憲法論を主張した。
　　　イ．一院制の普通選挙制度を主張した。
　　　ウ．士族層や農民らの支持を多く集めた。
　　　エ．君民同治を説き，イギリス流の漸進的立憲論を主張した。
問7　下線部dの政党名を記せ。
問8　また，その初代党首となった人物は誰か。
問9　史料Ⅲは1872年に前島密により創刊され，問7の政党設立後はその機関誌となった新聞に掲載されたものである。その新聞名を答えよ。

補充問題

問1　史料Ⅰを提出した人物らが属し，1874年1月に結成された日本最初の政党は何か。
問2　この時期に政府支持の論陣を張り，1882年には立憲帝政党を創設した人物は誰か。
問3　高知県出身の自由民権運動家で，平易な言葉で天賦人権論を説いた『民権自由論』の著者は誰か。

2 国会開設の勅諭

実戦問題 次の史料を読み，あとの問いに答えよ。

朕，祖宗二千五百有余年ノ鴻緒ヲ嗣キ，中古紐ヲ解クノ乾綱ヲ振張シ，大政ノ統一ヲ総攬シ，又夙ニ立憲ノ政体ヲ建テ，後世子孫継クヘキノ業ヲ為サンコトヲ期ス。嚮ニ明治八年ニ ① ヲ設ケ，十一年ニ ② ヲ開カシム。此レ皆漸次基ヲ創メ，序ニ循テ歩ヲ進ムルノ道ニ由ルニ非サルハ莫シ。爾有衆，亦朕カ心ヲ諒トセン。顧ミルニ立国ノ体，国各宜キヲ殊ニス。非常ノ事業実ニ軽挙ニ便ナラス。我祖我宗，照臨シテ上ニ在リ。遺烈ヲ揚ケ洪模ヲ弘メ，古今ヲ変通シ，断シテ之ヲ行フ，責朕カ躬ニ在リ。a 将ニ明治 ③ 年ヲ期シ，議員ヲ召シ ④ ヲ開キ，以テ朕カ初志ヲ成サントス。

（『法令全書』）

問1 この史料は，ある事件により世論の政府攻撃が高まったことなどから発せられた公約である。ある事件とは何か。

問2 この時の政府攻撃の世論と関係があるとみられ，参議を罷免された人物は誰か。

問3 また，この公約により政党や民間有志による私擬憲法が多く作成されたが，植木枝盛起草による自由民権左派のもっとも民主的な私擬憲法は何か。

問4 空欄①〜④に適する語を入れよ。

問5 下線部aについて，帝国議会は二院制で開かれたが，その2つの議院を答えよ。

分析・解説

1は，史料Ⅰが征韓論争で政府を下野した板垣退助らが愛国公党を結成し，大久保利通らの有司専制を批判し政府左院に提出した「民撰議院設立建白書」，史料Ⅱが『自由党史』に収録の「自由党盟約」，史料Ⅲが前島密の支持で創刊された『郵便報知新聞』（改進党結成とともにその機関紙として弾圧をうけ，1894〈明治27〉年より『報知新聞』となり大衆化する）に掲載された「立憲改進党趣意書」である。とりわけ，「民撰議院設立建白書」は出題頻度も高く，これに署名した8名の名前（特に前参議であった板垣退助・江藤新平・副島種臣・後藤象二郎）は確実に覚えておきたい。これを契機に民権運動は急速に高まり，土佐で結成された立志社（片岡健吉社長）を中心にして1875（明治8）年には大阪で愛国社が結成された。他方，政府の中にも漸進的な憲法制定論があり，その結果として漸次立憲政体樹立の詔が出されたことも見逃せない。その後，民権運動の中心であった立志社は，西南戦争の最中に国会開設を求める立志社建白を天皇に上表しようとしたが政府に却下され，またその一部が反乱軍に加わろうとしたこともあり運動の低迷を招いた。しかし，1878（明治11）年に解散状態にあった愛国社の再興大会が大阪で開催され，運動の底辺が士族から豪農，都市の商工業者などへ広がり，1880（明治13）年の愛国社大会における国会期成同盟結成など80年代の国会開設運動へと進展をみた。これにより政党の結成が促進され，史料Ⅱにみえるように板垣を総理とした自由党の結成や，翌年には史料Ⅲの立憲改進党が結成されたのである。立憲改進党結成の経緯は，大久保利通の死去後，参議大隈重信と伊藤博文が対立し，開拓使官有物払下げ事件での政府攻撃の世論に関係ありとみられた大隈が罷免された明治十四年の政変に端を発する。これにより政府を下野した大隈を党首として立憲改進党が結成されたのである。

126　第6章　近代国家の成立・発展

また 2 は，明治十四年の政変に際し政府批判の世論沈静化を図って発布された**国会開設の勅諭**であり，1890(明治23)年を期して国会を開設すると公約した。

　民権運動は政党を中心として**私擬憲法**制定などの動きが活発化した反面，**松方財政**下でデフレ政策により民権運動の支持者であった地主・農民の中には経営難・生活難のため運動から手を引く者が現れたり，政治的に急進化する者も出現した。一部の地域では政府の弾圧や不況下の重税に対する反発から自由党員や農民が直接行動に走った**激化事件**が起こったのである。1882(明治15)年の**福島事件**や関東を中心に北陸・東海地方で起こった**高田事件・群馬事件・加波山事件**，そして1884(明治17)年の**秩父事件**などである。これらの事件の影響で，自由党は解党，改進党も事実上の解党状態となり，さらに1885(明治18)年には，旧自由党左派の**大井憲太郎**らが朝鮮でその保守的政府を倒すことを計画し事前に検挙される**大阪事件**も起こり，こうした運動の急進化と弾圧で民権運動はしだいに衰退した。だがその後，国会開設の時期の接近とあいまって民権派の再結集が図られ，1886(明治19)年には旧自由党の**星亨**らが**大同団結**を提唱し，翌年には**井上馨**外相の条約改正交渉の失敗を機に**三大事件建白運動**が展開したのである。

第8節 自由民権運動の弾圧と私擬憲法

1 治安法令

演習問題 次の史料Ⅰ・Ⅱ・Ⅲを読み，あとの問いに答えよ。

> Ⅰ 政府ヲ変壊シ国家ヲ顛覆スルノ論ヲ載セ，騒乱ヲ煽起セントスル者ハ，禁獄一年以上三年ニ至ル迄ヲ科ス，其実犯ニ至ル者ハ首犯ト同ク論ス。　　　　　　　（『法令全書』）
>
> Ⅱ ①　ニ関スル事項ヲ講談論議スル為メ，其ノ旨趣ヲ広告シ，又ハ委員若クハ文書ヲ発シテ公衆ヲ誘導シ，又ハ他ノ社ト連結シ通信往復スルコトヲ得ズ。（『法令全書』）
>
> Ⅲ 皇居又ハ行在所ヲ距ル　②　里以内ノ地ニ住居又ハ寄宿スル者ニシテ，　③　ヲ陰謀シ又ハ教唆シ又ハ治安ヲ妨害スルノ虞アリト認ムルトキハ，警視総監又ハ地方長官ハ，内務大臣ノ認可ヲ経，a期日又ハ時間ヲ限リ退去ヲ命ジ，三年以内同一ノ距離内ニ出入寄宿又ハ住居ヲ禁スルコトヲ得。　　　　　　　　　　（『官報』）

問1　史料Ⅰは何とよばれる法令の条文か。
問2　史料Ⅱは何とよばれる法令の条文か。
問3　史料Ⅱはその後改定が加えられ，1900年にはある法令に継承されたが，その法令とは何か。
問4　空欄①に適する語を次の中から選び，記号で答えよ。
　　ア．政治　イ．民権　ウ．憲法　エ．国家
問5　史料Ⅲは何とよばれる法令の条文か。
問6　空欄②に適する数を次の中から選び，記号で答えよ。
　　ア．三　イ．五　ウ．十　エ．十五
問7　空欄③に適する語を次の中から選び，記号で答えよ。
　　ア．謀叛　イ．内乱　ウ．一揆　エ．外交
問8　下線部aについて，これに該当しなかった人物を次の中から1人選び，記号で答えよ。
　　ア．尾崎行雄　イ．中江兆民　ウ．星亨　エ．江藤新平
問9　下線部aについて，なぜ「三年以内」とされたのか，その理由を説明せよ。
問10　史料Ⅰの法令公布以前の出来事を次の中から選び，記号で答えよ。
　　ア．(地方)三新法の制定　イ．国会期成同盟の結成
　　ウ．華族令の制定　　　　エ．内務省の設置
問11　史料Ⅲの法令公布以降の出来事を次の中から選び，記号で答えよ。
　　ア．大審院の設置　イ．府県会の設置
　　ウ．枢密院の設置　エ．内閣制度の発足

2 私擬憲法

実戦問題 次の史料を読み，あとの問いに答えよ。

> 第一条　日本国ハ日本国憲法ニ循テ之ヲ立テ之ヲ持ス

第五条　　日本ノ国家ハ日本各人ノ　①　権利ヲ殺滅スル規則ヲ作リテ之ヲ行フヲ得ス

第四十二条　日本ノ人民ハ法律上ニ於テ　②　トナス

第五十条　　日本人民ハ如何ナル　③　ヲ信スルモ　①　ナリ

第七十二条　政府恣ニ　④　ニ背キ擅ニ人民ノ　①　権利ヲ残害シ建国ノ旨趣ヲ妨クルトキハ、日本国民ハ之ヲ覆滅シテ新政府ヲ建設スルコトヲ得

第七十八条　皇帝ハ兵馬ノ　⑤　ヲ握ル、宣戦講和ノ機ヲ統フ

（『牧野伸顕文書』）

問1　空欄①～⑤に適する語を次の中から選び、記号で答えよ。
　　ア．平和　イ．自由　ウ．平等　エ．思想　オ．宗教
　　カ．主権　キ．徴用　ク．大権　ケ．立法　コ．国憲

問2　この史料は私擬憲法の1つであるが、何とよばれるものか。次の中から選び、記号で答えよ。
　　ア．私擬憲法案　　　　イ．東洋大日本国国憲按
　　ウ．五日市憲法草案　　エ．国憲意見

問3　この私擬憲法を起草したとされる人物は誰か。

問4　また、その人物が1879年に刊行した著書で、民衆に民権思想を易しく説いたものは何か。

分析・解説

　政府は自由民権運動の高まりに対し、これを弾圧する条例を制定した。**1**はこれに関する問題で、史料Ⅰは1875（明治8）年公布の新聞紙条例、史料Ⅱは1880（明治13）年公布の集会条例、史料Ⅲは1887（明治20）年に公布された保安条例である。

　民権運動が起こると、まず政府は1875（明治8）年に讒謗律とともに新聞紙条例などを制定して言論や政治活動を取り締まった。ついで、1880年3月になると、愛国社の動きが再燃し、国会期成同盟が結成され、これに参加する各地の政社が天皇や政府宛の国会開設請願書を太政官や元老院に提出しようとした。こうした動きに対し政府は4月に集会条例を定め民権派の言論・集会・結社を弾圧したのである。その後も民権運動の激化とそれへの弾圧がくり返されたが、国会開設の時期がせまった1880年代後半には民権派が再結集した。1886（明治19）年に大同団結が唱えられ、翌年には三大事件建白運動（三大事件とは、地租の軽減・言論集会の自由・外交失策の回復〈対等条約の締結〉の3要求）が展開したが、政府はこれを保安条例によって弾圧し、多くの在京の民権派を東京から追放したのである。また運動の中心であった後藤象二郎は、黒田内閣に入閣させるという政府の懐柔策にのり運動の崩壊を招いた。

　各条文を読み、それがどの条例のものか判断できないと、他の問題も解けないものがある。史料Ⅰでは「政府ヲ変壊シ国家ヲ顛覆スルノ論ヲ載セ」の部分に着目し、新聞を想起しよう。また、史料Ⅱでは「講談論議スル為メ、其ノ旨趣ヲ広告シ」の部分からそのような場面、すなわち集会を引き出せればよい。また、史料Ⅲでは下線部を読み解けば保安条例になるだろう。問3では、集会条例が制定後に改定されていったことに関する問いだが、集会条例は1882（明治15）年の改正により規則が強化され、1890（明治23）年には集会及政社法

第8節　自由民権運動の弾圧と私擬憲法　129

となり，その後1900（明治33）年の治安警察法に継承されたのである。
　また，2 は，国会開設時期が明示された国会開設の詔をうけて，民権家らが独自に作成した私擬憲法に関する設問である。空欄補充は，史料をよく読めばその文脈からも適する語を選択できるだろう。問2の正答はイだが，国民主権や抵抗権・革命権を規定し，民権運動左派のもっとも民主的なものといわれている。その他の選択肢にある私擬憲法もそれぞれその特徴をおさえておくとよい。

おもな私擬憲法草案

名　　　称	条数	起草者	起草・発表年
嚶鳴社草案	87条	嚶鳴社	1879
私擬憲法意見	83条	共存同衆	〃
大日本国憲法大略見込書	134条	筑前共愛会	1880
国憲意見	8章	福地源一郎	1881
私擬憲法案	79条	交詢社	〃
東洋大日本国国憲按	220条	植木枝盛	〃
日本憲法見込案	192条	立志社	〃
日本帝国憲法（五日市憲法）	204条	千葉卓三郎	〃
憲法草案	71条	山田顕義	〃
憲法草案	101条	井上毅	1882
憲法草案	173条	西　周	〃
憲法私案	13条	小野梓	1883

第9節 立憲国家の成立

1 岩倉具視の憲法構想

実戦問題 次の史料は憲法制定以前に岩倉具視が天皇に上奏した憲法構想である。これを読み，あとの問いに答えよ。

一　□□憲法ノ体裁ヲ用ヒラルル事
一　漸進ノ主義ヲ失ハサル事
一　立法ノ権ヲ分タル、為ニa元老院，b民撰議院ヲ設ケラル、事
一　民撰議院ハ撰挙法ハ財産限制ヲ用ウヘシ，但華士族ハ財産ニ拘ハラサルノ特許ヲ与フヘキ事
一　c一般人民ノ権利各件 各国ノ憲法ヲ参酌ス

（『岩倉公実記』）

問1　空欄に適する語を次の中から選び，記号で答えよ。
　　ア．欽定　　イ．民定　　ウ．国定　　エ．君主
問2　下線部aはのちの帝国議会における何に該当する機関か。
問3　下線部bはのちの帝国議会における何に該当する機関か。
問4　下線部cについて，のちに制定された大日本帝国憲法では一般人民は何とよばれたか。

2 大日本帝国憲法

実戦問題 次の史料を読み，あとの問いに答えよ。

第一条　大日本帝国ハ万世一系ノ天皇之ヲ統治ス
第三条　天皇ハ　①　ニシテ侵スヘカラス
第四条　天皇ハ国ノ　②　ニシテ統治権ヲ総攬シ此ノ憲法ノ条規ニ依リ之ヲ行フ
第五条　天皇ハ　③　ノ協賛ヲ以テ立法権ヲ行フ
第八条　天皇ハ公共ノ安全ヲ保持シ又ハ其ノ災厄ヲ避クル為緊急ノ必要ニ由リ帝国議会閉会ノ場合ニ於テ法律ニ代ルヘキ　④　ヲ発ス……
第二十九条　日本臣民ハ　⑤　ノ範囲内ニ於テ言論著作印行集会及結社ノ自由ヲ有ス

（『官報』）

問1　この史料は何とよばれる法規の条文か。
問2　この法規が発布された西暦年月日を答えよ。
問3　この法規の草案を審議するために設置された機関は何か。
問4　空欄①に適する語を次の中から選び，記号で答えよ。
　　ア．権力　　イ．神聖　　ウ．国主　　エ．崇高
問5　空欄②に適する語を次の中から選び，記号で答えよ。
　　ア．国父　　イ．首長　　ウ．元首　　エ．代表
問6　空欄③に適する語を次の中から選び，記号で答えよ。
　　ア．内閣総理大臣　　イ．帝国議会　　ウ．元老　　エ．国民

問7　空欄④に適する語を次の中から選び，記号で答えよ。
　　ア．勅令　　イ．告諭　　ウ．令旨　　エ．指令
問8　空欄⑤に適する語を次の中から選び，記号で答えよ。
　　ア．憲法　　イ．権利　　ウ．日本国　　エ．法律
問9　この史料について述べた文として誤っているものを次の中から1つ選び，記号で答えよ。
　　ア．条約締結，宣戦，戒厳の宣告，統帥権など広範な天皇大権があった。
　　イ．伊藤博文を中心に井上毅・伊東巳代治・金子堅太郎らが起草に尽力した。
　　ウ．制定にあたっては君主権の強いフランスの制度に範をとった。
　　エ．これとともに皇室典範も制定された。

3 ベルツの日記

実戦問題 次の史料を読み，あとの問いに答えよ。

> 二月九日（東京）　東京全市は，十一日の憲法発布をひかえてその準備のため，言語に絶した騒ぎを演じている。到るところ，奉祝門，照明（イルミネーション），行列の計画。だが，こっけいなことには，誰も憲法の内容をご存じないのだ。
> 　a 二月十一日（東京）　本日憲法発布。天皇の前には，やや左方に向って諸大臣，高官が整列し，そのうしろは貴族で，そのなかに，維新がなければ立場をかえて現在将軍であったはずの徳川亀之助氏や，ただ一人（洋服姿でいながら）なお正真正銘の旧い日本のまげをつけているサツマの島津侯を認めた。珍妙な光景だ！……残念ながらこの祝日は，忌まわしい出来事で気分をそがれてしまった。― b 森文相の暗殺である。
> 　二月十六日（東京）　……日本憲法が発布された。もともと，国民に委ねられた自由なるものは，ほんのわずかである。しかしながら，不思議なことにも，以前は「奴隷化された」ドイツの国民以上の自由を与えようとはしないといって憤慨したあの新聞が，すべて満足の意を表しているのだ。

問1　下線部aの時の内閣総理大臣は誰か。
問2　下線部bの人物に関係の深い事項の組み合わせを次の中から選び，記号で答えよ。
　　ア．明六社・学校令　　イ．嚶鳴社・教育令
　　ウ．明六社・教育令　　エ．立志社・学校令
問3　この史料はあるドイツ人医師が記した日記からの引用であるが，その著者は誰か。

分析・解説

　大日本帝国憲法の制定は，政府を主導した伊藤博文が1882（明治15）年に渡欧し，ベルリン大学のグナイスト，ウィーン大学のシュタインらから日本と国情の似たプロシア（ドイツ）流憲法理論を学び，帰国後にドイツ人顧問ロエスレルの指導をうけ，井上毅・伊東巳代治・金子堅太郎らとともに国会開設の準備と同時に進められた。華族令の制定（1884年）や内閣制度の発足（1885年）を経て，1888（明治21）年には天皇の諮問機関として設置された枢密院で天皇臨席の下に審議され，1889（明治22）年2月11日に憲法は発布されたのである。
1 はその前提ともいえるもので，岩倉具視の諮問により井上毅がロエスレルの意見をも

132　第6章　近代国家の成立・発展

とにまとめたものによる。1881(明治14)年7月5日に天皇に上奏された「大綱領」全18条の一部を取り上げた。

そして **2** にあるように、大日本帝国憲法は欽定憲法であり、天皇と行政府の権限がきわめて強く、臣民の権利は「法律の範囲内」で保障された。また議会での予算案・法律案の審議を通じて国政に参与する道も開かれ、司法権を行政権から独立させ、三権分立の体制がつくられた。

また、**3** は『ベルツの日記』からの引用で、大学入試などでも出題される可能性が高い。ドイツ人医学者のベルツは1876(明治9)年に政府に招聘され、東京医学校などでその後29年間にわたり日本の医学教育にたずさわった。その日記には、日本の社会や政治などについての記載も多く、ここでは憲法発布の様子も「こっけいだ」と評しているように、憲法発布に沸く日本国民の心情を鋭く洞察している。なお、日本人の中でもこの憲法を通読し批判する者もあり、中江兆民もその1人であった。

大日本帝国憲法と日本国憲法の比較

	大日本帝国憲法	日本国憲法
発　布	1889(明治22)年2月11日　**欽定憲法**	1946(昭和21)年11月3日　**民定憲法**
主　権	主権在君	主権在民
天　皇	神聖不可侵の元首。統治権のすべてを握る総攬者として**天皇大権**を持つ	日本国および日本国民統合の象徴
内　閣	各国務大臣は天皇の輔弼機関。天皇に対して責任を負う 内閣総理大臣その他の国務大臣は天皇が任命	議院内閣制 行政権を行使し、国会に対して責任を負う 内閣総理大臣は国会で指名
議　会	天皇の立法権行使の**協賛**機関 **帝国議会**…**衆議院・貴族院**の二院制 両院の権限は対等(予算先議権は衆議院)	国権の最高機関、唯一の立法機関 **国会**…**衆議院・参議院**の二院制 衆議院の優位
選　挙	衆議院議員は公選	普通選挙
国民の権利	「臣民」として法律の範囲内で所有権の不可侵などを保障	永久不可侵の権利として**基本的人権**の尊重
軍　隊	臣民に兵役義務・**統帥権の独立**(陸海軍統帥権は天皇に直属)	**平和主義**・戦争放棄、戦力不保持
裁　判	天皇の名において行う	司法権の行使、裁判官の独立
改　正	天皇に発議権	国会の発議で、国民投票

第10節 教育勅語と初期議会

1 教育勅語

実戦問題 次の史料を読み，あとの問いに答えよ。

> 朕惟フニ我カ皇祖皇宗国ヲ肇ムルコト宏遠ニ徳ヲ樹ツルコト深厚ナリ。我カ臣民克ク忠ニ克ク孝ニa億兆心ヲ一ニシテ世々厥ノ美ヲ済セルハ此レ我カ国体ノ精華ニシテ，教育ノ淵源亦実ニ此ニ存ス。爾臣民，父母ニ孝ニ兄弟ニ友ニ夫婦相和シ朋友相信シ恭倹己レヲ持シ博愛衆ニ及ホシ，学ヲ修メ業ヲ習ヒ以テ智能ヲ啓発シ徳器ヲ成就シ，進テ公益ヲ広メ世務ヲ開キ，常ニ国憲ヲ重シ国法ニ遵ヒ，b一旦緩急アレハ義勇公ニ奉シ以テ天壤無窮ノ皇運ヲ扶翼スヘシ。是ノ如キハ独リ朕カ忠良ノ臣民タルノミナラス，又以テ爾祖先ノ遺風ヲ顕彰スルニ足ラン。……
> 　　明治二十三年十月三十日
> 　　御名　御璽
>
> 　　　　　　　　　　　　　　　　　　　　　　　　　　　　　　　　（『官報』）

問1　これは何とよばれる史料か。
問2　この起草にたずさわった人物を次の中から選び，記号で答えよ。
　　ア．小野梓　　イ．五代友厚　　ウ．内村鑑三　　エ．井上毅
問3　下線部aは何を指すか，次の中から選び，記号で答えよ。
　　ア．国家　　イ．教育　　ウ．人民　　エ．世界
問4　下線部bの解釈として，適切なものを次の中から選び，記号で答えよ。
　　ア．国家が安泰でいられるのは皇室の義勇公のおかげによるものである。
　　イ．国民は皇室の繁栄とともに永久に穏やかに生活していける。
　　ウ．国家の危機に際しては忠義と勇気で国家のために働き皇室の運命を助けよ。
　　エ．いったん義勇公の精神を失えば国家は存亡の危機となる。

2 黒田清隆首相の演説

実戦問題 次の史料を読み，あとの問いに答えよ。

> 今般憲法発布式ヲ挙行セラレ，大日本帝国憲法及之ニ付随スル諸法令ハ昨日ヲ以テ公布セラレタリ。……　①　ノ憲法ハ，臣民ノ敢テ一辞ヲ容ルルコトヲ得サルハ勿論，各般ノ行政ハ之ニ準拠シテ針路ヲ定メ，天皇陛下統治ノ大権ニ従属スヘキハ更ニ贅言ヲ要セサルナリ。然ルニ政治上ノ意見ハ人々其所説ヲ異ニシ，其説ノ合同スル者相投シテ一ノ団結ヲナシ，政党ナル者ノ社会ニ存立スルハ情勢ノ免レサル所ナリト雖ヘ，政府ハ常ニ一定ノ政策ヲ取リ，　②　政党ノ外ニ立チ，至正至中ノ道ニ居ラサル可ラス。a各員宜ク意ヲ此ニ留メ，常ニ不偏不党ノ心ヲ以テ人民ニ臨ミ，其間ニ固執スル所ナク，以テ広ク衆思ヲ集メテ国家邦隆ノ治ヲ助ケンコトヲ勉ムヘキナリ。
>
> 　　　　　　　　　　　　　　　　　　　　　　　　　　　　　　　　（『牧野伸顕文書』）

問1　この史料は，大日本帝国憲法発布の翌日に行われた首相演説であるが，その首相とは誰か。
問2　空欄①に適する語を次の中から選び，記号で答えよ。

ア．法治国家　　イ．欽定　　ウ．国定　　エ．君主国
問3　空欄②に適する語を次の中から選び，記号で答えよ。
　　　ア．自然　　イ．敢然　　ウ．泰然　　エ．超然
問4　下線部aは何を指すか，次の中から選び，記号で答えよ。
　　　ア．地方長官　　イ．貴族院議員　　ウ．衆議院議員　　エ．町村会議員

補充問題
問1　この演説が行われた場所は1883年に東京日比谷に建設された官営社交場であるが，それは何という施設か。
問2　また，その施設を設計した人物は誰か。
問3　この演説を行った内閣は条約改正問題をめぐり総辞職した。その時の外相は誰か。
問4　この内閣総辞職後，首相となった人物も政党に対してこの演説者と同じ立場を示した。それは誰か。

3 山県有朋の施政方針演説

実戦問題　次の史料を読み，あとの問いに答えよ。

　予算中ニ就キマシテ最歳出ノ大部分ヲ占メルモノハ，即陸海軍ノ経費デ御座イマス。……蓋国家独立自衛ノ道ニ二途アリ。第一ニ　①　線ヲ守禦スルコト，第二ニハ　②　線ヲ保護スルコトデアル。其ノ　①　線トハ国ノ疆域ヲ謂ヒ，　②　線トハ其ノ　①　線ノ安危ニ，密着ノ関係アル区域ヲ申シタノデアル。……方今列国ノ間ニ介立シテ一国ノ独立ヲ維持スルニハ，独　①　線ヲ守禦スルノミニテハ，決シテ十分トハ申サレマセヌ。必ズ亦　②　線ヲ保護致サナクテハナラヌコト丶存ジマス。今果シテ吾々ガ申ス所ノ　①　線ノミニ止ラズシテ，其ノ　②　線ヲ保ッテ一国ノ独立ノ完全ヲナサントスルニハ，固ヨリ一朝一夕ノ話ノミデ之ヲナシ得ベキコトデ御座リマセヌ。必ズヤ寸ヲ積ミ尺ヲ累ネテ，漸次ニ国力ヲ養ヒ其ノ成績ヲ観ルコトヲ力メナケレバナラヌコトト存ジマス。即予算ニ掲ゲタルヤウニ，巨大ノ金額ヲ割イテ，陸海軍ノ経費ニ充ツルモ，亦此ノ趣意ニ外ナラヌコトト存ジマス。寔ニ是ハ止ムヲ得ザル必要ノ経費デアル。

（『帝国議会衆議院議事速記録』）

問1　この史料は，第1回帝国議会における首相の施政方針演説である。その首相とは誰か。
問2　この演説が実施されたのは西暦何年か。
問3　空欄①・②に適する語を入れよ。
問4　空欄②に関連して，国家の安全独立を保障する勢力範囲として想定された場所はどこか。
問5　この議会において民力休養のため政費節減を求めた野党勢力を何というか。
問6　問5に対し，藩閥政府支持派の政党を何とよぶか。
問7　この議会召集に際し，大井憲太郎らが結成した政党は何か。

分析・解説

　1は帝国議会開会前の1890（明治23）年10月30日に発布された**教育に関する勅語**（いわゆ

第10節　教育勅語と初期議会　135

る，**教育勅語**）である。**井上毅**が原案を起草，それを**元田永孚**が修正して作成された。忠君愛国の精神を唱え，学校教育における天皇制強化を図ったものである。ちなみに，1891（明治24）年に起こった**内村鑑三不敬事件**は，第一高等中学校嘱託教員であった内村がキリスト教徒の良心から天皇署名のある教育勅語に最敬礼せず，世の攻撃を受けて辞職した事件である。

2は**大日本帝国憲法**発布の翌日に行われた**黒田清隆**首相の演説で，出典は当時首相秘書官であった牧野伸顕の『**牧野伸顕文書**』，**3**は第1回帝国議会（第一議会）における**山県有朋**首相の施政方針演説で『帝国議会衆議院議事速記録』からの引用である。この2つの演説は，ともに立憲制成立後の政府の立場を明らかにするものとして理解しておこう。黒田首相の演説が示すように，政府は憲法発布直後から**超然主義**の姿勢を明らかにしていたが，1890年に実施された日本最初の**衆議院議員総選挙**は旧民権派が大勝し，第一議会では立憲自由党や立憲改進党などの民党が衆議院の過半数を占め，**民党**は政府の軍拡予算案に対し**政費節減・民力休養**をスローガンに掲げ，政府予算の削減を強く主張した。これに対し超然主義を堅持した山県首相は，演説にみえるように「**主権線**」と「**利益線**」の語を用い，これを守るためには陸海軍事費が政府予算の中で最重要であることを強調し，予算案は自由党土佐派が切り崩された形で成立をみた。

第二議会でも，第1次**松方正義**内閣は，政費節減・民力休養を主張して予算案の軍艦建造費などを削減した民党と衝突し，その結果，議会解散となった。そして1892（明治25）年に実施された第2回総選挙では，松方内閣の内相**品川弥二郎**が激しい選挙干渉を行い，民党を圧迫した。しかし，民党の優勢をくつがえすことはできず，松方内閣は第三議会終了後に退陣した。

ついで成立した第2次伊藤博文内閣は，第四議会で民党第一党の自由党と接近し，天皇の詔書（いわゆる建艦詔書，**和衷協同の詔書**とも）により宮廷費や官吏の俸給を割き財源の一部とすることで海軍の軍拡に成功した。しかし，第五議会では大日本協会・立憲改進党・国民協会などが**対外硬派連合**を組織し，「条約励行論」を掲げて政府の条約改正交渉を攻撃したため，政府は衆議院解散に踏みきった。続く第六議会では，外交政策・財政などで政府弾劾上奏案が可決され再度解散したが，まもなく**日清戦争**に突入，開戦2カ月後に大本営のある広島で開かれた第七議会では臨時軍事費などが全会一致で可決された。このように藩閥政府と民党が対立した第一議会から日清戦争直前の第六議会までを，一般に**初期議会**とよんでいる。

第11節 日清戦争

1 脱亜論

実戦問題 次の史料を読み、あとの問いに答えよ。

　我日本の国土は　①　の東辺に在りと雖ども、其国民の精神は、既に　①　の固陋を脱して、西洋の　②　に移りたり。然るに爰に不幸なるは、近隣に国あり、一を支那と云ひ、一を　③　と云ふ。……此二国の者共は、一身に就き、又一国に関して、改進の道を知らず、交通至便の世の中に、文明の事物を聞見せざるに非ざれども、耳目の聞見を以て心を動かすに足らずして、其古風旧慣に恋々するの情は、百千年の古に異ならず。……左れば今日の謀を為すに、我国は隣国の開明を待て共に　①　を興すの猶予ある可らず、寧ろ其伍を脱して西洋の　②　国と進退を共にし、其支那・　③　に接するの法も、隣国なるが故にとて特別の会釈に及ばず、正に西洋人が之に接するの風に従て処分す可きのみ。悪友を親しむ者は、共に悪名を免かる可らず。我れは心に於て　①　東方の悪友を謝絶するものなり。

問1　空欄①～③に適する語を入れよ。
問2　この評論はこの執筆者が創刊した新聞に掲載されたが、その新聞名を記せ。
問3　この評論は何とよばれているものか。
問4　この評論を記した人物の名前を記せ。
問5　この評論は1885年に発表された。その前年に漢城で起こったクーデター事件は何か。
問6　問5の事件を起こし、失敗後日本に亡命した人物を1人記せ。
問7　問5の事件について、その処理策として日清間で締結された条約は何か。
問8　この評論が発表された年に旧自由党員の大井憲太郎らが空欄③の保守的政府を武力で打倒しようと企て事前に検挙された事件は、何とよばれているか。
問9　この評論が発表された数年後、空欄③で国内の凶作を理由に日本への米・大豆の輸出が禁止されたが、これを何とよぶか。

2 『蹇蹇録』

実戦問題 次の史料を読み、あとの問いに答えよ。

　初志を変ぜず鋭意に世に所謂多数の輿論なるものと抗戦し、其結果は之が為めに議会は一回解散せられ、某々の政社は禁止せられ、幾多の新聞紙は其発行を停止せられたり。斯の如く倫敦に於ける条約改正の事業は百難の中僅に一条の活路を開き進行する間に、今は漸く彼岸に達すべき時節こそ到来せり。即ち明治二十七年七月十三日付を以て、a青木公使は余に電稟して曰く、「本使は明日を以てb新条約に調印することを得べし」と。而して余が此電信に接したるは抑々如何なる日ぞ。c雞林八道の危機方に旦夕に迫り、余が大鳥公使に向ひ「今は断然たる処置を施すの必要あり、何等の口実を使用するも差支なし、実際の運動を始むべし」と訣別類似の電訓を発したる後僅に二日を隔つるのみ。余が此間の苦心惨澹・経営太忙なりしは実に名状すべからず。然れども今此喜ぶ

第11節　日清戦争　137

べき佳報に接するや頓に余をして積日の労苦を忘れしめたり。　　　　　　　　　　　　（『蹇蹇録』）

問1　この史料の文章を書いたのは時の外相であるが，それは誰か。
問2　下線部aは当時駐英公使にあった人物であるが，その氏名を答えよ。
問3　下線部bの「新条約」とは何を指すか。
問4　また，この条約に関する内容として誤っているものを次の中から1つ選び，記号で答えよ。
　　ア．これによって両締約国の間には相互対等の最恵国待遇が保障された。
　　イ．これによって関税自主権は全面的に回復された。
　　ウ．これによって領事裁判権は撤廃された。
　　エ．これによって居留地は廃止された。
問5　下線部cに該当する国名は何か。

3　日清戦争の宣戦詔書

実戦問題　次の史料を読み，あとの問いに答えよ。

　a朕茲ニ清国ニ対シテ戦ヲ宣ス。朕カ百僚有司ハ宜ク朕カ意ヲ体シ，陸上ニ海面ニ清国ニ対シテ交戦ノ事ニ従ヒ，以テ国家ノ目的ヲ達スルニ努力スヘシ。苟モ国際法ニ戻ラサル限リ，各々権能ニ応シテ一切ノ手段ヲ尽スニ於テ必ス遺漏ナカラムコトヲ期セヨ。……b朝鮮ハ帝国カ其ノ始ニ啓誘シテ列国ノ伍伴ニ就カシメタル独立ノ一国タリ。而シテ清国ハ毎ニ自ラ朝鮮ヲ以テ属邦ト称シ，陰ニ陽ニ其ノ内政ニ干渉シ，其ノc内乱アルニ於テ口ニ属邦ノ拯難ニ藉キ兵ヲ朝鮮ニ出シタリ。朕ハd明治十五年ノ条約ニ依リ兵ヲ出シテ変ニ備ヘシメ，更ニ朝鮮ヲシテ禍乱ヲ永遠ニ免レ治安ヲ将来ニ保タシメ，以テ東洋全局ノ平和ヲ維持セムト欲シ，先ツ清国ニ告クルニ協同事ニ従ハムコトヲ以テシタルニ，清国ハ翻テ種々ノ辞柄ヲ設ケ之ヲ拒ミタリ。……更ニ大兵ヲ韓土ニ派シ我艦ヲ韓海ニ要撃シ殆ト亡状ヲ極メタリ。則チ清国ノ計図タル明ニ朝鮮国治安ノ責ヲシテ帰スル所アラサラシメ，帝国カ率先シテ之ヲ諸独立国ノ列ニ伍セシメタル朝鮮ノ地位ハ之ヲ表示スルノ条約ト共ニ之ヲ蒙昧ニ付シ，以テ帝国ノ権利利益ヲ損傷シ，以テ東洋ノ平和ヲシテ永ク担保ナカラシムルニ存スルヤ疑フヘカラス。　　　　　　　　　　　（『官報』）

問1　下線部aは西暦何年のことか。
問2　下線部bについて，この内容を定めた条約は何か。
問3　下線部cに該当する事件は何か。
問4　下線部dの条約は何か。
問5　この史料の詔書が発せられた時の首相と外相の組み合わせを次の中から選び，記号で答えよ。
　　ア．首相：伊藤博文　外相：井上馨　　　イ．首相：伊藤博文　外相：陸奥宗光
　　ウ．首相：山県有朋　外相：陸奥宗光　　エ．首相：山県有朋　外相：大隈重信

138　第6章　近代国家の成立・発展

4 下関条約

実戦問題 次の史料を読み，あとの問いに答えよ。

> 第一条　清国ハ ① 国ノ完全無欠ナル独立 ② ノ国タルコトヲ確認ス。因テ右独立自主ヲ損害スヘキ ① 国ヨリ清国ニ対スル貢献典礼等ハ将来全ク之ヲ廃止スヘシ
> 第二条　清国ハ左記ノ土地ノ主権並ニ該地方ニ在ル城塁，兵器製造所及官有物ヲ永遠日本国ニ割与ス
> 　一　a左ノ経界内ニ在ル奉天省南部ノ地……
> 　二　③ 全島及其ノ付属諸島嶼
> 　三　（中略）
> 第四条　清国ハ軍費賠償金トシテ庫平銀 ④ 両ヲ日本国ニ支払フヘキコトヲ約ス。
>
> （『日本外交文書』）

問1　空欄①・②に適する語を入れよ。
問2　下線部aに該当する地域を次の中から選び，記号で答えよ。
　　ア．九竜半島　　イ．遼東半島　　ウ．内蒙古　　エ．山東半島
問3　空欄③に適する語を入れよ。
問4　問3に該当する地域には，1895年に日本の統治機関が設置されたが，それは何か。
問5　空欄④に適する数を次の中から選び，記号で答えよ。
　　ア．二千　　イ．二万　　ウ．二百万　　エ．二億
問6　この条約で日本が獲得した権益として誤っているものを次の中から1つ選び，記号で答えよ。
　　ア．揚子江の航行権
　　イ．澎湖諸島の割譲
　　ウ．沙市・重慶・蘇州・杭州の開港
　　エ．東清鉄道長春以南の鉄道利権
問7　この条約の調印に際し，伊藤博文とともに日本側全権の任にあった人物は誰か。
問8　この条約の調印に際し，清国側全権の任にあった人物は誰か。
問9　この条約に基づき，1896年には日本の領事裁判権や租界設定権・協定関税制などを規定した両国間の条約が調印されたが，それは何か。

5 三国干渉

実戦問題 次の史料を読み，あとの問いに答えよ。

> a露国皇帝陛下ノ政府ハ，b日本ヨリ清国ニ向テ求メタル講和条件ヲ査閲スルニ，其要求ニ係リ □ ヲ日本ニテ所有スルコトハ，常ニ清国ノ都ヲ危フスルノミナラズ，之ト同時ニ朝鮮国ノ独立ヲ有名無実トナスモノニシテ，右ハ将来永ク極東永久ノ平和ニ対シ障害ヲ与フルモノト認ム。随テ露国政府ハ日本国皇帝陛下ノ政府ニ向テ重キ其誠実ナル友誼ヲ表センガ為メ，茲ニ日本国政府ニ勧告スルニ，□ ヲ確然領有スルコトヲ放棄スヘキコトヲ以テス。
>
> （『日本外交文書』）

問1　下線部aについて，この時の露国皇帝は誰か。

第11節　日清戦争　139

問2　また，問1の人物はかつて皇太子として訪日した際，傷害事件に遭遇したが，その事件とは何か。
問3　下線部bについて述べた下記の短文Ⅰ・Ⅱについて，Ⅰ・Ⅱともに正しければア，Ⅰが正しくⅡが誤りであればイ，Ⅰが誤りでⅡが正しければウ，Ⅰ・Ⅱともに誤りであればエの記号で答えよ。
　　Ⅰ．日本の全権は伊藤博文・青木周蔵，清国全権は李鴻章であった。
　　Ⅱ．日本は獲得した賠償金二億両の一部を準備金として1897年に金本位制を採用した。
問4　2つの空欄には同じ語が入る。適する語を入れよ。
問5　この史料にみられる勧告をロシアとともに行った国を2国答えよ。
問6　この勧告を受け入れた日本政府は，これをきっかけに，ある言葉に象徴される国民のロシアに対する敵意高揚を背景に軍事力増強を進めた。ある言葉とは何か。

6 「自由党を祭る文」

実戦問題　次の史料を読み，あとの問いに答えよ。

> a歳ハ庚子に在り八月某夜，金風淅瀝として露白く天高きの時，一星忽焉として墜ちて声あり，嗚呼　①　死す矣，而して其光栄ある歴史ハ全く抹殺されぬ。……見よ今や諸君ハb退去令発布の総理　②　侯，退去令発布の内相　③　侯の忠実なる政友として，汝　①　の死を視る路人の如く，吾人ハ独り朝報の孤塁に拠って尚ほ自由平等文明進歩の為めに奮闘しつゝあることを。
> 　　　　　　　　　　　　　　　　　　　　　　　　　　　　　　　　　　　（『万朝報』）

問1　下線部aはこの史料が記された年であるが，それは西暦何年か。
問2　空欄①に適する語を入れよ。
問3　下線部bは1887年に制定された法令を指すが，それは何か。
問4　空欄②に適する人物を次の中から選び，記号で答えよ。
　　ア．黒田清隆　　イ．松方正義　　ウ．大隈重信　　エ．伊藤博文
問5　空欄③に適する人物を次の中から選び，記号で答えよ。
　　ア．品川弥二郎　　イ．山県有朋　　ウ．西郷従道　　エ．樺山資紀
問6　この史料の出典『万朝報』を創刊したのは誰か。
問7　この史料に関する説明文として誤っているものを次の中から1つ選び，記号で答えよ。
　　ア．この論説が発表される数日前に，立憲政友会の創立宣言が発表された。
　　イ．この筆者は，民権運動以来の政党が藩閥勢力の前に屈したことを嘆いた。
　　ウ．この筆者は，この後に起こった日露戦争では主戦論の立場で論陣を張った。
　　エ．この論説の筆者は，『万朝報』の記者幸徳秋水である。

分析・解説

全問ともきわめてオーソドックスな設問であり，出題頻出も高い。1880年代になると，国権論とともに盛んになった脱亜入欧思想の代表的評論が**1**で，福沢は，このほか『文明論之概略』などの著書でも，個人の自主独立と国家の独立のためには西洋文明の摂取が急務であると説いている。

2の『蹇蹇録』は，陸奥宗光が1894（明治27）年の甲午農民戦争から翌年の三国干渉までを記録した回想録である。第2次伊藤内閣の外相であった陸奥は，日清戦争の直前に領事裁判権の撤廃ならびに税権の一部回復，相互対等の最恵国待遇などを内容とする日英通商航海条約の調印に成功した。これにより国際的に有利となった日本は，**3**のように清国に対して宣戦布告し，日清戦争が勃発したのである。このほかに設問として想定されるのは，宣戦の詔勅で述べられている東洋の平和や朝鮮の独立がうたわれていることに関連づけて，その後の日本のアジア経営に関することであろう。

　5の問3は，その前の**4**の問7と同様になるが，Ⅰが誤文である。下関条約の全権は伊藤博文と陸奥宗光である。

　また，**6**は幸徳秋水の論説「自由党を祭る文」で，1900（明治33）年8月30日の『万朝報』に掲載された。伊藤系官僚と憲政党を中心に立憲政友会が結成され，自由党の後身である憲政党が藩閥と妥協したことを痛烈に批判していることを読みとりたい。

第12節 日露戦争

1 日英同盟

実戦問題 次の史料を読み，あとの問いに答えよ。

第一条　両締約国ハ相互ニ清国及a韓国ノ独立ヲ承認シタルヲ以テ，該二国孰レニ於テモ全然侵略的趣向ニ制セラルルコトナキヲ声明ス，然レトモ両締約国ノ特別ナル利益ニ鑑ミ，即チ其利益タルb大不列顛国ニ取リテハ主トシテ清国ニ関シ，又日本国ニ取リテハ其清国ニ於テ有スル利益ニ加フルニ，韓国ニ於テ政治上並商業上及工業上格段ニ利益ヲ有スルヲ以テ，両締約国ハ若シ右等利益ニシテ別国ノ侵略的行動ニ由リ，若クハ清国又ハ韓国ニ於テ両締約国孰レカ其臣民ノ生命及財産ヲ保護スル為メ干渉ヲ要スヘキ騒擾ノ発生ニ因リテ侵迫セラレタル場合ニハ，両締約国孰レモ該利益ヲ擁護スル為メ必要欠クヘカラサル措置ヲ執リ得ヘキコトヲ承認ス

第二条　若シ日本国又ハ大不列顛国ノ一方カ上記各自ノ利益ヲ防護スル上ニ於テ別国ト戦端ヲ開クニ至リタル時ハ，他ノ一方ノ締約国ハ厳正　①　ヲ守リ併セテ其同盟国ニ対シテ他国カ交戦ニ加ハルヲ妨クルコトニ努ムヘシ

第三条　上記ノ場合ニ於テ若シ他ノ一国又ハ数国カ該同盟国ニ対シテ交戦ニ加ハル時ハ，他ノ締約国ハ来リテ援助ヲ与ヘ　②　戦闘ニ当ルヘシ，講和モ亦該同盟国ト相互合意ノ上ニ於テ之ヲ為スヘシ

(『日本外交文書』)

問1　この史料は一般に何と称される同盟の条文か。
問2　下線部aについて，朝鮮が国号をこのように改めたのは西暦何年か。
問3　下線部bについて，この国と日本が1894年に締結した条約は何か。
問4　空欄①に適する語を次の中から選び，記号で答えよ。
　　ア．不戦　　イ．独立　　ウ．自主　　エ．中立
問5　空欄②に適する語を次の中から選び，記号で答えよ。
　　ア．率先　　イ．協同　　ウ．道義上　　エ．防衛

2 反戦論・非戦論

実戦問題 次の史料を読み，あとの問いに答えよ。

a余ハ　①　非開戦論者である許りでない，b戦争絶対的廃止論者である。戦争ハ人を殺すことである。爾うして人を殺すことハ大罪悪である。爾うして大罪悪を犯して個人も国家も永久に利益を収め得やう筈ハない。世にハ戦争の利益を説く者がある。然り，余も一時ハ斯かる愚を唱へた者である。然しながら今に至て其愚の極なりしを表白する。戦争の利益ハ其害毒を贖ふに足りない，戦争の利益ハ強盗の利益である。……近くハ其実例を二十七八年の　②　戦争に於て見ることが出来る。二億の富と一万の生命を消費して日本国が此戦争より得しものハ何である乎。……其目的たりし　③　の独立ハ之がために強められずして却て弱められ，支那分割の端緒ハ開かれ，日本国民の分担ハ非常に増加され，其道徳ハ非常に堕落し，東洋全体を危殆の地位にまで持ち来ったでハない

142　第6章　近代国家の成立・発展

乎。

問1　下線部aはこの文章を書いた人物を指すが，それは誰か。
問2　下線部bに対して，この時期に対露強硬論を唱えた人物を次の中から1人選び，記号で答えよ。
　　ア．戸水寛人　　イ．大塚楠緒子　　ウ．平塚明子　　エ．石川啄木
問3　空欄①〜③に適する語を入れよ。
問4　この評論が掲載された日刊新聞は何か。
問5　問4の新聞が主戦論に転じたため，そこを退社した記者が新たに設立した新聞社は何か。
問6　問5の設立に関わった人物を次の中から1人選び，記号で答えよ。
　　ア．高山樗牛　　イ．堺利彦　　ウ．三宅雪嶺　　エ．森有礼

[補充問題]
問1　日露戦争に出兵中の弟を想い，女性の歌人が「君死にたまふこと勿れ」という反戦詩を書いたが，それは誰か。
問2　その詩が掲載された雑誌は何か。

3 日露講和条約

[実戦問題] 次の史料を読み，あとの問いに答えよ。

第二条　露西亜帝国政府ハ，日本国カ　①　ニ於テ政事上，軍事上及経済上ノ卓絶ナル利益ヲ有スルコトヲ承認シ……
第五条　露西亜帝国政府ハ，　②　政府ノ承諾ヲ以テ，　③　口，　④　並其ノ付近ノ領土及領水ノa租借権及該租借権ニ関連シ又ハ其ノ一部ヲ組成スル一切ノ権利，特権及譲与ヲ日本帝国政府ニ移転譲渡ス……
第六条　露西亜帝国政府ハ，長春（寛城子）　③　口間ノ鉄道及其ノ一切ノ支線並同地方ニ於テ之ニ付属スル一切ノ権利，特権及財産及同地方ニ於テ該鉄道ニ属シ又ハ其ノ利益ノ為メニ経営セラルル一切ノ炭坑ヲ，補償ヲ受クルコトナク且　②　政府ノ承諾ヲ以テ日本帝国政府ニ移転譲渡スヘキコトヲ約ス……
（『日本外交文書』）

問1　この史料の条約は調印された地名を冠して何とよばれるか。
問2　また，調印されたのは西暦何年か。
問3　この条約を締結した両国の全権は誰か。
問4　空欄①〜④に適する語を入れよ。
問5　下線部aについて，この条約の調印後，日本が租借地とした地域を統治する機関が設立されたが，それは何か。

[補充問題]
問1　この条約では賠償金が得られなかったため，国民の不満が爆発し，ある事件にまで発展した。この事件とは何か。
問2　この条約で譲渡された鉄道とその付属権益の経営のため，1906年に設立された会社は何か。

> **分析・解説**

1は日本がロシアとの戦端を開くことになる前提条件として位置づけられる日英同盟に関する設問で、この同盟は両国の利害関係の一致からうまれた。すなわち、三国干渉以後、日本はロシアの南下政策に直面し、朝鮮から満州へ進出を目論む桎梏となっていた。また、イギリスにとっては清国における権益を保持するために日本の力が必要だったための産物なのである。調印はロンドンで1902(明治35)年10月30日に行われ、日本の全権は駐英公使の林董であった。

2は日露戦争に際しての評論。キリスト教徒の内村鑑三は第一高等中学校嘱託教員であったが、1891(明治24)年に教育勅語奉読に関する不敬事件で辞職した人物。この時、井上哲次郎は「教育と宗教の衝突」と題し、キリスト教を激しく攻撃した。日露戦争に対しては、問2にある戸水寛人ら東大の七博士意見書の対露強硬論に対し、戦争絶対廃止論者と表明している点に注目したい。開戦論と反戦・非戦論の対立では、近衛篤麿・頭山満の対露同志会や『国民新聞』の徳富蘇峰が開戦世論を煽ったのに対し、平民社の反戦論のほか、補充問題として設けた与謝野晶子の「君死にたまふこと勿れ」や大塚楠緒子の「お百度詣で」などの反戦・非戦論がある。

3は日露講和条約(ポーツマス条約)である。設問自体に難問はなく、すべて基本的なものばかりである。下線部aの「租借権」とは、他国の領土を一定期間借り受け統治する権利のこと。日本はこの条約で遼東半島南部を租借地とし、この地域は関東州とよばれた。

第13節 社会問題の発生

1 製糸女工の実態

実戦問題 次の史料を読み、あとの問いに答えよ。

　余嘗て桐生、［①］の機業地に遊び、聞いて極楽観て地獄、a職工自身が然かく口にせると同じく、余も赤たその境遇の甚しきを見て之を案外なりとせり。而かも［①］、桐生を辞して前橋に至り、［②］職工に接し、更に織物職工より甚しきに驚ける也。b労働時間の如き、忙しき時は朝床を出でて直に業に服し、夜業十二時に及ぶこと稀ならず。食物はワリ麦六分に米四分、寝室は豚小屋に類して醜陋見るべからず。……若し各種労働に就き、其の職工の境遇にして憐むべき者を挙ぐれば［②］職工第一たるべし。

（『日本之下層社会』）

問1　空欄①に適する地名を次の中から選び、記号で答えよ。
　　ア．足利　イ．富岡　ウ．八王子　エ．諏訪
問2　空欄②に適する語を次の中から選び、記号で答えよ。
　　ア．紡績　イ．炭鉱　ウ．機械　エ．製糸
問3　下線部aに関連して、1903年に刊行された農商務省の「職工」についての実態調査報告書は何か。
問4　下線部bに関連して、1911年に公布され、12時間労働や女性・年少者の深夜業禁止などを定めた法律は何か。
問5　この史料の出典『日本之下層社会』の著者は誰か。
問6　この史料と同様に長野県諏訪地方の製糸女工の実情を描いた山本茂実の著書は何か。

補充問題
問1　この史料と同様に、紡績女工の悲惨な境遇を描いた細井和喜蔵の著書は何か。
問2　1886年に山梨県甲府市で起きた日本最初の女工によるストライキは、何と称されているか。
問3　1886年に渡米しアメリカの労働運動を学んで明治後期の労働運動の先駆者とされ、1897年には片山潜らとともに労働組合期成会結成の中心となった人物は誰か。

2 工場法

演習問題 次の史料を読み、あとの問いに答えよ。

第一条　本法ハ左ノ各号ノ一ニ該当スル工場ニ之ヲ適用ス
一　常時［①］人以上ノ職工ヲ使用スルモノ
二　事業ノ性質危険ナルモノ又ハ衛生上有害ノ虞アルモノ
本法ノ適用ヲ必要トセサル工場ハ勅令ヲ以テ之ヲ除外スルコトヲ得
第二条　工業主ハ［②］歳未満ノ者ヲシテ工場ニ於テ就業セシムルコトヲ得ス。但シ本法施行ノ際十歳以上ノ者ヲ引続キ就業セシム場合ハ此ノ限ニ在ラス。行政官庁ハ軽易ナル業務ニ付就業ニ関スル条件ヲ付シテ、十歳以上ノ者ノ就業ヲ許可スルコトヲ得

第三条　工業主ハ十五歳未満ノ者及女子ヲシテ，一日ニ付十二時間ヲ超エテ就業セシムルコトヲ得ス
　　主務大臣ハ業務ノ種類ニ依リ，本法施行後十五年間ヲ限リ前項ノ就業時間ヲ二時間以内延長スルコトヲ得。……
　第四条　工業主ハ十五歳未満ノ者及女子ヲシテ，午後　③　時ヨリ午前四時ニ至ル間ニ於テ就業セシムルコトヲ得ス
　第五条　左ノ各号ノ一ニ該当スル場合ニ於テハ前条ノ規定ヲ適用セス。但シ本法施行十五年後ハ十四歳未満ノ者及二十歳未満ノ女子ヲシテ，午後十時ヨリ午前四時ニ至ル間ニ於テ就業セシムルコトヲ得ス。……

（『官報』）

問1　この史料は工場法の条文の一部であるが，工場法が公布されたのは西暦何年か。
問2　空欄①〜③に適する数を次の中から選び，記号で答えよ。
　　ア．十　　イ．十二　　ウ．十五　　エ．十八
問3　工場法が施行されたのは西暦何年か。
問4　この法律の公布から施行までに時間がかかった理由を簡単に述べよ。
問5　この法律公布の前年に無政府主義や社会主義者が検挙され，幸徳秋水や管野スガら12人が死刑となった事件は何か。
問6　この法律は1947年に廃止されたが，この時，新しく公布された労働法は何か。

3 近代の公害問題

実戦問題　次の史料を読み，あとの問いに答えよ。

　伏テ惟ルニ，政府当局ヲシテ能ク其責ヲ竭サシメ，以テ陛下ノ赤子ヲシテ日月ノ恩ニ光被セシムルノ途他ナシ。　①　河ノ水源ヲ清ムル其一ナリ。河身ヲ修築シテ其天然ノ旧ニ復スル其二ナリ。激甚ノ毒土ヲ除去スル其三ナリ。沿岸無量ノ天産ヲ復活スル其四ナリ。a多数町村ノ頽廃セルモノヲ恢復スル其五ナリ。b加毒ノ鉱業ヲ止メ毒水毒屑ノ流出ヲ根絶スル其六ナリ。如此ニシテ数十万生霊ノ死命ヲ救ヒ，居住相続ノ基ヘヲ回復シ，其人口ノ減耗ヲ防遏シ，且ツ我日本帝国憲法及ビ法律ヲ正当ニ実行シテ各其権利ヲ保持セシメ，更ニ将来国家ノ基礎タル無量ノ勢力及ビ富財ノ損失ヲ断絶スルヲ得ベケンナリ。若シ然ラズシテ長ク毒水ノ横流ニ任セバ，臣ハ恐ル其禍ノ及ブ所将サニ測ル可ラザルモノアランコトヲ。
　　明治三十四年十二月
　　　草莽ノ微臣　②　誠恐誠惶頓首頓首(印)

問1　空欄①に適する語を入れよ。
問2　下線部aについて，この問題により，廃村後，遊水池となった村を答えよ。
問3　下線部bについて，この精錬所があった鉱山を答えよ。
問4　また，財閥としてその鉱山を経営した人物は誰か。
問5　空欄②に適する人名を入れよ。

分析・解説

　資本主義の発展と産業革命の影響によりさまざまな社会問題が発生したが，ここではその代表的な史料を取り上げ，その実態に触れてみたい。1の『日本之下層社会』は1899(明治32)年に刊行された横山源之助のルポルタージュであるが，これを一読すれば，当時の製糸女工がきわめて劣悪な労働環境下で働いていたことを具体的に知ることができる。このような状況について農商務省が実施した実態調査の報告書が問3の『職工事情』で，これが2の工場法立案の基礎資料となっている。また，当時の東京の貧民窟などの現状をルポルタージュした作品には，1893(明治26)年に松原岩五郎が刊行した『最暗黒の東京』もある。このほか，1の補充問題に関連して，問2のストライキについては大阪の天満紡績スト，問3については労働組合期成会の先駆となった職工義友会の設問も考えられる。

　3は日本の公害問題の原点とされる足尾銅山鉱毒事件に関するもの。この問題解決に奔走した田中正造は，1901(明治34)年には衆議院議員を辞職して天皇に直訴した。その草稿は幸徳秋水による。1904(明治37)年以降，田中正造は鉱毒被害の中心地であった谷中村で銅山の操業停止を求めて地元の農民とともに戦った。しかし，1906(明治39)年には谷中村の廃村が決定され，土地収用法により土地は強制買収され，谷中村は遊水池とされたのである。

第14節 韓国併合

1 第2次日韓協約

実戦問題 次の史料を読み，あとの問いに答えよ。

第一条　日本国政府ハ，在東京外務省ニ依リ今後韓国ノ外国ニ対スル関係及事務ヲ監理指揮スヘク，日本国ノ外交代表者及領事ハ外国ニ於ケル韓国ノ臣民及利益ヲ保護スヘシ

第二条　日本国政府ハ韓国ト他国トノ間ニ現存スル条約ノ実行ヲ全フスルノ任ニ当リ，韓国政府ハ今後日本国政府ノ仲介ニ依ラスシテ国際的性質ヲ有スル何等ノ条約若クハ約束ヲ為ササルコトヲ約ス

第三条　日本国政府ハ，其代表者トシテ韓国皇帝陛下ノ闕下ニ一名ノ ① （レヂデントゼネラル）ヲ置ク，① ハ専ラ ② ニ関スル事項ヲ管理スル為メ a 京城ニ駐在シ親シク韓国皇帝陛下ニ内謁スルノ権利ヲ有ス……

（『日本外交文書』）

問1　この史料はポーツマス条約の2カ月後に締結されたある協約の条文であるが，その協約名を記せ。
問2　空欄①・②に適する語を入れよ。
問3　空欄①について，その初代となった人物の名前を記せ。
問4　下線部aは韓国の首都を指すが，これを当時の名称で正しく答えよ。
問5　この協約締結後，韓国皇帝が独立回復を国際会議に提訴した事件を何というか。
問6　問5の事件以降，1909年にかけて韓国内で反日運動が拡大したが，こうした運動を何というか。
問7　問3の人物を1909年に満州のハルビン駅で暗殺した韓国独立運動家は誰か。

2 韓国併合

実戦問題 次の史料を読み，あとの問いに答えよ。

第一条　韓国皇帝陛下ハ韓国全部ニ関スル一切ノ統治権ヲ完全且永久ニ日本国皇帝陛下ニ譲与ス

第二条　日本国皇帝陛下ハ前条ニ掲ケタル譲与ヲ受諾シ且全然韓国ヲ日本帝国ニ併合スルコトヲ承諾ス

（『日本外交文書』）

問1　これは1910年に締結されたある条約の条文であるが，その条約名を記せ。
問2　これにより日本は韓国に新たな統治機関を設置したが，それを何というか。
問3　問2の機関の初代長官となった人物の名前を記せ。
問4　この条約以前に韓国の拓殖事業を営む国策会社が設立されている。その会社は何か。
問5　この条約以降の日朝間関係について述べた文として，誤っているものを次の中から1つ選び，記号で答えよ。
　ア．陸軍は財政緊縮を主張する第2次西園寺内閣に対し，朝鮮駐屯の2個師団増設を要求した。

148　第6章　近代国家の成立・発展

イ．土地調査事業が行われ，土地所有者の確定や価格の査定，台帳の作成などが行われた。
ウ．日本の植民地政策に対し，韓国皇帝が列国に抗議するハーグ密使事件が起こった。
エ．日本の植民地支配に対し，三・一独立運動が起こった。

分析・解説

　日清・日露戦争を経て，日本と韓国の国際関係は大きく変化した。日本はすでに1904（明治37）年8月に日露戦争の軍事制圧下において韓国に対し第1次日韓協約締結を強要し，日本政府の推薦する者を財政・外交顧問とする顧問政治の実態をつくり，軍事・経済的支配の基礎をつくった。さらに日露戦争の勝利で日本は大陸進出にむけた拠点確立を進め，1905（明治38）年には非公式ではあったがアメリカと桂・タフト協定を結び，また日英同盟改定（第2次日英同盟）で日本の韓国に対する指導権を承認させた。これらを背景として締結されたのが，1 の第2次日韓協約で，これにより日本はさらに韓国の外交権を接収し，漢城（今のソウル）に日本政府の代表機関として統監府を設置し，伊藤博文を初代の統監としたのである。問5の解答であるハーグ密使事件は，こうした日本の動きを韓国皇帝（高宗）がオランダのハーグで開かれていた第2回万国平和会議に密使を派遣し提訴したものである。抗議は容れられず，日本はさらにこれをきっかけに第3次日韓協約を結び，韓国の内政権もその手におさめ，ついで韓国の軍隊を解散させた。義兵運動は，この第3次日韓協約による軍隊解散令に反発した一部軍隊を中心に反日抵抗が韓国全土に広がったものである。日本政府はこの鎮圧を図ったが，そのさなかに伊藤博文暗殺事件が起こった。その結果，日本は韓国に憲兵隊を常駐させてその警察権も奪い，翌1910（明治43）年には 2 の韓国併合条約を締結し，韓国を植民地とし，漢城を改称した京城に朝鮮総督府を設置した。

第15節 明治期の近代思想

1 『文明論之概略』と『青鞜』

演習問題 次の史料Ⅰ・Ⅱを読み，あとの問いに答えよ。

Ⅰ　新井白石の説に，天下の大勢九変して武家の代と為り，武家の世又五変して　①　の代に及ぶと云ひ，其外諸家の説も大同小異なれども，此説は唯日本にて政権を執る人の新陳交代せし模様を見て幾変と云ひしのみのことなり。都てこれまで日本に行はる、歴史は，唯王室の系図を詮索するもの歟，或は君相有司の得失を論ずるもの歟，或は戦争勝敗の話を記して講釈師の軍談に類するもの歟，大抵是等の箇条より外ならず。稀に政府に関係せざるものあれば仏者の虚誕妄説のみ，亦見るに足らず。a 概して云へば日本国の歴史はなくして日本政府の歴史あるのみ。学者の不注意にして国の一大欠典と云ふ可し。新井先生の　②　なども即ち此類の歴史にて，其書中に天下の勢変とあれども，実は天下の大勢の変じたるに非ず，天下の勢は早く既に王代の時に定まりて，治者と被治者との二元素に区別し，b 兵農の分る、に及て益この分界を明にして，今日に至るまで一度びも変じたることなし。

Ⅱ　元始，女性は実に　③　であった。真正の人であった。今，女性は月である。他に依って生き，他の光によって輝く，病人のやうな蒼白い顔の月である。偖てこ、に「　④　」は初声を上げた。……自由解放！　c 女性の自由解放と云ふ声は随分久しい以前から私共の耳辺にざわめいてゐる。併しそれが何だらう。思ふに自由と云ひ，解放と云ふ意味が甚しく誤解されてゐはしなかっ〔た〕らうか。……私の希ふ真の自由解放とは何だらう。云ふ迄もなく潜める天才を，偉大なる潜在能力を十二分に発揮させることに外ならぬ。

問1　空欄①〜④に適する語を入れよ。
問2　史料Ⅰの出典名と著者の名前を答えよ。
問3　史料Ⅱの著者の名前を答えよ。
問4　下線部aについて，ここでこの著者はこれまでの日本の歴史書のどのような点について批判しているのか，説明せよ。
問5　下線部bは太閤検地による兵農分離を指すものと考えられる。太閤検地に関する説明文として正しいものを次の中から選び，記号で答えよ。
　ア．太閤検地は刀狩とともに兵農分離を促進させた。
　イ．太閤検地では全国の生産力が米の量で換算された貫高制が確立した。
　ウ．太閤検地では年貢納入額は領主に生産高の3分の1を納入する一公二民が一般的であった。
　エ．太閤検地は一地一作人制を否定し，農民の田畑所有権を奪った。
問6　下線部cに関連して，高知出身の女性民権運動家で「民権ばあさん」とよばれた女性は誰か。次の中から選び，記号で答えよ。
　ア．大塚楠緒子　　イ．楠瀬喜多　　ウ．津田梅子　　エ．景山（福田）英子
問7　史料Ⅱが発表された前年には社会主義者や無政府主義者に対する弾圧事件が起こっ

たが，それは何か。

2 戊申詔書

演習問題 次の史料を読み，あとの問いに答えよ。

朕惟フニ方今人文日ニ就リ月ニ将ミ，東西相倚リ彼此相済シ以テ其ノ ① ヲ共ニス。朕ハ爰ニ益々国交ヲ修メ友義ヲ惇シ，列国ト与ニ永ク其ノ慶ニ頼ラムコトヲ期ス。顧ミルニ日進ノ大勢ニ伴ヒ， ② ノ恵沢ヲ共ニセムトスル。固ヨリ内国運ノ発展ニ須ツ。a戦後日尚浅ク庶政益々更張ヲ要ス。b宜ク上下心ヲ一ニシ忠実業ニ服シ勤倹産ヲ治メ，惟レ信惟レ義，醇厚俗ヲ成シ華ヲ去リ実ニ就キ荒怠相誡メ自彊息マサルヘシ。抑々我カ神聖ナル祖宗ノ遺訓ト我カ光輝アル国史ノ成跡トハ炳トシテ日星ノ如シ。寔ニ克ク恪守シ淬礪ノ誠ヲ輸サハ国運発展ノ本近キ斯ニ在リ。朕ハ方今ノ世局ニ処シ我カ忠良ナル臣民ノ協翼ニ倚藉シテ維新ノ皇猷ヲ恢弘シ，祖宗ノ威徳ヲ対揚セムコトヲ庶幾フ。爾臣民其レ克ク朕カ旨ヲ体セヨ。

（『官報』）

問1　この史料は何とよばれるものか。
問2　これが発布された時の首相は誰か。
問3　空欄①・②に適する語の組み合わせを次の中から選び，記号で答えよ。
　　ア．①文明　②国権　　イ．①福利　②国権
　　ウ．①福利　②文明　　エ．①国益　②福利
問4　下線部aの「戦後」とは何という戦争の後を指すか。
問5　下線部bの内容を要約せよ。

分析・解説

　ここでは明治期日本の思想状況を3つの史料を比較して，その時代背景とともに理解を深めたい。**1**の史料Ⅰでは1875(明治8)年に啓蒙思想家福沢諭吉が著した『文明論之概略』における主要部分，史料Ⅱでは平塚らいてうが自ら立ち上げた青鞜社の機関誌『**青鞜**』の創刊号に寄稿した文章を取り上げた。

　『文明論之概略』の冒頭にある「天下の大勢九変して武家の代と為り，武家の世又五変して」の部分はあまりにも有名で，問1の空欄②の『読史余論』はここから想起されねばならない（90頁参照）。武家の世が五変した（五回変わった）というのは，源頼朝が鎌倉幕府を開いたところ（一変）から数え，その後，鎌倉幕府の滅亡（二変），足利尊氏によって開かれた室町幕府の滅亡（三変），織田信長が本能寺の変で滅亡したのち，豊臣秀吉が天下を掌握したこと（四変）を経て徳川の世になったこと（五変）を指す。この部分に着目すると，問4の解答例も引用した文脈から説明ができるだろう。また，『青鞜』に関する設問については，問6の正答の楠瀬喜多のほか，女性民権運動家として『函入娘』の著者**岸田（中島）俊子**や，選択肢にある**景山（福田）英子**の著書『妾の半生涯』も覚えておきたい。

　2は1908(明治41)年に発布された**戊申詔書**である。ここでは，明治期の日本がこれまでの歩みの中で近代化や工業の発達，日清・日露戦争での戦勝など，築き上げてきたものに対する国民の慢心を危惧する内容が取り上げられている。問3の空欄補充は歴史用語が入るものではなく，史料を熟読して考察しなければ正答は得られない。有名な一文で，な

第15節　明治期の近代思想　151

おかつ選択肢があるため消去法での解答も可能なので難問とはいえないが，史料の読解力が試されるものとなっている。大学入試問題では，このような出題もあり，やはり史料を読み解く訓練を怠らないようにしたい。また，問5も難しいと思われるだろうが，それほどの難問ではなく，史料のキーワードに着目してそれを自分なりに要約すれば正答になるであろう。

おもな啓蒙書（＊は訳書）

著者	書名
福沢諭吉	西洋事情(1866) 学問のすゝめ(1872) 文明論之概略(1875)
中村正直	＊西国立志篇(1871) ＊自由之理(1872)
加藤弘之	国体新論(1874)
田口卯吉	日本開化小史(1877)
中江兆民	＊民約訳解(1882)
植木枝盛	民権自由論(1879)
馬場辰猪	天賦人権論(1883)

第7章 大正・昭和の日本とアジア

第1節 護憲運動

1 尾崎行雄の演説

演習問題 次の史料を読み、あとの問いに答えよ。

> a彼等ハ常ニ口ヲ開ケバ直ニ忠愛ヲ唱ヘ、恰モ忠君愛国ハ自分ノ一手専売ノ如ク唱ヘテアリマスルガ、其為ストコロヲ見レバ、常ニ　①　ノ蔭ニ隠レテ、政敵ヲ狙撃スルガ如キ挙動ヲ執ッテ居ルノデアル。彼等ハ　①　ヲ以テ胸壁トナシ、　②　ヲ以テ弾丸ニ代ヘテ政敵ヲ倒サントスルモノデハナイカ。……又、其内閣総理大臣ノ位地ニ立ッテ、然ル後b政党ノ組織ニ着手スルト云フガ如キモ、彼ノ一輩ガ如何ニ我憲法ヲ軽ク視、其精神ノアルトコロヲ理解セナイカノ一班ガ分ル。彼等ガ口ニ立憲的動作ヲ為スト云フ、併ナガラ天下何レノ所ニ先ヅ政権ヲ握リ、政権ヲ挟ンデ与党ヲ造ルノヲ以テ、立憲的動作ト心得ル者ガアリマスカ。
> （『帝国議会衆議院議事速記録』）

問1　この史料は、ある内閣不信任決議案が上程された時の弾劾演説の一部であるが、この演説を行った人物は誰か。

問2　この演説で、不信任案の対象とされた内閣総理大臣は誰か。

問3　下線部aの「彼等」はどのような人たちを指すか。次の中から選び、記号で答えよ。
　　ア．社会主義者　イ．藩閥政治家　ウ．神官・僧侶　エ．国家主義者

問4　空欄①に適する語を次の中から選び、記号で答えよ。
　　ア．法令　イ．皇室　ウ．行在所　エ．玉座

問5　空欄②に適する語を次の中から選び、記号で答えよ。
　　ア．詔勅　イ．憲法　ウ．令旨　エ．師団

問6　下線部bについて、これにより結成された政党を次の中から選び、記号で答えよ。
　　ア．立憲国民党　イ．立憲帝政党　ウ．立憲同志会　エ．立憲政友会

問7　この演説が実施された背景には、内閣のどのような姿勢に問題があるとされたのか、簡単に述べよ。

問8　問1の人物らの運動により、内閣が倒壊したが、この事件を何というか。

補充問題

問1　この史料の演説は、第一次護憲運動に関連して行われたものだが、この時に掲げられたスローガンを2つ答えよ。

問2　この演説で弾劾の対象となった内閣の前に組閣していた人物は誰か。

問3　この演説で弾劾の対象となった内閣の前の内閣が瓦解した理由を説明せよ。

2 民本主義

実戦問題 次の史料を読み、あとの問いに答えよ。

> 　①　主義といふ文字は、日本語としては極めて新らしい用例である。従来は民主々義といふ語を以て普通に唱へられて居ったやうだ。時としては又民衆主義とか、平民主義とか呼ばれたこともある。然し民主々義といへば、社会民主党などゝいふ場合に於け

第1節　護憲運動　153

るが如く,「国家の主権は人民にあり」といふ危険なる学説と混同され易い。又平民主義といへば, 平民と貴族とを対立せしめ, 貴族を敵にして平民に味方するの意味に誤解せらるゝの恐れがある。独り民衆主義の文字丈けは, 以上の如き欠点はないけれども, 民衆を「重んずる」といふ意味があらはれない嫌がある。我々が視て以て憲政の根柢と為すところのものは, 政治上一般民衆を重んじ, 其間に貴賤上下の別を立てず, 而かも国体の ② たると共和制たるとを問はず, 普く通用する所の主義たるが故に, ① といふ比較的新しい用語が一番適当であるかと思ふ。

問1　空欄①・②に適する語を入れよ。
問2　この史料は「憲政の本義を説いて其有終の美を済すの途を論ず」と題された評論の一部であるが, その著者を答えよ。
問3　この著者が1918年に福田徳三や麻生久らと結成したデモクラシー思想の拡大を目指した団体は何か。
問4　また, この著者らの指導下に東大学生が結成した思想運動団体は何か。
問5　この評論を最初に掲載した雑誌は何か。

> **分析・解説**
>
> 　大正政変と第一次護憲運動は, 第2次西園寺内閣と陸軍の2個師団増設問題をめぐって展開した。政府は軍部の朝鮮駐屯師団増設を認めず, そのため上原勇作陸相が単独で辞表を天皇に提出したため, 内閣は総辞職に追いこまれた。これにより後継首班には内大臣兼侍従長の桂太郎が就任したが, これは宮中と府中（行政）の別を乱すものと非難され, 立憲国民党の犬養毅と立憲政友会の尾崎行雄らが中心となり「閥族打破・憲政擁護」をかかげた第一次護憲運動が起こったのである。
>
> 　①は1913（大正2）年2月5日の第三十議会での尾崎演説で,「彼等ハ玉座ヲ以テ胸壁トナシ, 詔勅ヲ以テ弾丸ニ代ヘテ政敵ヲ倒サントスルモノデハナイカ」の部分は有名である。桂が組閣することに反対する声をおさえるため, 天皇の詔勅を利用したと指弾するのである。
>
> 　②はこの時期の大正デモクラシーの風潮を広げるうえで大きな役割を果たした吉野作造の民本主義で, 設問のほかに, その意図した内容を正確につかんでおこう。天皇主権の明治憲法の下で民衆の意向を重んじる政治を追求することを説いた点に大きな意義がある。

第2節 第一次世界大戦と日本の参戦

1 井上馨の提言

実戦問題 次の史料を読み，あとの問いに答えよ。

> 一，a今回欧州ノ大禍乱ハ，日本国運ノ発展ニ対スル大正新時代ノ□ニシテ，日本国ハ直ニ挙国一致ノ団結ヲ以テ，此□ヲ享受セザルベカラズ。
> 一，此□ヲ全ウセンガ為ニ，内ニ於テハ比年囂々タリシb廃減税等ノ党論ヲ中止シ，財政ノ基礎ヲ強固ニシ，一切ノ党争ヲ排シ，国論ヲ世界ノ大勢ニ随伴セシムル様指導シ，以テ外交ノ方針ヲ確立セザルベカラズ。
> 一，此戦局ト共ニ，c英・仏・露ノ団結一致ハ更ニ強固ニナルト共ニ，日本ハ右三国ト一致団結シテ，茲ニd東洋ニ対スル日本ノ利権ヲ確立セザルベカラズ。
> 一，以上英・仏・露ト誠実ナル連合的団結ヲナシ，此基礎ヲ以テ，日本ハ支那ノ統一者ヲ懐柔セザルベカラズ。
> 　　　　　　　　　　　　　　　　　　　　　　　　　（『世外井上公伝』）

問1　下線部aの「今回欧州ノ大禍乱」はボスニアで起きたある事件をきっかけとしているが，その事件とは何か。
問2　また，「今回欧州ノ大禍乱」とは何を指すか。その戦争の名称を答えよ。
問3　空欄にはいずれも同じ語が入る。適する語を次の中から選び，記号で答えよ。
　　ア．天恵　　イ．好機　　ウ．天祐　　エ．国益
問4　下線部bについて，いわゆる廃税運動で廃止を要求された税目として不適切なものを次の中から1つ選び，記号で答えよ。
　　ア．織物消費税　　イ．通行税　　ウ．営業税　　エ．輸出関税
問5　下線部cはドイツに対抗する包囲態勢であるが，これを何というか。
問6　下線部dについて，この時の戦争に参戦した日本は，中国膠州湾のドイツの根拠地を占領したが，それはどこか。次の中から1つ選び，記号で答えよ。
　　ア．青島　　イ．福建　　ウ．旅順　　エ．威海衛
問7　また，この戦争後，赤道以北の南洋諸島は日本の委任統治領となった。その際に設置された機関は何か。

2 参戦の意図

実戦問題 次の史料は閣議で述べられた外相の報告である。これを読み，あとの問いに答えよ。

> 斯かる次第で日本は今日a同盟条約の義務に依って参戦せねばならぬ立場には居ない。条文の規定が，日本の参戦を命令するやうな事態は，今日の所では未だ発生しては居ない。たゞ一は①からの依頼に基く同盟の情誼と，一は帝国が此機会に②の根拠地を東洋から一掃して，b国際上に一段と地位を高める利益と，この二点から参戦を断行するのが機宜の良策と信ずる。左もなくば此際参戦せず，単に好意の中立を守って，内に国力の充実を図る事も一策と言ふ事が出来る。

問1　この時の首相とこれを述べた外相の名前を答えよ。
問2　下線部aの同盟が最初に締結されたのは西暦何年か。
問3　空欄①・②に適する語の組み合わせを次の中から選び，記号で答えよ。
　　　ア．①アメリカ　②イギリス　　イ．①イギリス　②ロシア
　　　ウ．①イギリス　②ドイツ　　　エ．①ドイツ　　②ロシア
問4　下線部bに関連して，この戦争に参戦した日本は，戦勝後，5大連合国の一員として講和条約に調印した。その条約は何か。

3 二十一カ条の要求

演習問題 次の史料は日本政府が中国に提出した要求の一部である。これを読み，あとの問いに答えよ。

第一号（前文略）
　第一条　支那国政府ハ，独逸国カ　①　省ニ関シ条約其他ニ依リ支那国ニ対シテ有スル一切ノ権利・利益・譲与等ノ処分ニ付，日本国政府カ独逸国政府ト協定スヘキ一切ノ事項ヲ承認スヘキコトヲ約ス
第二号　日本国政府及支那国政府ハ支那国政府カ南満州及東部内蒙古ニ於ケル日本国ノ優越ナル地位ヲ承認スルニヨリ，茲ニ左ノ条款ヲ締結セリ
　第一条　両締約国ハ，a 旅順大連租借期限並南満州及　②　両鉄道各期限ヲ何レモ更ニ九十九ヶ年ツツ延長スヘキコトヲ約ス
　第四条　支那国政府ハ，本条約付属書ニ列記セル南満州及東部内蒙古ニ於ケル諸鉱山ノ採掘権ヲ日本国臣民ニ許与ス，……
第三号（前文略）
　第一条　両締約国ハ，将来適当ノ時機ニ於テ b 漢冶萍公司ヲ両国ノ合弁トナスコト……ヲ約ス
第五号
　一，中央政府ニ政治財政及　③　顧問トシテ有力ナル日本人ヲ傭聘セシムルコト

（『日本外交文書』）

問1　この史料は何とよばれるものか。
問2　この対中国政策を推進した日本の首相と外相の名前を答えよ。
問3　空欄①に適する語を次の中から選び，記号で答えよ。
　　　ア．河北　　イ．山東　　ウ．福建　　エ．広東
問4　空欄②に適する語を次の中から選び，記号で答えよ。
　　　ア．安奉　　イ．東清　　ウ．シベリア　　エ．東支
問5　空欄③に適する語を次の中から選び，記号で答えよ。
　　　ア．軍事　　イ．法律　　ウ．経済　　エ．産業
問6　下線部aについて，この地の租借権は日露戦争後に日本がロシアから譲渡されたが，この地を含む周囲の付属地の保護・監督にあたる機関として1906年に設置されたものは何か。
問7　下線部bの「漢冶萍公司」について，簡単に説明せよ。

問8　この要求の一部を除いて受諾した中国政府の大総統は誰か。
問9　また，受諾した5月9日は中国国民の抗日運動の原点として何と称されたか。

4 中国進出への批判

実戦問題 次の史料を読み，あとの問いに答えよ。

> ①　陥落がa吾輩の予想より遥かに早かりしは，同時に戦争の不幸のまた意外に少なかりし意味において，国民と共に深く喜ぶ処なり。しかれども，かくて我が軍の手に帰せる　①　は，結局いかに処分するを以て，最も得策となすべきか。これ実に最も熟慮を要する問題なり。
> 　この問題に対する吾輩の立場は明白なり。bアジア大陸に領土を拡張すべからず，　②　も宜しく早きに迨んでこれを放棄すべし，とはこれ吾輩の宿論なり。更に新たに支那　③　省の一角に領土を獲得する如きは，害悪に害悪を重ね，危険を加うるもの，断じて反対せざるを得ざる所なり。

問1　空欄①～③に適する語を入れよ。
問2　下線部aはこの評論を書いた人物を指すが，その名前を記せ。
問3　問2の人物の植民地の放棄などを主張した考えは何とよばれたか。
問4　下線部bに関連して述べた文として，正しいものを次の中から選び，記号で答えよ。
　ア．第1次山県有朋内閣では，日本にとって「利益線」防御のためにアジア大陸への軍拡が必要だと主張された。
　イ．1917年にはアメリカと日本の間で桂・タフト協定が結ばれ，アジア大陸における相互の権益を保障することが約束された。
　ウ．原敬内閣の下で中国における政治・経済・軍事にわたる権益を拡大するため，段祺瑞政権に対し巨額の西原借款を与えた。
　エ．1918年にはロシア革命に干渉する目的でシベリア出兵を行ったが，大戦終了後には，その大きな負担を回避するため日本は列国とともにすぐに撤退した。
問5　この評論を掲載した新聞は何か。

補充問題
問1　1915～18年の間に日本は工業が発展し，債務国から債権国に転じた。この時の景気を何というか。
問2　大戦時の世界的な船舶不足の折，日本の造船・海運業は活況を呈したが，これにより巨利を得た者を何というか。

分析・解説

1 は「欧州ノ大禍乱」とあるから，第一次世界大戦に関する史料であることは明白である。問1のサライェヴォ事件は，ヨーロッパの火薬庫といわれたバルカン半島で諸民族の対立にドイツ・オーストリアのパン゠ゲルマン主義とロシアのパン゠スラブ主義の勢力争いがからんで起こったもの。オーストリアの皇位継承者が親露的なセルビア人に暗殺され，これをきっかけに両国間の戦争はドイツとロシアの戦争に拡大し，フランス・イギリスもロシア側に加わり戦火は拡大した。
　問3の「天祐」とは天のたすけの意で，ここから3条目にみられる井上馨の意図をくみ取

りたい。また問4はやや難問である。**第一次山本権兵衛内閣**が海軍予算を増額したことに反対し、商業会議所を中心に**廃税運動**が起こった。ア・イ・ウが3悪税として廃止要求されたのである。

2は第2次大隈重信内閣の外相**加藤高明**の言説で、日本が大戦に参加する目的として2点示されているが、「独逸の根拠地を東洋から一掃して、国際上に一段と地位を高める」としている点が重要である。

4の問3は、政府の大日本主義に対し、植民地の放棄や自由主義、個人主義を主張したもの。石橋湛山は東洋経済新報の記者で、のちに社長となり、1956(昭和31)年には首相に就任している。また、問4の正誤問題では、イの桂・タフト協定(正しくは**石井・ランシング協定**)、ウの原敬内閣(正しくは寺内正毅内閣)が誤りであるのとともに、エでは、日本の**シベリア出兵**が1922(大正11)年まで継続され国内外から非難をあびたことを確認しておこう。

第3節 社会運動の勃興

1 米騒動

実戦問題 次の史料を読み，あとの問いに答えよ。

> 富山県中新川郡西水橋町町民の大部分は出稼業者なるが，本年度は出稼先なる樺太は不漁にて帰路の路銀に差支ふる有様にて生活頗る窮迫し，加ふるに昨今の米価暴騰にて困窮愈其極に達し居れるが，三日午後七時漁師町一帯の女房連二百名は海岸に集合して三隊に分れ，一は浜方有志，一は町有志，一は浜地の米屋及び米所有者を襲ひ，所有米は他に売らざること及び此際義侠的に米の廉売を嘆願し，之を聞かざれば家を焼払ひ一家を鏖殺すべしと脅迫し事態頗る穏かならず，斯くと聞きたる東水橋警察署より巡査数名を出動させ，必死となりて解散を命じたるに漸く午後十一時頃より解散せるも，一部の女達は米屋の付近を徘徊し米を他に売るを警戒し居れり。

問1 この史料はある出来事に関する新聞記事であるが，それは何か。
問2 この出来事は西暦何年に起こったか。
問3 この出来事と同年に行われ，この勃発とも関係深いとされる事象は何か。
問4 この出来事に対し，一部で軍隊派遣による鎮圧を実施した首相は誰か。

2 部落解放運動

実戦問題 次の史料を読み，あとの問いに答えよ。

> 全国に散在する我が特殊部落民よ団結せよ。長い間虐められて来た兄弟よ，……我々の祖先は自由，平等の渇仰者であり，実行者であった。陋劣なる階級政策の犠牲者であり，男らしき産業的殉教者であったのだ。ケモノの皮剝ぐ報酬として，生々しき人間の皮を剝ぎ取られ，ケモノの心臓を裂く代価として，暖かい人間の心臓を引裂かれ，そこへダラナイ嘲笑の唾まで吐きかけられた呪はれの夜の悪夢のうちにも，なほ誇り得る人間の血は，涸れづにあった。そうだ，そうして我々は，この血を享けて人間が神にかはろうとする時代にあうたのだ。犠牲者がその烙印を投げ返す時が来たのだ。殉教者が，その荊冠を祝福される時が来たのだ。我々が　　　　である事を誇り得る時が来たのだ。我々は，かならず卑屈なる言葉と怯懦なる行為によって，祖先を辱しめ人間を冒とくしてはならぬ。そうして人の世の冷たさが，何んなに冷たいか，人間を勸る事が何んであるかをよく知っている吾々は，心から人世の熱と光を願求礼讃するものである。水平社は，かくして生れた。人の世に熱あれ，人間に光あれ。
>
> （『水平』第一巻第一号）

問1 この宣言を発した団体は何か。
問2 この宣言を起草した人物は誰か。
問3 この宣言が発せられたのは1922年のことだが，これと同じ年に結成された団体を次の中から選び，記号で答えよ。
　　ア．新婦人協会　　イ．日本農民組合　　ウ．友愛会　　エ．赤瀾会
問4 空欄には江戸時代の被差別身分の呼称が入るが，1871年に太政官布告によりこれら

第3節 社会運動の勃興　159

の差別的呼称の廃止が命ぜられた。この布告を何というか。

> **分析・解説**
>
> 　明治末期から大正期のデモクラシーの風潮の隆盛に伴い，さまざまな社会運動が展開した。その中で，米騒動と部落解放運動に関する史料を取り上げた。設問自体は基本的なことばかりで，迷わずに解答できるであろう。
> 　**1**は女一揆あるいは女房一揆ともいわれる1918（大正7）年7〜9月の**米騒動**に関する『朝日新聞』の記事で，富山県で起こったのを機に1道3府38県に波及した。大戦景気で物価が高騰したことは，かえって庶民生活に打撃を与えることになった。それに加え，シベリア出兵に伴う米穀商や地主による米の売り惜しみや買占めが騒動を大きなものにしたのである。その結果，一部では軍隊の力で鎮圧が図られ，この対応が問題となって**寺内正毅**内閣は総辞職した。
> 　**2**は被差別部落民への差別解消のために結成された**全国水平社**の宣言文である。このほか，この時期の社会運動としては女性運動の隆盛もあり，**新婦人協会**の設立宣言などの出題や，1901（明治34）年に操業を開始した日本初の近代的製鉄所である**八幡製鉄所**で1920（大正9）年2月に起こったストライキ（八幡製鉄所争議）も注目される。これは，翌年の神戸の川崎・三菱造船所争議とともに，大正期の代表的労働争議として新聞記事などが出題されることも考えられるだろう。

第4節 普通選挙法と治安維持法

1 普通選挙法

演習問題 次の史料Ⅰ・Ⅱを読み，あとの問いに答えよ。

> Ⅰ （大正九年二月二十日）
> 　　a漸次に選挙権を拡張する事は何等異議なき処にして，又他年国情こゝに至れば，所謂 ① 選挙も左まで憂ふべきにも非らざれども，階級制度打破と云ふが如き，現在の社会組織に向て打撃を試みんとする趣旨より，b納税資格を撤廃すと云ふが如きは，実に危険極る次第にて，此の民衆の強要に因り現代組織を破壊する様の勢を作らば，実に国家の基礎を危ふするものなれば，寧ろ此際，議会を解散して政界の一新を計るの外なきかと思ふ。
>
> Ⅱ 　先帝ガ維新ノ宏謨ヲ定メ給ヒテヨリ，我国諸般ノ施設ハ駸々トシテ進ミ，明治五年ニハc学制ガ頒布セラレ，六年ニハ ② ニ依リ国民皆兵ノ制ガ創始セラレ，二十二年ニハ終ニ憲法ガ制定セラル、ニ至ッタノデアリマス。惟フニ大憲制定終局ノ御趣意ハ，広ク国民ヲシテ大政ニ参与セシメ，広ク国民ヲシテ国家ノ運命ヲ扶持セシメラル、ニ在リト拝察致スノデアリマス。（拍手）……将又近時ノ選挙ノ実情ヲ見マスルニ，各種ノ弊害続出シ，憲政前途ノ為深憂ニ堪ヘザルモノガアリマス。是等ノ弊害ヲ匡正シ，選挙ノ公正ヲ完ク致シマスルハ，憲政ノ基礎ヲ鞏固ニスル所以デアルト信ジマス。（「ヒャ、、」拍手）仍テ是等ノ目的ヲ以チマシテ，d衆議院議員選挙法ノ全部ニ亘リ改正案ヲ本期議会ニ提出センコトヲ期スルモノデアリマス。　　　　　　（『帝国議会衆議院議事速記録』）

問1　史料Ⅰは1920年の閣議で首相の選挙観が示された日記であるが，この日記を記した首相とは誰か。
問2　下線部aについて，この日記の著者が首相の時に選挙権はどのように改正されたか。
問3　空欄①に適する語を次の中から選び，記号で答えよ。
　　ア．地方　　イ．国政　　ウ．制限　　エ．普通
問4　下線部bについて，なぜこのように考えられたのかを説明せよ。
問5　史料Ⅱは1925年に衆議院本会議で行われた首相の演説であるが，その首相とは誰か。
問6　下線部cについて，この教育制度で参考にされたのはどこの国の制度か。次の中から選び，記号で答えよ。
　　ア．アメリカ　　イ．フランス　　ウ．イギリス　　エ．ドイツ
問7　空欄②に適する語を入れよ。
問8　下線部dが公布されたのは西暦何年か。

2 治安維持法

実戦問題 次の史料Ⅰ・Ⅱ・Ⅲを読み，あとの問いに答えよ。

> Ⅰ　第一条　 ① ヲ変革シ又ハ ② 制度ヲ否認スルコトヲ目的トシテ結社ヲ組織シ又ハ情ヲ知リテ之ニ加入シタル者ハ十年以下ノ懲役又ハ禁錮ニ処ス　　（『官報』）

Ⅱ 第一条 ①　ヲ変革スルコトヲ目的トシテ結社ヲ組織シタル者，又ハ結社ノ役員其ノ他指導者タル任務ニ従事シタル（担当シタル）者ハ，死刑又ハ無期若ハ五年以上ノ懲役若ハ禁錮ニ処シ，情ヲ知リテ結社ニ加入シタル者又ハ結社ノ目的遂行ノ為ニスル行為ヲ為シタル者ハ，二年以上ノ有期ノ懲役又ハ禁錮ニ処ス。　②　制度ヲ否認スルコトヲ目的トシテ結社ヲ組織シタル者，結社ニ加入シタル者又ハ結社ノ目的遂行ノ為ニスル行為ヲ為シタル者ハ，十年以下ノ懲役又ハ禁錮ニ処ス。前二項ノ未遂罪ハ之ヲ罰ス
(『官報』)

Ⅲ 第三十九条 第一章ニ掲グル罪ヲ犯シ刑ニ処セラレタル者，其ノ執行ヲ終リ釈放セラルベキ場合ニ於テ，釈放後ニ於テ更ニ同章ニ掲グル罪ヲ犯スノ虞アルコト顕著ナルトキハ，裁判所ハ検事ノ請求ニ因リ本人ヲ　③　ニ付スル旨ヲ命ズルコトヲ得
(『官報』)

問1　史料Ⅰはある法律の条文であるが，この法律は何か。
問2　この法律は1925年に制定されたが，その時の首相は誰か。
問3　また，この人物の内閣は，3党の連立内閣であったが，その3党を答えよ。
問4　この法律制定には国際的動向が関係しているが，それを簡単に述べよ。
問5　史料Ⅱは，史料Ⅰを緊急勅令で改正したものの一部である。この時の首相は誰か。
問6　改正の翌年に共産党員の大量検挙が行われたが，この事件を何というか。
問7　史料Ⅲは，さらに史料Ⅰ・Ⅱを再改正した時に追加された条文の一部だが，この時の首相は誰か。
問8　空欄①〜③に適する語の組み合わせを次の中から選び，記号で答えよ。
　　ア．①国体　　②資本主義　　③予防拘禁
　　イ．①国体　　②私有財産　　③予防拘禁
　　ウ．①天皇制　②私有財産　　③拘禁保護
　　エ．①天皇制　②資本主義　　③拘禁保護

分析・解説

　大正デモクラシー運動が共通して追求してきた最大の課題であった普通選挙権の獲得は，1924（大正13）年に貴族院の勢力を背景に組閣した清浦奎吾内閣への第二次護憲運動を経て，護憲三派の連立内閣である加藤高明内閣により実現した。これにより満25歳以上の男性は衆議院議員の選挙権をもつことになり，有権者数は4倍に増加した。その経過を示す**1**の各史料は，史料Ⅰが原敬の普選観を示した『原敬日記』，史料Ⅱは1925（大正14）年1月の衆議院本会議における加藤高明首相の普選法提案理由で『帝国議会衆議院議事速記録』からの引用である。原敬は普選実現による社会主義勢力の伸張を懸念し，政友会の支持基盤を拡大させることをねらった党略的な選挙法改正にとどまったが，他方，加藤内閣は普通選挙法と同時に日ソ基本条約調印により社会運動がいっそう盛んになることをおそれ，その防止策として**2**の治安維持法を成立させた。これによって普選に反対する貴族院を納得させようとしたのである。同法は，具体的な行為を対象とした治安警察法と異なり，国体の変革や私有財産制度の否認を目的とする結社の組織者と参加者を処罰するという思想・信条を取締りの対象とした。また同法の弾圧の対象は，社会主義・共産主義運動のみなら

ず次第に自由主義者や宗教団体にまで拡大していき，1928（昭和3）年の改正では緊急勅令で死刑が追加され，1941（昭和16）年には予防拘禁制が導入されたことにも注意しよう。1928年に田中義一内閣のもとで実施された第1回普通選挙では，8名の無産政党出身の代議士が誕生した。その中で労働農民党からは山本宣治ら2名が当選したが，彼は翌年右翼によって暗殺されている。

衆議院議員選挙法のおもな改正経過

公布	内閣	選挙実施	被選挙人 直接国税	被選挙人 性満年齢（以上）	定員（人）	選挙人 直接国税	選挙人 性満年齢（以上）	総数（万人）	全人口比（%）	選挙方式 選挙区	選挙方式 投票形式
1889	黒田	1890	15円以上	男30歳	300	15円以上	男25歳	45	1.1	小選挙区	単記記名
1900	山県（2次）	1902	制限なし	男30歳	369	10円以上	男25歳	98	2.2	大選挙区	単記無記名
1919	原	1920	制限なし	男30歳	464	3円以上	男25歳	306	5.5	小選挙区	単記無記名
1925	加藤	1928	制限なし	男30歳	466	制限なし	男25歳	1,240	20.8	中選挙区	単記無記名
1945	幣原	1946	制限なし	男女25歳	468	制限なし	男女20歳	3,688	50.4	大選挙区	制限連記

第5節 国際協調外交

1 ワシントン体制

実戦問題 次の史料を読み，あとの問いに答えよ。

> 第一条　締約国ハ本条約ノ規定ニ従ヒ各自ノ海軍軍備ヲ制限スヘキコトヲ約定ス
> 第四条　各締約国ノ主力艦合計代換噸数ハ基準排水量ニ於テ合衆国五十二万五千噸，英帝国五十二万五千噸，仏蘭西国十七万五千噸，伊太利国十七万五千噸，日本国□□□噸ヲ超ユルコトヲ得ス
> 第五条　基準排水量三万五千噸ヲ超ユル主力艦ハ何レノ締約国モ之ヲ取得シ又ハ之ヲ建造シ，建造セシメ若ハ其ノ法域内ニ於テ之力建造ヲ許スコトヲ得ス
> 第七条　各締約国ノ航空母艦合計噸数ハ基準排水量ニ於テ合衆国十三万五千噸，英帝国十三万五千噸，仏蘭西国六万噸，伊太利国六万噸，日本国八万一千噸ヲ超ユルコトヲ得ス
> 第十九条　合衆国，英帝国及日本国ハ左ニ掲クル各自ノ領土及属地ニ於テ要塞及海軍根拠地ニ関シ本条約署名時ニ於ケル現状ヲ維持スヘキコトヲ約定ス
> 　　　　　　　　　　　　　　　　　　　　　　　　　　　　（『日本外交文書』）

問1　この史料はある条約の一部であるが，その条約とは何か。
問2　この条約を締結した会議の開催を提唱したアメリカ大統領は誰か。
問3　また，この会議に日本全権として出席した海相は誰か。
問4　空欄に適する数を次の中から選び，記号で答えよ。
　　ア．十七万五千　　イ．二十一万五千　　ウ．二十五万五千　　エ．三十一万五千
問5　この条約締結以前の出来事を次の中から選び，記号で答えよ。
　　ア．国際連盟の発足　　イ．日ソ基本条約の調印
　　ウ．パリ不戦条約の調印　　エ．ロンドン海軍軍縮条約の調印

補充問題
問1　この条約では日本の主力艦保有比率について，米・英に対して何割で合意したか。
問2　この条約が調印された時の日本の首相は誰か。
問3　この条約を締結した会議では，太平洋諸島の領土・権益の相互尊重に関する四カ国条約も締結された。四カ国条約の発効とともに廃棄された，日本にとって重要な同盟は何か。
問4　この条約が締結された国際会議ののちに日本の外相に就任し，いわゆる「協調外交」を推進した人物は誰か。

2 九カ国条約

実戦問題 次の史料を読み，あとの問いに答えよ。

> 第一条　支那国以外ノa締約国ハ左ノ通約定ス
> 　（一）支那ノ　①　，独立並其ノ領土的及行政ノ保全ヲ尊重スルコト
> 　（三）支那ノ領土ヲ通シテ一切ノ国民ノ商業及工業ニ対スル　②　主義ヲ有効ニ樹立

164　第7章　大正・昭和の日本とアジア

維持スル為各尽力スルコト　　　　　　　　　　　　　　（『日本外交文書』）

問1　この史料は1922年に調印されたある条約の条文であるが，その条約とは何か。
問2　下線部aについて，この条約の締約国になっていない国はどれか。次の中から選び，記号で答えよ。
　　ア．フランス　　イ．ロシア　　ウ．イギリス　　エ．オランダ
問3　空欄①に適する語を次の中から選び，記号で答えよ。
　　ア．租借権　　イ．国権　　ウ．主権　　エ．通商
問4　空欄②に適する語を次の中から選び，記号で答えよ。
　　ア．機会均等　　イ．領土保全　　ウ．門戸開放　　エ．主権尊重
問5　この条約に基づき，日本とアメリカ間の取り決めが破棄されることになった。その取り決めとは何か。

3 不戦条約

実戦問題　次の史料を読み，あとの問いに答えよ。

第一条　締約国ハ国際紛争解決ノ為　①　ニ訴フルコトヲ非トシ，且其ノ相互関係ニ於テ国家ノ政策ノ手段トシテノ　①　ヲ抛棄スルコトヲ其ノ各自ノ　②　ノ名ニ於テ厳粛ニ宣言ス
第二条　締約国ハ相互間ニ起ルコトアルヘキ一切ノ紛争又ハ紛議ハ，其ノ性質又ハ起因ノ如何ヲ問ハス平和的手段ニ依ルノ外之カ処理又ハ解決ヲ求メサルコトヲ約ス
（『日本外交年表並主要文書』）

問1　空欄①・②に適する語を入れよ。
問2　この史料はある条約の一部であるが，その条約とは何か。
問3　この条約が調印されたのは西暦何年か。
問4　この条約締結の日本全権となった人物の名前を記せ。
問5　この条約が締結されたときの首相は誰か。
問6　この条文中の「　②　ノ名ニ於テ」の部分について，明治憲法体制下では不適切であるとして批判した政党名を記せ。
問7　この条約が結ばれた年に北伐途上の中国の国民革命軍と日本軍が衝突した事件は何か。

分析・解説

1は大戦後のヴェルサイユ体制にかわって国際政治の主導権を握ろうとしたアメリカが，海軍の軍備縮小と太平洋および極東問題を審議するために開いたワシントン会議において締結されたワシントン海軍軍縮条約である。アメリカの目的は，軍縮協定により米・英・日の建艦競争に終止符をうち，自国の財政負担を軽減すると同時に，東アジアにおける日本の膨張を抑制することにあった。主力艦の保有量比率が問題になっており，日本の主張は対米英7割であったが，それは実現できず海軍の軍拡をめざして計画されていた八・八艦隊の編制は挫折した。

第5節　国際協調外交　　165

また，日本全権加藤友三郎は，この条約とともに太平洋諸島の領土・権益の相互尊重，問題の平和的解決に関するアメリカ・イギリス・フランス・日本の四カ国条約，中国の領土と主権の尊重，中国における各国の経済上の機会均等などを約束した九カ国条約を締結した。問5の国際連盟の発足は1920(大正9)年で，アメリカ大統領ウィルソンの提唱で成立した国際平和機構であるが，アメリカは上院の加盟否決で参加しなかった。なお，日本はこの時イギリス・フランス・イタリアとともに常任理事国となっている。

　2は中国の主権尊重・門戸開放・機会均等を規定した九カ国条約である。問2の正答はイのロシアだが，そのほかの選択肢になっている国以外では，アメリカ・日本・ベルギー・ポルトガル・中国を加えた各国で条約は締結された。また，この時に廃棄された石井・ランシング協定とともに，日本は中国との間で山東懸案解決条約を結び，山東省の旧ドイツ権益を返還している。

　このような国際協調はその後も継続され，それが3のパリで調印された不戦条約につながった。世界初の戦争放棄を宣言した条約として注目したい。しかし，その一方で，田中義一内閣は幣原外交を軟弱とし，対中国への積極外交(強硬外交)を進めた。また，この内閣の時代には，問7のほかに，張作霖爆殺事件があることにも留意したい。

第6節 恐慌と強硬外交

1 金融恐慌

実戦問題 次の史料を読み、あとの問いに答えよ。

　　a現内閣ハb一銀行c一商店ノ救済ニ熱心ナルモ、支那方面ノ我ガ居留民及対支貿易ニ付テハ何等施ス所ナク、唯々我等ノ耳ニ達スルモノハ、其ノ惨憺タル暴状ト、而シテ政府ガ弾圧手段ヲ用イテ、之等ノ報道ヲ新聞紙ニ掲載スルコトヲ禁止シタルコトナリ。之ヲ要スルニ、d今日ノ恐慌ハ現内閣ノ内外ニ対スルe失政ノ結果ナリト云フヲ憚ラズ。一銀行一会社ノ救助ノ為ニ、既ニ二億七千万円、今復タ二億ノ補償義務、合計シテ四億七百万円ノ鉅額ヲ、人民ノ膏血ヨリ出タル国帑ノ負担ニ帰セシメントシ、支那ニ在留スル数万ノ同胞ニ対シテハ殆ド顧ル所ナシ。一般国民ハ之ヲ見テ果シテ如何ナル感慨ヲ生ズベキ乎。刻下到ル処思想ノ悪化シツツアル情勢ニ顧ミ、前途ヲ慮ルトキハ転タ悚然タラザルヲ得ザルナリ。

（『伯爵伊東巳代治』）

問1　下線部aの内閣の首相と蔵相の名前を記せ。
問2　下線部bの銀行名を記せ。
問3　下線部cは第一次大戦後に総合商社に成長した会社だが、それは何か。
問4　下線部dの恐慌を何というか。
問5　下線部eについて、この内閣の外相でその外交を軟弱と非難された人物は誰か。

2 東方会議

実戦問題 次の史料を読み、あとの問いに答えよ。

五、a此間支那ノ政情不安ニ乗ジ、往々ニシテ不逞分子ノ跳梁ニ因リ治安ヲ紊シ、不幸ナル国際事件ヲ惹起スルノ虞アルハ争フヘカラサル所ナリ。帝国政府ハ……支那ニ於ケル帝国ノ権利利益並在留邦人ノ生命財産ニシテ不法ニ侵害セラルル虞アルニ於テハ、b必要ニ応シ断乎トシテ自衛ノ措置ニ出デ之ヲ擁護スルノ外ナシ

六、満蒙殊ニc東三省地方ニ関シテハ、国防上並国民的生存ニ関係上重大ナル利害関係ヲ有スルヲ以テ、我邦トシテ特殊ノ考量ヲ要スルノミナラス、同地方ノ平和維持経済発展ニ依リ内外人安住ノ地タラシムルコトハ、接壌ノ隣邦トシテ特ニ責務ヲ感セサルヲ得ス。……

七、（本項ハ公表セサルコト）若シ夫レ東三省ノ政情安定ニ至テハ、東三省人自身ノ努力ニ待ツヲ以テ最善ノ方策ト思考ス。d三省有力者ニシテ満蒙ニ於ケル我特殊地位ヲ尊重シ、真面目ニ同地方ニ於ケル政情安定ノ方途ヲ講スルニ於テハ、帝国政府ハ適宜之ヲ支持スヘシ

八、万一動乱満蒙ニ波及シ、治安乱レテ同地方ニ於ケル我特殊ノ地位権益ニ対スル侵害起ルノ虞アルニ於テハ、其ノ何レノ方面ヨリ来ルヲ問ハス、之ヲ防護シ、且内外人安住発展ノ地トシテ保持セラルル様、機ヲ逸セス適当ノ措置ニ出ツルノ覚悟アルヲ要ス。

（『日本外交年表竝主要文書』）

問1　この史料は1927年に開催された会議で決定された内容を示すものであるが、その会議とは何か。
問2　この会議で決定された事案を何と称するか。
問3　この会議が開かれた時の首相は誰か。
問4　下線部aについて、この時期に国民革命軍による中国国内を統一する動きがあったが、これを何というか。
問5　下線部bについて、日本がとった軍事行動を何というか。
問6　下線部cについて、当時の東三省として適切な組み合わせを次の中から選び、記号で答えよ。
　　ア．黒竜江・吉林・奉天　　イ．山東・吉林・奉天
　　ウ．広東・河北・奉天　　　エ．黒竜江・山東・奉天
問7　下線部dについて、東三省の有力者で「帝国政府」の支持を得ていた人物は誰か。

分析・解説

　第一次世界大戦後の**戦後恐慌**とそれに続く1923（大正12）年の**関東大震災**により、日本経済は大打撃をうけた。さらに慢性的な不況が長引く中、1927（昭和2）年に議会は決済不能となった手形の処理を図ろうとしたが、その際に一部の銀行の不良な経営状態が表面化し、取付け騒ぎが起こり、銀行の休業が続出する**金融恐慌**が発生した。これに対処する**憲政会**の**若槻礼次郎**内閣は、**鈴木商店**に対して巨額の不良債権を有した**台湾銀行**を緊急勅令によって救済しようとしたが、**枢密院**の了承が得られず、総辞職に追い込まれた。問5に関連し、なぜ、枢密院が否決したのか、伯爵**伊東巳代治**の見解から読みとって欲しい。若槻内閣に代わって成立した立憲政友会の**田中義一**内閣は、枢密院が了承した緊急勅令による**モラトリアム（支払猶予令）**と日本銀行から巨額の救済融資を行い、全国的に広がった金融恐慌を沈静化したのである。

　その帰結として、田中内閣の中国政策では、幣原外交を軟弱外交と批判し一転して積極外交路線がとられた。中国では国内統一を目指して**蔣介石**率いる国民革命軍（北伐軍）による**北伐**が実施されたが、この動きから親日的な満州軍閥**張作霖**を守ろうとした日本は、日本人居留民の保護を名目に1927〜28（昭和2〜3）年にかけて**山東出兵**を行った。また1927年には 2 が示すように中国関係の外交官・軍人らを召集して**東方会議**を開催して『**対支政策綱領**』を決定し、中国での日本権益を実力で守る方針を固めた。なお、1928（昭和3）年の第2次山東出兵では中国国民革命軍と日本軍が武力衝突し、日本軍が済南城を占領する**済南事件**が起こっている。また、一部の関東軍は、北伐軍に圧迫されて満州に敗走する張作霖を奉天郊外で爆殺する事件を企てた。この事件は、関東軍参謀河本大作らの陰謀であったが、当時その真相は隠され**満州某重大事件**とよばれた。他方、これらは中国国民の反日感情をいっそう強めるものとなり、昭和天皇も**張作霖爆殺事件**の田中首相の問題処理をめぐり不満を示し、その結果、内閣は翌年退陣した。

第7節 満州事変とファシズムの展開

1 リットン報告書

演習問題 次の史料を読み，あとの問いに答えよ。

　九月十八日午後十時ヨリ十時三十分ノ間ニa鉄道線路上若ハ其ノ付近ニ於テ爆発アリシハ疑ナキモ，鉄道ニ対スル損傷ハ若シアリタリトスルモ，事実□□□ヨリノ南行列車ノ定刻到著ヲ妨ゲザリシモノニシテ其レノミニテハ軍事行動ヲ正当トスルニ充分ナラズ。同夜ニ於ケル叙上b日本軍ノ軍事行動ハ合法ナル自衛ノ措置ト認ムルコトヲ得ズ。……「政府」及公共事務ニ関シテハ，仮令各部局ノ名義上ノ長官ハ満州在住ノ支那人ナリト雖モ，主タル政治的及行政的権力ハ日本人ノ官吏及顧問ノ掌中ニ在リ。……c吾人ハ「満州国政府」ハ地方ノ支那人ニ依リ日本側ノ手先ト目セラレ，支那側一般ノ支持ナキモノナリトノ結論ニ到達シタリ

（『日本外交文書』）

問1　下線部aについて，この事件を何というか。
問2　また，この事件の際，中国軍隊のしわざとして報復の軍事行動を支持した陸相は誰か。
問3　空欄に適する語を次の中から選び，記号で答えよ。
　　ア．長春　　イ．奉天　　ウ．大連　　エ．北京
問4　下線部bについて，この部隊を何というか。
問5　下線部cはこの事件の調査のため国際連盟から派遣された調査団長を指すが，それは誰か。
問6　この事件をきっかけとする日中の軍事衝突を何というか。
問7　この事件の結果，日本の国際的な立場はどのようになっていったか，説明せよ。

2 国際連盟脱退

実戦問題 次の史料を読み，あとの問いに答えよ。

　a本年二月二十四日臨時総会ノ採択セルb報告書ハ，帝国カ東洋ノ平和ヲ確保セントスル外何等異図ナキノ精神ヲ顧ミサルト同時ニ，事実ノ認定及之ニ基ク論断ニ於テ甚シキ誤謬ニ陥リ，就中九月十八日事件当時及其ノ後ニ於ケル日本軍ノ行動ヲ以テ自衛権ノ発動ニ非スト臆断シ，又c同事件前ノ緊張状態及事件後ニ於ケル事態ノ悪化カ支那側ノ全責任ニ属スルヲ看過シ，為ニ東洋ノ政局ニ新ナル紛糾ノ因ヲ作レル一方，満州国成立ノ真相ヲ無視シ且同国ヲ承認セル帝国ノ立場ヲ否認シ東洋ニ於ケル事態安定ノ基礎ヲ破壊セントスルモノナリ。……茲ニ帝国政府ハ平和維持ノ方策並ニ東洋平和確立ノ根本方針ニ付連盟ト全然其ノ所信ヲ異ニスルコトヲ確認セリ。仍テ帝国政府ハ此ノ上連盟ト協力スルノ余地ナキヲ信シ，連盟規約第一条第三項ニ基キ帝国カd国際連盟ヨリ，脱退スルコトヲ通告スルモノナリ。

（『日本外交文書』）

問1　下線部aの「本年」とは西暦何年のことか。
問2　また，この年にあった出来事を次の中から選び，記号で答えよ。

ア．塘沽停戦協定の締結　　イ．日満議定書の調印
　　ウ．金解禁の実施　　　　　エ．重要産業統制法の公布
問3　下線部bは，国際連盟が派遣したある調査団の報告書である。ここで報告された内容として誤っているものを次の中から1つ選び，記号で答えよ。
　　ア．満州事変は日本の合法的な自衛措置ではない。
　　イ．満州国は自発的な民族独立運動によって建国されたものではない。
　　ウ．日本の経済的権益に中国側も配慮すべきである。
　　エ．鉄道爆破事件は関東軍の横暴に対する中国軍によるものと認められる。
問4　下線部cに該当しない事項を次の中から1つ選び，記号で答えよ。
　　ア．中国の満鉄並行線計画　　イ．西安事件
　　ウ．中村大尉殺害事件　　　　エ．万宝山事件
問5　下線部dが発足したのは西暦何年か。

3 二・二六事件

実戦問題　次の史料を読み，あとの問いに答えよ。

　謹んで惟るに，我が神州たる所以は万世一系たる天皇陛下御統帥の下に，挙国一体生成化育を遂げ，遂に八紘一宇を完うするの国体に存す。此の国体の尊厳秀絶は天祖肇国，神武建国より明治維新を経て益々体制を整へ，今や方に万邦に向って開顕進展を遂ぐべきの秋なり。然るに頃来遂に不逞凶悪の徒簇出して私心我欲を恣にし，……随って外侮外患日を逐うて激化す。所謂a元老・重臣・軍閥・b財閥・官僚・政党等はこの国体破壊の元兇なり。倫敦軍縮条約，並にc教育総監更迭に於ける　①　干犯，至尊兵馬大権の僭窃を図りたる三月事件，或は学匪，共匪，大逆総監等の利害相結んで陰謀至らざるなき等は最も著しき事例にして……中岡，佐郷屋，　②　の先駆捨身，d五・一五事件の憤騰，相沢中佐の閃発となる，蓋に故なきに非ず。……内外真に重大危急，今にして国体破壊の不義不臣を誅戮し，稜威を遮り御維新を阻止し来れる奸賊を芟除するに非ずして宏謨を一空せん。
　　　　　　　　　　　　　　　　　　　　　　　　　　　　　　　　（『現代史資料』）

問1　下線部aについて，この時に元老の立場にあった人物は誰か。
問2　下線部bについて，満州事変以降に成長した新興財閥の中で，日産コンツェルンを結成したのは誰か。
問3　下線部cについて，更迭された人物は誰か。
問4　空欄①に適する語を次の中から選び，記号で答えよ。
　　ア．統帥権　イ．天皇大権　ウ．編制大権　エ．緊急勅令発令権
問5　空欄②に適する語を次の中から選び，記号で答えよ。
　　ア．桜会　イ．皇道派　ウ．血盟団　エ．愛郷塾
問6　下線部dの事件で射殺された首相は誰か。
問7　また，下線部dの事件後に組閣された内閣の首相は誰か。

4 天皇機関説問題

実戦問題　次の史料を読み，あとの問いに答えよ。

去ル二月十九日ノa本会議ニ於キマシテ，菊池男爵其他ノ方カラ，b私ノ著書ノコトニ付キマシテ御発言ガアリマシタニ付キ，茲ニ一言一身上ノ弁明ヲ試ムルノ已ムヲ得ザルニ至リマシタコトハ，私ノ深ク遺憾トスル所デアリマス。……私ノ著書ニ於テ述ベテ居リマスル見解ハ，第一ニハ，天皇ノ統治ノ大権ハ，法律上ノ観念トシテハ権利ト見ルベキモノデハナクテ，権能デアルトナスモノデアリマスルシ，又第二ニ，ソレハ万能無制限ノ権力デハナク，憲法ノ条規ニ依ッテ行ハセラレル権能デアルトナスモノデアリマス。……所謂　①　ト申シマスルノハ，国家ソレ自身ヲ一ツノ生命アリ，ソレ自身ニ目的ヲ有スル恒久的ノ団体，即チ法律学上ノ言葉ヲ以テ申セバ一ツノ　②　ト観念イタシマシテ，天皇ハ此法人タル国家ノ元首タル地位ニ在マシ，国家ヲ代表シテ国家ノ一切ノ権利ヲ総攬シ給ヒ，天皇ガ憲法ニ従ッテ行ハセラレマスル行為ガ，即チ国家ノ行為タル効力ヲ生ズルト云フコトヲ言ヒ現ハスモノデアリマス。

問1　下線部aに関連して，この史料の演説が行われた議院名を答えよ。
問2　下線部bについて，「私」とは誰のことか。
問3　また，ここで問題とされた問2の人物の著書とは何か。
問4　空欄①に適する語を次の中から選び，記号で答えよ。
　　ア．機関説　　イ．神授説　　ウ．人権説　　エ．国民国家論
問5　空欄②に適する語を次の中から選び，記号で答えよ。
　　ア．人間　　イ．制度　　ウ．法人　　エ．体制
問6　こののち，政府はこの演説を行った人物の学説を否認する声明を発したが，それを何と称するか。
問7　1933年には京都帝国大学の刑法学者が，著書『刑法読本』の内容が国家破壊の著作とされ，その職を追われることになったが，それは誰か。

5 国家総動員法

実戦問題 次の史料を読み，あとの問いに答えよ。

第一条　本法ニ於テ　①　トハ戦時ニ際シ国防目的ノ達成ノ為国ノ全力ヲ最モ有効ニ発揮セシムル様，人的及物的資源ヲ統制運用スルヲ謂フ
第四条　政府ハ戦時ニ際シ　①　上必要アルトキハ　②　ノ定ムル所ニ依リ帝国臣民ヲ徴用シテ総動員業務ニ従事セシムルコトヲ得，但シ兵役法ノ適用ヲ妨ゲス　　（『官報』）

問1　空欄①・②に適する語を入れよ。
問2　この史料の法律を公布した時の首相は誰か。
問3　この法律公布の前年に，問2の人物の内閣が戦争遂行のための物資動員計画や経済の中心的機関として設置したものは何か。
問4　この法律に基づき，1939年に国民を強制的に徴発，重要産業に就労させる勅令が出されたが，それを何というか。
問5　この法律の公布と同じ年に実施されたものを次の中から選び，記号で答えよ。
　　ア．臨時資金調整法　　イ．賃金統制令　　ウ．電力管理法　　エ．価格等統制令

第7節　満州事変とファシズムの展開　171

> **分析・解説**

　満州事変の勃発から「満州国」の建国，そして国際連盟脱退へと1930年代前半は，その後の日本がファシズム体制に移行していく決定的な画期となった数年間であった。本節では，その展開を確認していこう。

　張作霖爆殺事件の後，その子張学良は1928（昭和3）年には国民政府と合体し，これにより国民政府は中国の統一をいちおう完成させた。満州全土には国民党の青天白日旗がかかげられ，これを機に中国国内では満鉄包囲線計画（満鉄並行線）などの国権回復運動が展開した。一方，日本では1931（昭和6）年4月に統帥権干犯問題で浜口雄幸首相が右翼に狙撃されて負傷したため内閣は総辞職し，次に成立した第2次若槻礼次郎内閣が協調外交の姿勢をとったため，陸軍とくに関東軍は「満蒙の危機」を訴えた。そして『世界最終戦論』を唱えた関東軍参謀石原莞爾はその中心人物の一人で，将来に備えた満州経営を主張した。その石原が中心となって引き起こした事件が1931年9月18日の柳条湖事件である。当時の関東軍は，事件を中国軍のしわざとして軍事行動開始の口実としたのであった。なお石原については『満蒙問題私見』の著書もあり，これが史料問題として利用されることもある。

　このようにして勃発したのが満州事変で，若槻内閣は不拡大方針を声明するも，関東軍は声明を無視して占領地を拡大させ，これを収拾できず内閣は総辞職し，同年12月に立憲政友会総裁の犬養毅が組閣した。関東軍はさらに翌年までに満州主要地域を占領し，3月には宣統帝溥儀を執政として，「満州国」の建国を宣言させたのであった。

　この一連の日本の行動がアメリカを中心とする各国の反発を招き，中国政府は国際連盟に提訴した。その事実調査のためにリットン調査団が現地および関係国に派遣され，その際に国際連盟に**1**の報告書が提出されたのである。そして**2**は柳条湖事件・満州国建国の正当性を主張する日本に対し，国際連盟ではそれを否定する対日勧告案が採択され，日本はこれを不服として国際連盟脱退を通告したという内容に関するもので，規約に従いその2年後の1935（昭和10）年に正式に発効された。設問にはないが，この時の日本の代表についてもよく出題されるので松岡洋右の名前は覚えておくこと。松岡はまた第2次近衛内閣の外相として日独伊三国同盟を締結，1941（昭和16）年には日ソ中立条約の締結にも関わり，この時期の外交の重要局面に登場するので注意しておこう。

　日本はこうして**1**の問7のように英米との協調路線を捨て，国際的孤立化の道を進むことになった。国内ではファシズムが進展したが，**3**・**4**はこの時期の国内の政局に関するもの。**5**は戦時体制を推進するための基本法令だが，問3の企画院は第1次近衛内閣が1937（昭和12）年にそれまでの企画庁と資源局を合併して設立したもので，戦争遂行のための物資動員計画や統制経済確立を担った。ここに集められた官僚たちを革新官僚とよんでいる。

第8節 太平洋戦争

1 宣戦の詔書

実戦問題 次の史料を読み，あとの問いに答えよ。

　天佑ヲ保有シ万世一系ノ皇祚ヲ践メル大日本帝国天皇ハ、昭ニ忠誠勇武ナル汝有衆ニ示ス。
　朕茲ニ米国及英国ニ対シテ戦ヲ宣ス。朕カ陸海将兵ハ全力ヲ奮テ交戦ニ従事シ、朕カ百僚有司ハ励精職務ヲ奉行シ、朕カ衆庶ハ各々其ノ本分ヲ尽シ、億兆一心国家ノ総力ヲ挙ケテ征戦ノ目的ヲ達成スルニ遺算ナカラムコトヲ期セヨ。
　……□①□政府曩ニ帝国ノ真意ヲ解セス、濫ニ事ヲ構ヘテ東亜ノ平和ヲ攪乱シ、a遂ニ帝国ヲシテ干戈ヲ執ルニ至ラシメ、茲ニ四年有余ヲ経タリ。幸ニb国民政府更新スルアリ、帝国ハ之ト善隣ノ誼ヲ結ヒ、相提携スルニ至レルモ、□②□ニ残存スル政権ハ、米英ノ庇蔭ヲ恃ミテ兄弟尚未タ牆ニ相閲クヲ悛メス、米英両国ハ残存政権ヲ支援シテ東亜ノ禍乱ヲ助長シ、平和ノ美名ニ匿レテ東洋制覇ノ非望ヲ逞ウセムトス。剰ヘc与国ヲ誘ヒ帝国ノ周辺ニ於テ武備ヲ増強シテ我ニ挑戦シ、更ニ帝国ノ平和ノ通商ニ有ラユル妨害ヲ与ヘ、遂ニ経済断行ヲ敢テシ、帝国ノ生存ニ重大ナル脅威ヲ加フ。……斯ノ如クニシテ推移セムカ、東亜安定ニ関スル帝国積年ノ努力ハ悉ク水泡ニ帰シ、帝国ノ存立亦正ニ危殆ニ瀕セリ。事既ニ此ニ至ル、帝国ハ今ヤ自存自衛ノ為蹶然起ッテ一切ノ障礙ヲ破砕スルノ外ナキナリ。
（『日本外交年表並主要文書』）

問1 これは「宣戦の詔書」とよばれる文書だが，いつ出されたものか。その西暦年月日を答えよ。

問2 空欄①・②に適する語を入れよ。

問3 下線部aに関連して述べた文として，誤っているものを次の中から選び，記号で答えよ。
　ア．1937年7月7日に起こった盧溝橋事件をきっかけに日中戦争が始まった。
　イ．1937年8月には上海にも戦火が広まり第2次上海事変となった。
　ウ．1937年9月には第2次国共合作により抗日民族統一戦線が成立した。
　エ．1938年1月には東条英機首相が「国民政府を対手とせず」と声明した。

問4 下線部bについて，この政権の中心人物は誰か。次の中から選び，記号で答えよ。
　ア．袁世凱　　イ．汪兆銘　　ウ．張作霖　　エ．蔣介石

問5 下線部cの「与国」はどこの国を指すか。次の中から選び，記号で答えよ。
　ア．中国　　イ．オランダ　　ウ．イタリア　　エ．ドイツ

2 終戦処理の構想

実戦問題 次の史料Ⅰ・Ⅱを読み，あとの問いに答えよ。

　Ⅰ　a三大同盟国ハ日本国ノ侵略ヲ制止シ且之ヲ罰スル為今次ノ戦争ヲ為シツツアルモノナリ。右同盟国ハ自国ノ為ニ何等ノ利得ヲモ欲求スルモノニ非ス。又領土拡張ノ何

第8節　太平洋戦争　173

等ノ念ヲモ有スルモノニ非ス
　右同盟国ノ目的ハ、日本国ヨリ千九百十四年ノb第一次世界大戦ノ開始以後ニ於テ日本国カ奪取シ又ハ占領シタル太平洋ニ於ケル一切ノ島嶼ヲ剥奪スルコト、並ニ満州、台湾及澎湖島ノ如キ日本国カ清国人ヨリ盗取シタル一切ノ地域ヲc中華民国ニ返還スルコトニ在リ
　日本国ハ又暴力及貪欲ニ依リ日本国ノ略取シタル他ノ一切ノ地域ヨリ駆逐セラルヘシ
　前記三大国ハd朝鮮ノ人民ノ奴隷状態ニ留意シ、軈テ朝鮮ヲ自由且独立ノモノタラシムルノ決意ヲ有ス
　右ノ目的ヲ以テ右三同盟国ハ同盟諸国中日本国ト交戦中ナル諸国ト協調シ、日本国ノ無条件降伏ヲ齎スニ必要ナル重大且長期ノ行動ヲ続行スヘシ
（『日本外交年表竝主要文書』）

Ⅱ　三大国即チ「ソヴィエト」連邦、「アメリカ」合衆国及英国ノ指揮者ハ「ドイツ」国カ降伏シ且「ヨーロッパ」ニ於ケル戦争カ終結シタル後二月又ハ三月ヲ経テ「ソヴィエト」連邦カ左ノ条件ニ依リ連合国ニ与シテ日本ニ対スル戦争ニ参加スヘキコトヲ協定セリ
　一、外蒙古（蒙古人民共和国）ノ現状ハ維持セラルヘシ
　二、e千九百四年ノ日本国ノ背信的攻撃ニ依リ侵害セラレタル「ロシア」国ノ旧権利ハ左ノ如ク回復セラルヘシ……
　三、①ハ「ソヴィエト」連邦ニ引渡サルヘシ……
　三大国ノ首班ハ「ソヴィエト」連邦ノ右要求カ日本国ノ敗北シタル後ニ於テ確実ニ満足セシメラルヘキコトヲ協定セリ
　「ソヴィエト」連邦ハ中華民国ヲ日本国ノ羈絆ヨリ解放スル目的ヲ以テ自己ノ軍隊ニ依リ之ニ援助ヲ与フル為「ソヴィエト」社会主義共和国連邦中華民国間友好同盟条約ヲ中華民国②ト締結スル用意アルコトヲ表明ス
（『日本外交年表竝主要文書』）

問1　下線部aの「三大同盟国」をすべて答えよ。
問2　下線部bについて、この大戦に参戦した時の内閣総理大臣は誰か。
問3　下線部cについて、この国の代表は誰か。
問4　下線部dについて、これは韓国併合により朝鮮が日本の植民地であったことを意味するが、韓国併合条約が締結されたのは西暦何年か。
問5　下線部eについて、これは何を示すものか。
問6　空欄①に適する語を次の中から選び、記号で答えよ。
　　ア．千島列島　イ．南樺太　ウ．遼東半島　エ．東部内蒙古
問7　空欄②に適する語を次の中から選び、記号で答えよ。
　　ア．暫定政府　イ．主席　ウ．総統　エ．国民政府
問8　史料Ⅰの宣言と史料Ⅱの協定の名称をそれぞれ答えよ。
問9　史料Ⅰ・Ⅱの間にあった出来事として正しいものを次の中から選び、記号で答えよ。
　　ア．ミッドウェー海戦　イ．翼賛選挙
　　ウ．日ソ中立条約締結　エ．サイパン陥落

3 ポツダム宣言

実戦問題 次の史料を読み，あとの問いに答えよ。

五，吾等ノ条件ハ左ノ如シ
吾等ハ右条件ヨリ離脱スルコトナカルヘシ。右ニ代ル条件存在セス。吾等ハ遅延ヲ認ムルヲ得ス

六，吾等ハ無責任ナル ① カ世界ヨリ駆逐セラルルニ至ル迄ハ，平和，安全及正義ノ新秩序カ生シ得サルコトヲ主張スルモノナルヲ以テ，日本国国民ヲ欺瞞シ之ヲシテ世界征服ノ挙ニ出ツルノ過誤ヲ犯サシメタル者ノ権力及勢力ハ，永久ニ除去セラレサルヘカラス

七，右ノ如キ新秩序カ建設セラレ，且日本国ノ戦争遂行能力カ破砕セラレタルコトノ確証アルニ至ルマテハ，a 連合国ノ指定スヘキ日本国領域内ノ諸地点ハ，吾等ノ茲ニ指定スル基本的目的ノ達成ヲ確保スルタメ占領セラルヘシ

八，「 ② 」宣言ノ条項ハ履行セラルヘク，又日本国ノ主権ハ本州，北海道，九州及四国並ニ吾等ノ決定スル諸小島ニ局限セラルヘシ

九，日本国軍隊ハ完全ニ武装ヲ解除セラレタル後，各自ノ家庭ニ復帰シ平和且生産的ノ生活ヲ営ムノ機会ヲ得シメラルヘシ

十，吾等ハ日本人ヲ民族トシテ奴隷化セントシ，又ハ国民トシテ滅亡セシメントスルノ意図ヲ有スルモノニ非サルモ，b 吾等ノ俘虜ヲ虐待セル者ヲ含ム一切ノ戦争犯罪人ニ対シテハ，厳重ナル処罰ヲ加ヘラルヘシ。日本国政府ハ日本国国民ノ間ニ於ケル民主主義的傾向ノ復活強化ニ対スル一切ノ障礙ヲ除去スヘシ。言論，宗教及思想ノ自由並ニ ③ ノ尊重ハ確立セラルヘシ

十一，日本国ハ其ノ経済ヲ支持シ且公正ナル実物賠償ヲ取立ヲ可能ナラシムルカ如キ産業ヲ維持スルコトヲ許サルヘシ。但シ日本国ヲシテ戦争ノ為 c 再軍備ヲ為スコトヲ得シムルカ如キ産業ハ此ノ限ニ在ラス。右目的ノ為原料ノ入手（其ノ支配トハ之ヲ区別ス）ヲ許可サルヘシ。日本国ハ将来世界貿易関係ヘノ参加ヲ許サルヘシ

十二，前記諸目的カ達成セラレ，且日本国国民ノ自由ニ表明セル意志ニ従ヒ，d 平和的傾向ヲ有シ且責任アル政府カ樹立セラルルニ於テハ連合国ノ占領軍ハ直ニ日本国ヨリ撤収セラルヘシ

十三，吾等ハ日本国政府カ直ニ全日本国軍隊ノ ④ ヲ宣言シ，且右行動ニ於ケル同政府ノ誠意ニ付適当且充分ナル保障ヲ提供センコトヲ同政府ニ対シ要求ス。右以外ノ日本国ノ選択ハ迅速且完全ナル壊滅アルノミトス　　（『日本外交年表並主要文書』）

問1　空欄①に適する語を次の中から選び，記号で答えよ。
　　ア．帝国主義　イ．軍国主義　ウ．社会主義　エ．資本主義
問2　下線部aに関連して設けられたGHQの最高司令官となったのは誰か。
問3　空欄②に適する語を次の中から選び，記号で答えよ。
　　ア．カイロ　イ．ヤルタ　ウ．ジュネーブ　エ．サンフランシスコ
問4　下線部bについて，28名のA級戦犯が裁かれた裁判を何というか。
問5　空欄③に適する語を次の中から選び，記号で答えよ。
　　ア．生存権　イ．基本的人権　ウ．平和主義　エ．参政権

第8節　太平洋戦争　175

問6　下線部cに関連して，1948年に日本に対して「新たな全体主義的戦争の脅威に対する妨害物の役目」を期待するとし，占領政策の転換を促す演説を行ったアメリカ陸軍長官は誰か。

問7　下線部dに関連して，1952年に締結された日本が独立国としての主権を回復した条約名を答えよ。

問8　空欄④に適する語を次の中から選び，記号で答えよ。
　　ア．解体　　イ．非武装　　ウ．無条件降伏　　エ．永世中立

問9　この史料は1945年7月26日に米・英・中3国による共同宣言として出されたものであるが，何とよばれる宣言か。

問10　この史料を出すにあたり，アメリカ・イギリス・ソ連の3首脳が会談したが，それぞれの名を答えよ。

分析・解説

　ここでは太平洋戦争での日本の敗戦までの経緯は省略するが，日本は真珠湾攻撃に始まる初期作戦に成功したが，1942（昭和17）年6月のミッドウェー海戦での日本連合艦隊の壊滅的大打撃以降，不利な戦局に転じていったことのみ確認しておく。そのほかの詳細は教科書などで内容を把握しておこう。

　さて，2で引用されている史料は1943（昭和18）年以降の戦争終結に向けての重要史料で，Ⅰが1943年11月のカイロ宣言，Ⅱが1945（昭和20）年2月のヤルタ協定である。カイロ宣言では日本の敗戦後の領土が規定されていることに注目しよう。また，史料文中には，日本が「暴力及貪欲ニ依リ日本国ノ略取シタル他ノ一切ノ地域」と記されているが，それは具体的にどこを指しているのかを確認し，朝鮮の自由・独立について言及していることに注目しておきたい。また，ヤルタ協定では，アメリカ・イギリス・ソ連の3国の首脳会談がドイツ問題を話し合い，秘密協定としてドイツ降伏後2～3カ月を経てソ連の対日参戦，ソ連への南樺太の返還と千島列島の譲渡が約束されている。設問はいずれも標準的なものだが，会談に参加した各国首脳を問う場合も多いので，確認しておく必要があるだろう。

　また3は，1945年7月のベルリン郊外ポツダムでの会談を機に決定された日本の戦後処理方針と日本軍隊の無条件降伏を勧告するポツダム宣言である。トルーマン・チャーチル（のちアトリー）・スターリンが会談した。ソ連はこの段階では対日戦に参加していなかったので，内容を蔣介石に通告したうえ，米・英・中3国の名で発表している。

　その後，日本政府はこれへの対応に苦渋したが，その間，アメリカは8月6日に広島，9日には長崎に原子爆弾を投下し，また8月8日にソ連が対日宣戦を通告，日ソ中立条約を破棄し，翌9日よりソ連極東軍がソ満国境を越えて侵攻した。これにより政府と軍首脳部は，御前会議において昭和天皇の裁断によりポツダム宣言の受諾を決定し，政府は14日これを連合国側に通告した。8月15日，天皇のラジオ放送で戦闘は停止され，9月2日東京湾内のアメリカ軍艦ミズーリ号上で日本政府代表重光葵外相と軍部代表梅津美治郎が日本全権として降伏文書に調印し，4年にわたる太平洋戦争は終結したのである。

第8章 戦後の世界と日本
第1節 占領期の政治

1 五大改革指令

演習問題 次の史料を読み，あとの問いに答えよ。

一，　①　付与による日本婦人の解放―政治体の一員たることに依り，日本婦人は家庭の福祉に直接役立つが如き政府に関する新しき観念を齎すべし。
二，a労働組合の結成奨励―右は労働者を搾取と酷使より保護し，その生活水準を向上せしむるために有力なる発言を許容するが如き権威を労働組合に賦与せんが為なり。又現在行はれ居る幼年労働の弊害を矯正するに必要なる措置を講ずべきこと。
三，bより自由なる教育を行ふ為の諸学校の開設―国民が事実に基く知識によりその将来の進歩を形作り，政府が国民の主人たるよりは寧ろ公僕たるが如き制度を理解することに依り利益を受くる為なり。
四，秘密検察及びその濫用に依りc国民を不断の恐怖に曝し来りたるが如き諸制度の廃止―即ち右に代り人民を圧制的専断的且不正なる手段より保護し得るが如き司法制度を確立すべきこと。
五，所得並に生産及商業上の諸手段の所有の普遍的分配を齎すが如き方法の発達に依り，独占的産業支配が改善せらるゝやう日本の経済機構を　②　化すること。

問1　これは何とよばれる史料か。
問2　これを受け取った当時の首相は誰か。
問3　空欄①に適する語を入れよ。
問4　下線部aに関連して述べた文として，誤っているものを次の中から1つ選び，記号で答えよ。
　　ア．1897年には高野房太郎らによって職工義友会が結成された。
　　イ．1912年には鈴木文治らによって友愛会が結成された。
　　ウ．1920年には第1回メーデーが実施された。
　　エ．1940年に大日本産業報国会が結成され，労働組合の存続は認められた。
問5　下線部bに関連して述べた文として，誤っているものを次の中から1つ選び，記号で答えよ。
　　ア．戦後の一時期には，修身・日本歴史・地理の授業が停止された。
　　イ．1946年に文部省は『くにのあゆみ』の発行を停止した。
　　ウ．1947年に教育基本法と学校教育法が公布された。
　　エ．1948年に発足した教育委員会の委員は，1956年から任命制となった。
問6　下線部cについて，ここで指摘されている「諸制度の廃止」とはどのような内容を指すか，簡単に説明せよ。
問7　空欄②に適する語を漢字4文字で答えよ。

2 日本国憲法

実戦問題 次の文章は日本国憲法の前文である。これを読み，あとの問いに答えよ。

日本国民は，正当に選挙された a 国会における代表者を通じて行動し，われらとわれらの子孫のために，諸国民との協和による成果と，わが国全土にわたって自由のもたらす恵沢を確保し，政府の行為によって再び戦争の惨禍が起ることのないやうにすることを決意し，ここに ① が国民に存することを宣言し，この憲法を確定する。そもそも国政は，国民の厳粛な信託によるものであって，その権威は国民に由来し，その権力は国民の代表者がこれを行使し，その福利は国民がこれを享受する。これは人類普遍の原理であり，この憲法は，かかる原理に基くものである。われらは，これに反する一切の憲法，法令及び ② を排除する。
　日本国民は，恒久の ③ を念願し，人間相互の関係を支配する崇高な理想を深く自覚するのであって， ③ を愛する諸国民の公正と信義に信頼して，われらの安全と生存を保持しようと決意した。われらは ③ を維持し，専制と隷従，圧迫と偏狭を地上から永遠に除去しようと努めてゐる b 国際社会において，名誉ある地位を占めたいと思ふ。……
(『官報』)

問1　この憲法が公布された西暦年月日を答えよ。
問2　下線部 a について，この憲法では国会は衆議院と参議院で構成されるが，大日本帝国憲法下において衆議院と並び国会を構成した議院を何というか。
問3　空欄①に適する語を次の中から選び，記号で答えよ。
　　ア．基本的人権　イ．生存権　ウ．主権　エ．統治権
問4　空欄②に適する語を次の中から選び，記号で答えよ。
　　ア．詔勅　イ．指令　ウ．条例　エ．省令
問5　空欄③に適する語を入れよ。
問6　下線部 b に関連して，1992年に成立し，自衛隊の海外派遣を可能にした法律の名称を答えよ。

3 教育の民主化

実戦問題 次の史料を読み，あとの問いに答えよ。

　われらは，さきに，a 日本国憲法を確定し，民主的で ① な国家を建設して，世界の平和と人類の福祉に貢献しようとする決意を示した。この理想の実現は，根本において教育の力にまつべきものである。……
第三条（教育の機会均等）　すべて国民は，ひとしく，その能力に応ずる教育を受ける機会を与えられなければならないものであって，人種，信条，性別，社会的身分，経済的地位又は ② によって，教育上差別されない。
　国及び地方公共団体は，能力があるにもかかわらず，経済的理由によって修学困難な者に対して，奨学の方法を講じなければならない。
第八条（政治教育）　良識ある ③ たるに必要な政治的教養は，教育上これを尊重しなければならない。
　法律に定める学校は，特定の政党を支持し，又これに反対するための政治教育その他政治的活動をしてはならない。

第一〇条(教育行政)　b教育は，不当な支配に服することなく，国民全体に対し直接に責任を負って行われるべきものである。
　　　　　　　　　　　　　　　　　　　　　　　　　　　　　　　　　　　　　　（『官報』）

問1　下線部aについて，1945年10月にGHQの指示により憲法問題調査委員会が設置されたが，その委員長として「憲法改正要綱」の作成にあたったのは誰か。
問2　空欄①に適する語を次の中から選び，記号で答えよ。
　　ア．教育的　　イ．愛国的　　ウ．自主的　　エ．文化的
問3　空欄②に適する語を次の中から選び，記号で答えよ。
　　ア．国籍　　イ．門地　　ウ．学力　　エ．文化的慣習
問4　空欄③に適する語を次の中から選び，記号で答えよ。
　　ア．公民　　イ．国民　　ウ．市民　　エ．日本人
問5　下線部bについて，教育行政の地方分権化を図り，学校設置や人事，教科書採択権限などを有する機関は何か。
問6　この史料は何とよばれる法律か。

> **分析・解説**

　連合国の日本占領政策は，ポツダム宣言に基づいて進められた。連合国軍は日本本土に直接軍政をしかず，マッカーサーを最高司令官とする連合国軍最高司令官総司令部（GHQ）の指令・勧告により日本政府が政治を行う間接統治の方法をとった。占領政策決定の最高機関はワシントンの極東委員会で，最高司令官の諮問機関として東京に対日理事会が設置されたが，実質的にはアメリカ政府主導による占領政策であった。1は，GHQがかつての協調外交で米英によく知られた幣原喜重郎首相に対して示した婦人の解放，労働組合の結成，教育の自由主義化，圧政的諸制度の撤廃，経済の民主化を骨子とする五大改革指令である。この指令は幣原首相がマッカーサーを訪問した際に示唆されたもので，これ以降翌年にかけて，非軍事化・民主化による日本社会の改革が推進された。終戦前後の内閣の推移では，降伏とともに鈴木貫太郎内閣が総辞職し，続いて皇族で元軍人東久邇宮稔彦が組閣し戦後の事態収束を図ったが，治安維持法や特高警察・内務省の廃止などのGHQの政策に適応できず1945（昭和20）年10月初めに総辞職し，それにかわり幣原内閣が成立した流れをおさえておこう。
　そして民主化のための具体的政策では，1946（昭和21）年1月には昭和天皇が自ら「現人神」としての神格を否定したいわゆる人間宣言（新日本建設に関する詔書）なども史料問題として出題の可能性が高いだろう。また，これらとともに経済の民主化として推進された財閥解体や独占禁止法・過度経済力集中排除法の制定，農地改革も重要である。
　さらに教育の民主化では，2の教育基本法が制定された。GHQは，1945年の10月に軍国主義的な教員の追放（教職追放）と，教科書の不適当な記述の削除（「墨塗り」）を指示し，続いて修身・日本歴史・地理の授業が一時禁止された。また1946年8月に来日したアメリカ教育使節団の勧告により教育刷新委員会が設けられ，その建議により教育基本法が制定された。これに伴い教育勅語の失効が国会で決議され，教育の機会均等や男女共学の原則が立てられ，義務教育は6年から9年に延長された。また都道府県・市町村に公選による教育委員会が設けられ，教育行政の地方分権化が進められた。

このほか，労働三法（労働組合法・労働関係調整法・労働基準法）なども戦後の民主化政策の一環として確認しておく必要がある。

五大改革指令と日本の民主化

五大改革指令(1945.10)

①女性参政権の付与
衆議院議員選挙法を改正し，女性に参政権(1945.12)

②労働組合の結成奨励
労働三法制定(1945.12～47.4)
- 労働組合法(1945.12)
- 労働関係調整法(1946.9)
- 労働基準法(1947.4)

③教育の自由主義的改革
教育三法制定(1947.3～48.7)
- 教育基本法(1947.3)
- 学校教育法(1947.3)
- 教育委員会法(1948.7)

④秘密警察などの廃止
政治犯釈放・治安維持法・特別高等警察廃止(1945.10)

⑤経済機構の民主化
財閥の解体(1945.11～51.7)
農地改革(1946.10～50.7)

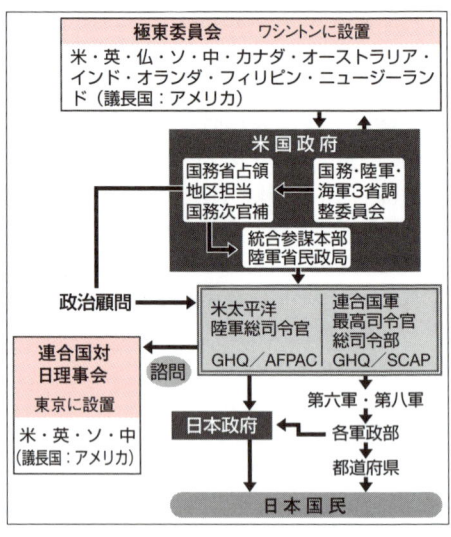

日本管理の命令系統

極東委員会　ワシントンに設置
米・英・仏・ソ・中・カナダ・オーストラリア・インド・オランダ・フィリピン・ニュージーランド（議長国：アメリカ）

米国政府
- 国務省占領地区担当国務次官補
- 国務・陸軍・海軍3省調整委員会
- 統合参謀本部陸軍省民政局

政治顧問

連合国対日理事会
東京に設置
米・英・ソ・中
（議長国：アメリカ）

諮問

米太平洋陸軍総司令官 GHQ／AFPAC

連合国軍最高司令官総司令部 GHQ／SCAP

第六軍・第八軍
各軍政部
都道府県

日本政府

日本国民

180　第8章　戦後の世界と日本

第2節 冷戦の開始と講和

1 サンフランシスコ平和条約

演習問題 次の史料を読み，あとの問いに答えよ。

第二条(a) 日本国は，□①□の独立を承認して，済州島，巨文島及び欝陵島を含む□①□に対するすべての権利，権原及び請求権を放棄する。
(b) 日本国は，□②□及び澎湖諸島に対するすべての権利，権原及び請求権を放棄する。
(c) 日本国は，□③□並びに日本国が千九百五年九月五日のポーツマス条約の結果として主権を獲得した□④□の一部及びこれに近接する諸島に対するすべての権利，権原及び請求権を放棄する。
(『日本外交主要文書・年表』)

問1 この史料は1951年に調印された条約の一部だが，この条約名を答えよ。
問2 この条約調印にあたり，日本全権となった人物は誰か。
問3 空欄①～④に適する語を次の中から選び，それぞれ記号で答えよ。
　ア．遼東半島　イ．沖縄　ウ．択捉島　エ．樺太　オ．千島列島
　カ．朝鮮　キ．香港　ク．山東半島　ケ．沿海州　コ．台湾
問4 アメリカはこの条約調印を急いだといわれているが，その理由を述べよ。

補充問題
問1 この条約調印の会議に招かれなかった国はどこか。次の中から選び，記号で答えよ。
　ア．中国　イ．ソ連　ウ．インド　エ．ポーランド
問2 この条約調印に際して，日本国内ではどのような議論が起こったか，60字程度で説明せよ。

2 日米安全保障条約

演習問題 次の史料を読み，あとの問いに答えよ。

第一条　平和条約及びこの条約の効力発生と同時に，アメリカ合衆国の陸軍，空軍及び海軍を日本国内及びその付近に配備する権利を，日本国は許与し，アメリカ合衆国はこれを受諾する。この軍隊は，□①□における国際の平和と安全の維持に寄与し，並びに，一又は二以上の外部の国による教唆又は干渉によって引き起された日本国における大規模の内乱及び騒じょうを鎮圧するため，日本国政府の明示の要請に応じて与えられる援助を含めて，外部からの武力攻撃に対する日本国の安全に寄与するために使用することができる。
第二条　第一条に掲げる権利が行使される間は，日本国は，アメリカ合衆国の事前の同意なくして，基地，基地における若しくは基地に関する権利，権力若しくは権能，駐兵若しくは演習の権利又は陸軍，空軍若しくは海軍の通過の権利を□②□に許与しない。
第三条　アメリカ合衆国の軍隊の日本国内及びその付近における配備を規律する条件は，

両政府間の ③ で決定する。　　　　　　　　　　　　（『日本外交主要文書・年表』）

問1　この史料はある条約の一部であるが，その条約名を答えよ。
問2　この時の首相で条約締結の首席全権であった人物の名前を記せ。
問3　空欄①に適する語を次の中から選び，記号で答えよ。
　　　ア．極東　　イ．世界　　ウ．日本　　エ．中国・朝鮮
問4　空欄②に適する語を次の中から選び，記号で答えよ。
　　　ア．社会主義国　　イ．第三国　　ウ．非同盟国　　エ．国際連合
問5　空欄③に適する語を次の中から選び，記号で答えよ。
　　　ア．地位協定　　イ．共同宣言　　ウ．行政協定　　エ．基本条約
問6　この条約には不備な点があるといわれているが，それはどのような点か，簡単に説明せよ。

補充問題
問1　1952年にこれまでの警察予備隊を改編して発足した組織は何か。
問2　1954年に日本は防衛力を増強することを条件にアメリカの武器援助や経済援助をうける協定を結んだが，これを何というか。
問3　問2の協定に伴い発足した日本の防衛組織は何か。

3 日ソ共同宣言

実戦問題　次の史料は日本とある国との共同宣言である。これを読み，あとの問いに答えよ。

四，① 社会主義共和国連邦は，② への加入に関する日本国の申請を支持するものとする。
九，日本国及び ① 社会主義共和国連邦は，両国間に正常な外交関係が回復された後，a 平和条約の締結に関する交渉を継続することに同意する。　　　（『日本外交主要文書・年表』）

問1　空欄①・②に適する語を入れよ。
問2　この共同宣言は何とよばれるものか。また，締結されたのは西暦何年か。
問3　この共同宣言が出されたときの日本の首相は誰か。
問4　下線部aについて，この締結後に空欄①の国が日本への返還を約束した島嶼の組み合わせを次の中から選び，記号で答えよ。
　　　ア．国後島・択捉島　　イ．歯舞群島・色丹島
　　　ウ．択捉島・ウルップ島　　エ．国後島・色丹島

分析・解説

　1948（昭和23）年1月にサンフランシスコで行われた米陸軍**ロイヤル**長官による日本を全体主義の防壁へとの演説に代表されるように，米・ソの冷戦や中国革命は，対日占領政策を反共自立へと大きく転換させた。これにより日本の再軍備と講和が進められ，9月には **1** の**サンフランシスコ平和条約**が調印されて日本は独立を回復し，同時に **2** の**日米安全保障条約**の調印で日本は西側陣営の一員となった。

182　第8章　戦後の世界と日本

1の補充問題で問われているように，講和に際して日本国内では，安倍能成や大内兵衛，矢内原忠雄らの学者や日本社会党，日本共産党が中心となって運動した，ソ連・中国を含めたすべての交戦国と講和条約を結ぶべきであるという全面講和の主張（全面講和論）に対して，政府や保守党からは，米・ソの妥協なしでは一部の国との平和条約締結もやむなし，とする単独（片面）講和論の主張が激しく対立したことも理解しておきたい。すなわち，単独講和をとったことが，日本が西側陣営の一員になったといわれる所以なのである。また，講和会議については，参加を招請されなかった国，招請されたが参加しなかった国，参加したが条約に調印しなかった国をそれぞれ分けて正確におさえておかねばならない。

　そして，このような状況の中で，サンフランシスコ平和条約に調印しなかったソ連との関係は，アメリカ一辺倒の吉田茂内閣から日ソ国交正常化を主張する鳩山一郎内閣にかわり，1956（昭和31）年に**3**の日ソ共同宣言が調印され国交の回復が実現したのである。

　なお，ここには取り上げなかったが，これ以降の，1972（昭和47）年の日中共同声明や1978（昭和53）年の日中平和友好条約などは，戦後史の史料問題としては出題の可能性が高いので，留意しておきたい。

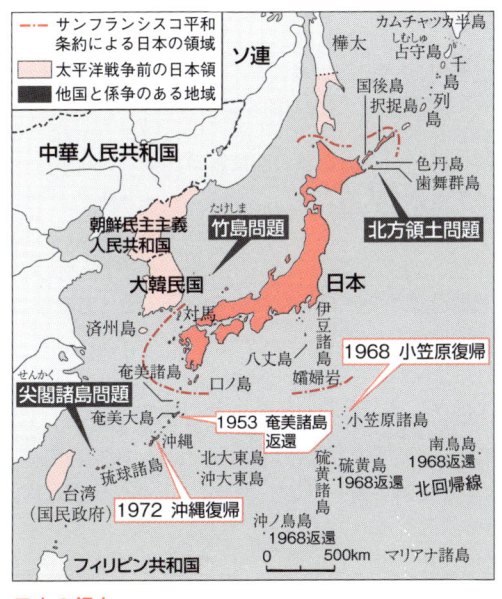

日本の領土

第2節　冷戦の開始と講和　　183

第3節 日本の経済大国化と新しい国際関係

1 国民所得倍増計画

演習問題 次の史料を読み，あとの問いに答えよ。

(1) 計画の目的
　国民　①　計画は，速やかに　②　を倍増して，雇用の増大による完全雇用の達成をはかり，国民の生活水準を大幅に引き上げることを目的とするものでなければならない。この場合とくに農業と非農業間，大企業と中小企業間，地域相互間ならびに所得階層間に存在する生活上および所得上の格差の是正につとめ，もって国民経済と国民生活の均衡ある発展を期さなければならない。

(2) 計画の目標
　国民　①　計画は，今後十年以内に　②　二六兆円(三十三年度価格)に到達することを目標とするが，これを達成するため，計画の前半期において，技術革新の急速な進展，豊富な労働力の存在など成長を支える極めて強い要因の存在にかんがみ，適切な政策の運営と国民各位の協力により計画当初三ヵ年について三十五年度一三兆六〇〇〇億円(三十三年度価格一三兆円)から年平均九％の　③　を達成し，昭和三十八年度に一七兆六〇〇〇億円(三十五年度価格)の実現を期する。

問1　この史料の計画を掲げた内閣総理大臣は誰か。
問2　空欄①〜③に適する語を入れよ。
問3　この計画が決定された時に進行中であった，長期の景気拡大傾向を何と称しているか。
問4　この時の内閣が経済政策を重視した理由を簡単に述べよ。

2 日韓基本条約

実戦問題 次の史料を読み，あとの問いに答えよ。

第一条　両締約国間に外交及び領事関係が開設される。両締約国は，大使の資格を有する外交使節を遅滞なく交換するものとする。また，両締約国は両国政府により合意される場所に領事館を設置する。
第二条　a千九百十年八月二十二日以前に大日本帝国と大韓帝国との間で締結されたすべての条約及び協定は，もはや無効であることが確認される。
第三条　大韓民国政府は，　①　総会決議第一九五号(Ⅲ)に明らかに示されているとおりの朝鮮にある唯一の　②　な政府であることが確認される。
　　　　　　　　　　　　　　　　　　　　　　　　　　　　　　(『日本外交主要文書・年表』)

問1　この史料はある条約の一部であるが，その条約とは何か。
問2　この条約が交わされた時の日本の首相と韓国の大統領の名前を記せ。
問3　下線部aに関連して，1910年に結ばれた条約とは何か。
問4　空欄①・②に適する語を入れよ。
問5　この条約締結以降の出来事を次の中から選び，記号で答えよ。

184　第8章　戦後の世界と日本

ア．警察予備隊の設置　　イ．MSA協定の締結
ウ．沖縄返還協定調印　　エ．朝鮮休戦協定の調印

3 日中共同声明

実戦問題　次の史料を読み，あとの問いに答えよ。

二，日本国政府は，中華人民共和国政府が中国の唯一の　①　であることを承認する。
三，中華人民共和国政府は，　②　が中華人民共和国の領土の不可分の一部であることを重ねて表明する。……
五，中華人民共和国政府は，中日両国国民の友好のために，日本国に対する戦争賠償の請求を放棄することを宣言する。
六，日本国政府及び中華人民共和国政府は，主権及び領土保全の相互尊重，相互不可侵，内政に対する相互不干渉，平等及び互恵並びに平和共存の諸原則の基礎の上にa両国間の恒久的な平和友好関係を確立することに合意する。……　　（『日本外交主要文書・年表』）

問1　空欄①・②に適する語を入れよ。
問2　この史料はある共同声明の一部であるが，その共同声明とは何か。また，調印されたのは西暦何年か。
問3　この時の日本の首相と中華人民共和国の首相の名前を記せ。
問4　下線部aに関連して，1978年に両国間で締結された条約は何か。

分析・解説

　1955(昭和30)年は**自由民主党**が結成され，保守一党優位の**55年体制**が成立した。以後40年近く続いた保守安定政権のもと，日本は**高度経済成長**を遂げ，国際関係も新しい時代に入っていく。
　1956(昭和31)年に経済企画庁から発行された『**経済白書**』には，「**もはや戦後ではない**」とあり，その後の高度経済成長を占った画期的な文言として有名である。この路線は，1960(昭和35)年の安保闘争を経て大蔵省官僚出身の池田勇人内閣に引き継がれ，**所得倍増政策**がうたわれた。
　一方，この時期には日米安保体制を基調に対アジア外交も新しい時代に入っていく。2 の日韓関係，3 の日中関係については，北朝鮮問題や台湾との関係において懸案事項も残っている。さらに，ここでは出題していないが，沖縄返還問題や基地問題，あるいは米兵少女暴行事件など，現代史に関する時事的な問題が出題されることも想定しておきたい。

第3節　日本の経済大国化と新しい国際関係　　185

第2版 史料をよむ
日本史史料問題　分析と解説

2015年 7 月31日　第 2 版 1 刷発行
2019年11月30日　第 2 版 5 刷発行

編　者　會田康範
発行者　野澤伸平
印刷所　明和印刷株式会社
製本所　有限会社　穴口製本所

発行所　株式会社　山 川 出 版 社
〒101-0047　東京都千代田区内神田 1 -13-13
　　　　電話　03-3293-8131（営業）　03-3293-8135（編集）
　　　　　　　　　https://www.yamakawa.co.jp/
　　　　　　　　振替　00120-9-43993

表紙デザイン　黒岩二三［Fomalhaut］
本文デザイン　岩崎美紀
　　　　　　　　　　　　　　　　　　　　　　*

© 2015　Printed in Japan　ISBN978-4-634-01054-3
●造本には十分注意しておりますが，万一，落丁・乱丁などがございましたら，小社営業部宛にお送りください。送料小社負担にてお取り替えいたします。
●定価はカバーに表示してあります。

第2版
史料をよむ
日本史史料問題
分析と解説 解答

山川出版社

第1章 古代国家の形成

第1節 小国の分立と邪馬台国
1 中国史書にみる古代の倭国
問1　Ⅰ：『後漢書』東夷伝　Ⅱ：『漢書』地理志　Ⅲ：「魏志」倭人伝　問2　イ　問3　漢委奴国王　問4　イ　問5　高地性集落，環濠集落　問6　ア　問7　名：卑弥呼　称号：親魏倭王　問8　エ　問9　イ　問10　ウ
補充問題　問1　奴隷　問2　帯方郡　問3　壱与(台与)

第2節 ヤマト政権と倭の五王
1 倭の五王
問1　①新羅　②武　③毛人　問2　391年　問3　安康天皇　問4　478年　問5　氏姓制度　問6　雄略天皇　問7　Ⅰ：エ　Ⅱ：ウ　Ⅲ：カ　問8　ウ　問9　倭の五王　問10　ア
補充問題　問1　祖先　問2　武官の長

2 ヤマト政権の地方支配
問1　①任那　②新羅　問2　磐井　問3　エ　問4　物部　問5　屯倉　問6　大伴金村　問7　儒教　問8　福岡県　問9　大臣・大連

第3節 推古朝の政治
1 憲法十七条
問1　憲法十七条　問2　ウ　問3　推古天皇　問4　厩戸王(聖徳太子)　問5　①和　②仏　③法　④僧　問6　〔解答例〕天皇の命令をうけたならば必ず従え。　問7　国府(国衙)　問8　郡司　問9　〔解答例〕ものごとを独断で行ってはならない。

2 遣隋使の派遣
問1　文帝　問2　607年　問3　小野妹子　問4　煬帝　問5　エ　問6　〔解答例〕高句麗への征討を考えていた煬帝にとって倭国を無視することはできなかったため。(38字)　問7　イ　問8　裴世清　問9　高向玄理　問10　『隋書』倭国伝

第4節 仏教の伝来と興隆
1 壬申年説
問1　①聖明　②稲目　③尾輿　問2　欽明天皇　問3　イ　問4　ア　問5　沖ノ島　問6　宗像大社　問7　仏　問8　『日本書紀』　問9　552年　問10　『上宮聖徳法王帝説』，『元興寺縁起』

2 戊午年説
問1　イ　問2　538年　問3　百済　問4　司馬達等　問5　〔解答例〕蘇我氏はヤマト政権の中で三蔵などを管理し財務を職掌としたとされる有力豪族で，その財政業務に精通した渡来人との結びつきが深かったため，仏教受容に肯定的であった。(79字)
補充問題　問1　①継体　②大和　問2　鞍作鳥(止利仏師)　問3　法隆寺金堂釈迦三尊像(飛鳥寺釈迦如来像)　問4　『扶桑略記』

第2章 律令国家の展開

第1節 大化改新
1 改新前の世相
問1　645年　問2　蘇我入鹿　問3　皇極天皇，孝徳天皇　問4　大王家の直属民　問5　豪族の私有民　問6　伴造

2 改新の詔
問1　①大化　②子代　③部曲　④田荘　⑤食封　⑥調　問2　改新の詔　問3　孝徳天皇　問4　イ　問5　イ　問6　ア　問7　調や庸を賦課するための台帳。　問8　〔解答例〕6歳以上の男女に口分田を班給する制度で，良民男性には2段，良民女性にはその3分の2，家人・私奴婢には良民の3分の1と定められた。　問9　〔解答例〕第2条にある「郡」の文字について，改新の詔の原文には「郡」の文字が使われていたのか，「評」が使われていたのかを争点として郡評論争となった。そして，藤原宮

出土の木簡に「評」とあったことで，大化改新以降大宝律令施行までの地方行政組織には「評」の文字が使用されていたと考えられるようになった。
補充問題 〔解答例〕大夫以下の役人や庶民には，それぞれの地位に応じて布帛を与える。

第2節　律令国家の形成
① 律令制度
問1　①里　②戸籍　③庚午　④二段　⑤歳役　⑥二丈六尺　⑦雑徭　⑧衛士　問2　常に30年保管せよ。　問3　3年
② 戸籍
問1　房戸　問2　〔解答例〕調・庸・雑徭の負担者である課口のいる戸のこと。　問3　21〜60歳の良民男性。　問4　6年　問5　千葉県
③ 農民の生活
問1　貧窮問答歌　問2　『万葉集』　問3　大伴旅人　問4　里長　問5　浮浪

第3節　律令体制の展開
① 銭貨の流通促進政策
問1　蓄銭叙位令　問2　711年　問3　和同開珎　問4　富本銭　問5　本朝(皇朝)十二銭　問6　乾元大宝
② 鑑真の来朝と遣唐使の停廃
問1　鑑真　問2　清河　問3　藤原房前　問4　橘諸兄　問5　聖武天皇　問6　戒律　問7　遣唐使　問8　菅原道真　問9　ウ　問10　エ
③ 墾田永年私財法
問1　三世一身法　問2　長屋王　問3　墾田永年私財法　問4　聖武天皇　問5　四等官制　問6　道鏡　問7　〔解答例〕班田収授法による土地公有制が崩れ，開墾能力をもつ貴族や寺院，地方豪族により土地占有と墾田の集積を招き，初期荘園が形成された。　問8　〔解答例〕当時の道鏡政権が寺院を保護するために，寺院を加墾禁止の対象外にしたから。

第4節　鎮護国家の思想と天平文化
① 国分寺の創建
問1　国分寺建立の詔，聖武天皇　問2　741年　問3　恭仁京　問4　エ　問5　東大寺　問6　①金光明　②法華　問7　封戸　問8　藤原広嗣の乱　問9　イ
② 大仏造立
問1　743年　問2　東大寺　問3　①富　②勢　問4　聖武天皇　問5　紫香楽宮　問6　行基　問7　孝謙天皇，752年　問8　菩提僊那
③ 史書編纂事業
問1　ウ　問2　天武天皇　問3　〔解答例〕天皇家の系譜を中心にした記録。　問4　稗田　問5　〔解答例〕一度見ただけで声を出して読み，一度聞いただけで記憶する能力が備わっていたため。　問6　推古天皇　問7　712年　問8　『古事記』

第5節　律令体制の再編
① 平安京遷都と徳政相論
問1　①山背　②平安　③緒嗣　④真道　⑤徳政　問2　794年　問3　長岡京　問4　藤原種継　問5　早良親王　問6　和気清麻呂　問7　令外官　問8　〔解答例〕軍事とは蝦夷征討，造営は平安京の造営を指す。　問9　桓武天皇　問10　エ
② 健児の制
問1　ア　問2　『類聚三代格』　問3　桓武天皇　問4　勘解由使　問5　エ
③ 格式の編纂
問1　①律　②令　③格　④式　⑤文武　問2　『令義解』　問3　ア　問4　中臣(藤原)鎌足　問5　養老律令　問6　〔解答例〕格は律令制定後に律令の条文の補足や改正のために出された法令。式は律令や格を運用するために制定された具体的な施行細則。　問7　弘仁格式・貞観格式・延喜格式

第6節　摂関政治と藤原氏の繁栄
1 摂関政治の始まり
問1　北畠親房　問2　北家　問3　延喜・天暦の治　問4　①イ　②エ　③キ　問5　『読史余論』
2 藤原氏の繁栄
問1　威子　問2　藤原道長　問3　『御堂関白記』　問4　〔解答例〕誇りある歌だが，前もって作っていたものではなく，即興の歌である。　問5　『小右記』　問6　藤原実資　問7　『大鏡』

第7節　律令的支配の変質と政治の混乱
1 荘園整理の推進
問1　太政官　問2　五位以上：貴族　三位以上：公卿　問3　〔解答例〕人々の産業の弊害となり，厳しい法で支配し，徴税も厳しかったため。　問4　〔解答例〕春に稲を貸し付け，秋の収穫時には利稲を加えて回収する制度。　問5　イ　問6　醍醐天皇
2 三善清行の意見封事
問1　三善清行　問2　エ　問3　斉明天皇　問4　〔解答例〕唐・新羅の連合軍に攻撃された百済への救援軍派遣のため。　問5　白村江の戦い　問6　玄昉　問7　〔解答例〕かつて繁栄した邇磨郷の課丁数減少に例示されるように，律令制的地域支配の崩壊やそれに伴う中央財政の窮乏を問題としている。
3 尾張国郡司百姓等解
①尾張　②郡司　③元命　④三十一　問1　〔解答例〕下級者が上級者に出す文書のこと。　問2　〔解答例〕官物とは租・調・庸に由来する平安中期以降の公領に課せられた貢納物で，それをこの3年間に非法に徴税した。　問3　988年

第8節　荘園の発展
1 延久の荘園整理令
問1　後三条天皇　問2　太政官　問3　藤原頼通　問4　平等院鳳凰堂　問5　定朝　問6　摂関家　問7　〔解答例〕実際に任国に赴任して政務をとる国司の最上級官。　問8　慈円
補充問題　問1　宣旨枡　問2　石清水八幡宮
2 荘園の寄進
問1　イ　問2　①イ　②エ　③カ　④ケ　問3　前田綱紀

第9節　国風文化と浄土教
1 日記文学の誕生
問1　『土佐日記』　問2　紀貫之　問3　国司　問4　解由
2 平安末期の歌謡
問1　今様　問2　『梁塵秘抄』　問3　後白河上皇　問4　平等院鳳凰堂
3 『往生要集』
問1　『往生要集』，源信（恵心僧都）　問2　ウ　問3　末法思想　問4　空海　問5　南無阿弥陀仏　問6　『日本往生極楽記』　問7　『池亭記』
4 末法の到来
問1　ウ　問2　末法　問3　空也

第3章　武家政権と中世の社会
第1節　院政と平氏政権
1 院政の開始
問1　①白河　②院　③院宣　問2　堀河天皇　問3　法皇　問4　六勝寺　問5　天皇が退位すること。　問6　摂政・関白　問7　天皇　問8　〔解答例〕大寺院が多くの荘園を所有して経済力をつけ，下級僧侶を僧兵に組織し，その武力によって朝廷や国司と対立し強訴を行った。
2 院政の腐敗
問1　白河法皇　問2　受領　問3　〔解答例〕私財を出して宮中の行事費や寺社造営費などを請け負い，官職や位階を得る成功のこと。　問4　知行国制度　問5　藤原宗忠

解答　3

3 平氏の全盛
問1　平清盛　問2　ア　問3　平徳子
問4　高倉天皇　問5　安徳天皇　問6　知行　問7　宋

第2節　鎌倉幕府の成立
1 福原遷都
問1　ア　問2　平安京　問3　エ　問4〔解答例〕理由もないのに都が簡単に変わるべきではない。　問5　安徳天皇　問6〔解答例〕馬・鞍は武家，牛・車は公家を示し，当時風俗が公家風から武家風へと転換していったことを意味している。　問7〔解答例〕当時，政権を掌握していた平氏の勢力範囲が西海道や南海道にあったから。
問8　摂津国，福原京　問9　鴨長明
補充問題　問1　桓武天皇　問2　事業：音戸瀬戸の開削　港：大輪田泊　問3　養和の飢饉

2 源頼朝の東国支配
問1　ア　問2　ウ　問3　イ　問4　エ
問5　『玉葉』　問6　慈円

3 守護・地頭の設置
問1　1185年　問2　大江広元　問3　ア
問4　②国衙　③地頭　問5　源頼朝　問6　『吾妻鏡』
補充問題　問1　惣追捕使・国地頭　問2　大犯三カ条

第3節　執権政治の展開
1 北条義時追討令
問1　ア　問2　イ　問3　藤原(九条)頼経　問4　エ　問5　ア　問6　大番催促，謀叛人・殺害人の逮捕　問7　新補地頭
問8　後鳥羽上皇　問9　1221年

2 承久の乱
問1　北条政子　問2　エ　問3　源頼朝　問4　ウ　問5　北条義時　問6　ア　問7　イ　問8〔解答例〕幕府方が後鳥羽上皇方を破り，朝幕関係で幕府の優位が確立した。(30字)

3 新補地頭の設置
問1　承久の乱　問2　①11　②10　③1　④5　問3　新補率法　問4　c：ア　d：エ

4 承久の乱論
問1　北条政子　問2　①義時　②白河
問3　ウ　問4　右近衛大将　問5　エ
問6　ア

第4節　御成敗式目と地頭の非法
1 御成敗式目制定の趣旨
問1　御成敗式目　問2〔解答例〕武家社会の道徳的規範。　問3　律令格式　問4　d：真名　e：仮名　問5　1232年　問6　北条泰時　問7〔解答例〕最初の武家法で，これにより武家社会の法治体制が定まった。

2 御成敗式目の内容
問1〔解答例〕刈田狼藉を取り締まる権限と，裁判の判決を幕府の使節を通して従わせる使節遵行権。(ほかに押収した敵方の所領を処分する闕所地処分権など)　問2　源頼朝　問3　大番催促　問4　大犯三カ条　問5〔解答例〕分割相続を原則とする武家社会では，女性の相続権も認められていた。鎌倉時代後期になると，本人一代限りの一期分が適用されるようになった。(66字)

3 地頭の非法
問1　紀伊国　問2　ウ　問3　ア　問4　ウ　問5　湯浅氏　問6　寂楽寺

第5節　蒙古襲来
1 蒙古の牒状
問1　フビライ　問2　『漢書』地理志　問3　日本　問4　文永の役　問5　北条時宗　問6　石塁(防塁・石築地)
補充問題　問1　異国警固番役　問2　弘安の役　問3　エ　問4　三別抄　問5　『蒙古襲来絵巻』，竹崎季長　問6〔解答例〕日本軍は一騎打ちで戦ったのに対し，モンゴル軍は火器や毒矢などを使用した集団戦法であった。

2 非御家人の動員
問1　高麗　問2　大都　問3　対馬　問4　九州　問5　〔解答例〕非御家人であったとしても軍功をあげれば恩賞を与える。問6　1274年　問7　連署

第6節　鎌倉幕府の衰退
1 永仁の徳政令
問1　永仁の徳政令　問2　借上　問3　御家人たちが困窮する原因である。　問4　イ　問5　エ　問6　ぼんげ, 庶民　問7　〔解答例〕蒙古襲来の犠牲に対し恩賞が少なかったこと, 分割相続のくり返しで所領が細分化したこと, 貨幣経済の発展に対応できなかったことなどが原因といえる。(70字)

2 幕府政治の動揺
問1　①悪党　②異類異形　問2　ばさら　問3　佐々木道誉

第7節　鎌倉時代の仏教
1 法然
問1　南宋　問2　①念仏　②往生　問3　〔解答例〕専修念仏が大切で, ほかに深い意味を考えようとすると釈尊と阿弥陀仏の憐れみからはずれてしまい, 阿弥陀仏からの救済にもれてしまうということ。　問4　浄土宗

2 親鸞・日蓮・道元・一遍
問1　イ　問2　親鸞　問3　『教行信証』問4　『歎異抄』, 唯円　問5　日蓮宗　問6　法華経　問7　ウ　問8　ア　問9　懐奘, 『正法眼蔵随聞記』　問10　時宗, 一遍

第8節　鎌倉・南北朝期の史論
1 『愚管抄』
問1　イ　問2　『愚管抄』, 慈円　問3　天台座主　問4　承久の乱　問5　道理　問6　『玉葉』

2 『神皇正統記』
問1　『神皇正統記』　問2　南朝　問3　イ

第9節　建武の新政
1 新政の実相
問1　『梅松論』　問2　1333年　問3　延喜：ウ　天暦：イ　問4　後白河法皇　問5　①新儀　②先例　③記録所　問6　後醍醐天皇　問7　綸旨

2 新政への批判
問1　綸旨　問2　ア　問3　松永久秀　問4　『建武年間記』(『建武記』)　問5　源頼朝

第10節　南北朝の動乱と室町幕府
1 建武式目
問1　①鎌倉　②義時　問2　幕府(幕府の所在地)　問3　右近衛大将　問4　源頼朝　問5　1221年　問6　1333年　問7　中原章賢(是円)

2 南北朝の合体
問1　1392年　問2　成就したということ。　問3　譲位：後亀山天皇　継承：後小松天皇　問4　エ　問5　持明院　問6　エ

第11節　守護大名の成長
1 半済令
問1　半済令　問2　足利尊氏　問3　1352年　問4　足利直義　問5　イ　問6　近江・美濃・尾張　問7　守護請

2 守護の権限拡大
問1　大番催促, 謀叛人・殺害人の逮捕　問2　イ　問3　守護請　問4　〔解答例〕幕府や寺院・貴族らが港や津に設けた関所で通行税として徴収する関銭のこと。

第12節　室町幕府の対外交渉
1 日明貿易の展開
問1　足利義満　問2　ア　問3　足利義持　問4　エ　問5　瑞溪周鳳　問6　足利義尚　問7　寧波の乱　問8　生糸

第13節　撰銭令と都市・惣村の発達
1 撰銭令
問1　撰銭　問2　永楽通宝・洪武通宝　問3　私鋳銭(鐚銭)

2 自由都市堺の繁栄
問1 エ 問2 ア 問3 ア 問4 港町 問5 ガスパル=ヴィレラ 問6 イエズス会

3 惣村
問1 惣掟 問2 入会地 問3 寄合 問4 自検断(地下検断)
補充問題 問1 宋希璟 問2 応永の外寇

第14節 一揆と応仁の乱
1 正長の徳政一揆
問1 正長の徳政一揆, 1428年 問2 馬借 問3 ①徳政 ②土倉 問4 〔解答例〕借用証文などをすべて破り捨てた。 問5 かんれい, 細川氏・斯波氏・畠山氏 問6 惣村 問7 柳生の徳政碑文 問8 負債が無くなった。 問9 尋尊

2 嘉吉の変・嘉吉の徳政一揆
問1 エ 問2 足利義教 問3 永享の乱 問4 細川持之 問5 『看聞御記』(『看聞日記』) 問6 負債の破棄のこと。 問7 ①侍所 ②先例 問8 嘉吉の変

3 山城の国一揆
問1 国人 問2 イ 問3 エ 問4 平等院 問5 月行事 問6 イ 問7 ウ

4 応仁の乱
問1 1467年 問2 山城の国一揆 問3 ア 問4 義政 問5 細川氏・斯波氏・畠山氏 問6 日野富子 問7 ウ 問8 足利義満 問9 徳政
補充問題 問1 弟:足利義視 子:足利義尚 問2 山名持豊(宗全)

5 足軽の出現
問1 ア 問2 南禅寺 問3 十刹 問4 下剋上 問5 『樵談治要』

第15節 幕府権威の失墜と戦国大名の分国統治
1 幕府権威の失墜
問1 ①ス ②オ ③カ ④ケ 問2 足利義尚 問3 尋尊 問4 〔解答例〕応仁の乱後には室町幕府の権威が失墜したことを指摘している。

2 分国法
問1 今川仮名目録 問2 朝倉孝景条々(朝倉敏景十七箇条) 問3 甲州法度之次第(信玄家法) 問4 エ
補充問題 問1 喧嘩両成敗法 問2 塵芥集

第4章 幕藩体制の確立と展開

第1節 織豊政権
1 楽市楽座
問1 織田信長 問2 安土 問3 加納 問4 ②楽市 ③徳政 問5 ウ 問6 〔解答例〕商工業者に自由な営業活動を保障し, 城下町の経済繁栄をめざした。

2 太閤検地
問1 ①国人 ②三百歩 ③京升(枡) 問2 1582年 問3 耕作者不在の土地 問4 指出検地 問5 北条氏 問6 天正の石直し 問7 五奉行 問8 ウ 問9 〔解答例〕一区画の土地の耕作者を1人の百姓とする一地一作人の原則を確立した。これにより耕作者は名請人として検地帳に登録され年貢納入者となり, 従来の複雑な土地に対する権利や百姓からの中間搾取を排除することができた。(101字)
補充問題 問1 宣旨枡 問2 二公一民 問3 エ

3 刀狩令
問1 刀狩令 問2 一揆 問3 方広寺 問4 〔解答例〕一揆を未然に防止し, 農民を農業に専念させ兵農分離を進めることを図った。

4 バテレン追放令
問1 ①神国 ②伴天連 問2 フランシスコ=ザビエル 問3 豊臣秀吉 問4 サン=フェリペ号事件 問5 26聖人殉教

5 秀吉の朝鮮出兵
問1　豊臣秀次　問2　文禄の役　問3　李舜臣　問4　義兵　問5　李如松　問6　慶長の役
補充問題　問1　降倭　問2　耳塚(鼻塚)　問3　壬辰・丁酉の倭乱

第2節　江戸幕府の大名・公家統制
1 江戸幕府の武家統制
問1　①文武　②礼儀　③江戸　④参勤　⑤末期　問2　イ　問3　1635年　問4　ウ　問5　奉書船　問6　番方　問7　一国一城令　問8　Ⅳ

2 禁中並公家諸法度
問1　禁中並公家諸法度　問2　金地院崇伝　問3　後水尾天皇　問4　①学問　②紫衣　問5　ウ　問6　太政大臣・左大臣・右大臣　問7　沢庵　問8　明正天皇　問9　イ

第3節　江戸幕府の農政
1 百姓統制
問1　田畑永代売買の禁止令　問2　売却して　問3　①菜種　②石高　③公儀　④木綿　問4　ア　問5　百姓代　問6　Ⅱ：ケ　Ⅲ：オ　問7　Ⅰ

2 為政者の百姓観
問1　本多正信　問2　検見法　問3　『昇平夜話』　問4　徳川家康　問5　〔解答例〕領主財政の基盤となる百姓の生活は自給自足が基本で、領主は百姓の農家経営の安定とその剰余生産物はすべて年貢として徴収することが大切であるとされた。

3 肥料の変遷
問1　諸国山川掟　問2　イ　問3　金肥　問4　干鰯　問5　田中丘隅

第4節　江戸幕府の貿易統制と鎖国政策
1 糸割符制度
問1　①黒船　②長崎　問2　糸割符制度　問3　ポルトガル　問4　堺・長崎・京都・江戸・大坂　問5　白糸　問6　エ

2 「鎖国」令
問1　Ⅱ→Ⅰ→Ⅲ　問2　日本町　問3　ウ　問4　山田長政　問5　〔解答例〕朱印状のほかに老中奉書によって海外渡航を許可された船。　問6　島原の乱(島原・天草一揆)　問7　ポルトガル船　問8　寺請制度　問9　オランダ風説書　問10　徳川家光

第5節　文治政治の展開
1 末期養子の禁緩和
問1　①養子　②末期　問2　徳川家綱　問3　保科正之　問4　文治政治　問5　慶安の変(由井正雪の乱)　問6　かぶき者　問7　ア

2 生類憐みの令
問1　エ　問2　徳川綱吉　問3　ウ　問4　エ

3 元禄の貨幣改鋳
問1　勘定吟味役　問2　両・分・朱　問3　長崎貿易での営業税。　問4　徳川綱吉　問5　元禄小判　問6　〔解答例〕貨幣改鋳による差益(出目)のこと。　問7　新井白石　問8　イ

4 海舶互市新例
問1　海舶互市新例(長崎新令〈例〉・正徳新令〈例〉)　問2　新井白石　問3　正徳の治　問4　ア

第6節　近世前期の社会・学問思想・流通経済
1 貨幣経済の浸透
問1　荻生徂徠　問2　イ　問3　ウ　問4　〔解答例〕武士が自分の知行地に土着すれば米を売ってお金を得ずに済み、米を欲しがる商人に対して諸物価の値段は武士の思うようになり、武士は主となり商人は客となることができると主張している。(87字)

2 町人文化の興隆
問1　町人　問2　〔解答例〕農村への貨幣経済の浸透により、豪農とよばれるようになった一部の有力百姓は村役人となり地主

手作りとともに金融なども行い，資金に困窮した百姓の田畑を質地として集積し地主化した。一方，田畑が質流れ地となった小百姓は地主のもとで小作人となり，小作料を納入する零細農民化した。(133字) 問3　伊藤仁斎　問4　山脇東洋

③『読史余論』
問1　イ　問2　イ　問3　中先代の乱　問4　ア　問5　足利義昭　問6　本能寺の変　問7　ウ　問8　徳川家康　問9　著者：新井白石　書名：『西洋紀聞』・『采覧異言』

④ 大坂の繁昌
問1　イ　問2　ア　問3　ウ　問4　天下の台所
補充問題　問1　南海路　問2　菱垣廻船　問3　下り荷(下り物)

第5章　幕藩体制の動揺

第1節　享保の改革の諸政策
① 上げ米
問1　親藩　問2　①八木　②江戸　問3　徳川吉宗　問4　上げ米　問5　定免法　問6　ア　問7　エ　問8　〔解答例〕参勤交代での江戸在府期間が半減された。

② 新田開発の高札
問1　日本橋　問2　相給　問3　町人請負新田　問4　イ　問5　エ

第2節　田沼時代の政治と社会
① 田沼の政治
問1　イ　問2　南鐐二朱銀　問3　〔解答例〕権力者田沼氏の機嫌をとり，利権を求めて賄賂が横行した。
補充問題　問1　徳川家治　問2　俵物・銅　問3　『解体新書』

② 天明の飢饉の影響
問1　ウ　問2　ア　問3　〔解答例〕離村し宗門人別帳からはずされた人々のこと。
問4　人足寄場　問5　松平定信

③ 天明の打ちこわし
問1　天明の打ちこわし　問2　ウ　問3　エ　問4　札差　問5　ア　問6　1590年　問7　徳川家斉　問8　山東京伝

第3節　寛政の改革
① 棄捐令
問1　〔解答例〕家計を助ける。　問2　蔵宿　問3　イ　問4　1784年　問5　棄捐　問6　イ
補充問題　問1　松平定信　問2　尊号一件　問3　『花月草紙』

② 寛政異学の禁
問1　寛政異学の禁　問2　イ　問3　古学派　問4　ア　問5　湯島　問6　昌平坂学問所　問7　エ

③ 旧里帰農令
問1　旧里帰農令　問2　エ　問3　町年寄　問4　水呑百姓　問5　〔解答例〕百姓が離村し耕作者がいなくなった土地。

④ 囲米
問1　ウ　問2　義倉　問3　エ　問4　ア　問5　1790年　問6　大名　問7　ウ　問8　囲米

⑤ 七分積金
問1　江戸　問2　ア　問3　社倉　問4　①町入用　②積金　③七分

⑥『海国兵談』
問1　『海国兵談』　問2　ア　問3　ア　問4　①長崎　②日本橋　問5　ウ
補充問題　問1　『三国通覧図説』　問2　ラクスマン　問3　『赤蝦夷風説考』

第4節　天保の改革
① 大塩平八郎の檄文
問1　ウ　問2　大塩平八郎　問3　洗心洞　問4　ア　問5　摂津国・河内国・和泉国・播磨国　問6　名主　問7　〔解答例〕物価騰貴の折に大坂町奉行や諸役人は勝手な政治をし，江戸への廻米を優先して窮民の救済策を講じていない。そこで有志の者と申し合わせ庶民を苦しめている諸役

人や金持の町人に対し武装蜂起し，貯えられている金や米を困窮者に分け与えるので，騒動が起こったら大坂に急ぎ集まりなさい。(133字)

2 株仲間の解散
問1　株仲間解散令　問2　水野忠邦　問3　菱垣廻船　問4　〔解答例〕営業免許や保護に対して納める税。　問5　〔解答例〕買い占めや売り惜しみで価格をつり上げていること。　問6　イ　問7　〔解答例〕江戸の物価高騰を抑えるために出したが，かえって市場の商品流通が混乱し物価が騰貴した。(42字)

3 上知令
問1　イ　問2　〔解答例〕地味が悪く生産力の低い土地。　問3　〔解答例〕年貢の課税率が高い土地。　問4　上知　問5　〔解答例〕江戸・大坂周辺に所領をもつ大名や旗本から上知させ幕府による一円支配により支配体制の強化を図ったが，影響を受ける大名や旗本らの反対により実施できなかった。(76字)

第5節　武士の困窮と近世後期の学問・思想
1 『経済録』
問1　エ　問2　イ　問3　ア　問4　定免法　問5　太宰春台

2 洋学の発達
問1　シドッチ　問2　〔解答例〕bの形而下とは実証的な学問で，cの形而上とは思想や道徳的観念などを指す。　問3　新井白石　問4　『采覧異言』　問5　クルムス　問6　『解体新書』
補充問題　問1　青木昆陽　問2　小田野直武　問3　『蘭学事始』

3 外国貿易論
問1　本多利明　問2　『経世秘策』　問3　交易　問4　イ　問5　ア

4 「鎖国」政策への批判
問1　モリソン号事件　問2　フェートン号事件　問3　異国船打払令(無二念打払令)　問4　高野長英　問5　蛮社の獄　問6　渡辺崋山

第6章　近代国家の成立・発展
第1節　開国要求への対処
1 異国船打払令
問1　文化の薪水給与令　問2　フェートン号　問3　1808年　問4　イ　問5　キリスト教　問6　ウ　問7　二念　問8　ア→ウ→エ→イ

2 オランダ国王の開国勧告
問1　アヘン戦争　問2　オランダ　問3　①長崎　②風説書　問4　志筑忠雄　問5　徳川家慶

3 アメリカ大統領の国書
問1　フィルモア　問2　朝鮮　問3　ペリー　問4　ビッドル

第2節　条約の調印
1 日米和親条約
問1　日米和親条約　問2　阿部正弘　問3　ウ　問4　エ　問5　松前奉行

2 日米修好通商条約
問1　日米修好通商条約　問2　1858年　問3　井伊直弼　問4　安政の大獄　問5　徳川家定　問6　横浜　問7　新潟：1869年　兵庫：1868年　問8　貿易章程　問9　改約書　問10　金貨の流出　問11　領事裁判権(治外法権)の承認

3 五品江戸廻送令
問1　①神奈川　②糸　問2　イギリス　問3　〔解答例〕江戸へ入荷する荷物が減り，品不足になってしまう。　問4　1860年

第3節　江戸幕府の滅亡
1 幕府の政権返上
問1　大政奉還の上表文　問2　①慶喜　②朝廷　③公議　問3　1156年：保元の乱　1159年：平治の乱　問4　徳川家康　問5　山内豊信

解答　9

2 王政復古の大号令

問1　①将軍　②王政復古　③議定　④三職　問2　内大臣　問3　1867年　問4　討幕の密勅　問5　ペリー来航，1853年　問6　孝明天皇　問7　和宮　問8　有栖川宮熾仁親王　問9　小御所会議　問10　徳川慶喜に対する辞官納地。

第4節　明治政府の基本方針

1 五箇条の誓文

問1　五箇条の誓文　問2　公論　問3　攘夷運動のこと。　問4　岩倉使節団　問5　明治天皇　問6　由利公正　問7　福岡孝弟　問8　木戸孝允　問9　五榜の掲示

補充問題　問1　国威宣揚の宸翰　問2　一世一元の制

2 政体書

問1　太政官　問2　ア　問3　イ　問4　府藩県三治制　問5　ア　問6　エ

第5節　近代化の諸政策

1 廃藩置県

問1　廃藩置県　問2　1871年　問3　①版籍奉還　②知藩事　③対峙　問4　〔解答例〕従来の藩主をそのまま知藩事にしたので，昔からの因襲で中には名のみでその実がないものがいる。　問5　御親兵　問6　秩禄奉還の法　問7　沖縄県

2 地租改正

問1　①地租改正　②地券　③百分の三　④地租　問2　石高制　問3　1871年：田畑勝手作りの禁　1872年：田畑永代売買の禁止令　問4　〔解答例〕高率な現物小作料を納入した。

3 徴兵告諭

問1　知藩事　問2　1871年　問3　廃藩置県　問4　秩禄処分　問5　ウ　問6　イ　問7　徴兵令　問8　大村益次郎　問9　山県有朋　問10　270円

第6節　明治初期の国際問題

1 岩倉使節団

問1　岩倉具視　問2　ア　問3　ア　問4　ウ　問5　久米邦武

補充問題　問1　津田梅子　問2　ウ　問3　留守政府

2 日朝修好条規

問1　日朝修好条規　問2　江華島事件　問3　黒田清隆　問4　自主　問5　エ　問6　領事裁判権　問7　通商章程　問8　エ

補充問題　問1　日清修好条規　問2　日本：伊達宗城　清国：李鴻章

3 樺太・千島交換条約

問1　樺太・千島交換条約　問2　1875年　問3　〔解答例〕択捉島以南を日本領，得撫島以北をロシア領とし，樺太は国境を定めず両国の雑居地とした。　問4　ア

第7節　自由民権運動

1 自由民権運動の展開

問1　ア　問2　①有司　②民撰議院　問3　『日新真事誌』　問4　自由党　問5　板垣退助　問6　エ　問7　立憲改進党　問8　大隈重信　問9　『郵便報知新聞』

補充問題　問1　愛国公党　問2　福地源一郎　問3　植木枝盛

2 国会開設の勅諭

問1　開拓使官有物払下げ事件　問2　大隈重信　問3　東洋大日本国国憲按（日本国国憲按）　問4　①元老院　②府県会　③23　④国会　問5　衆議院・貴族院

第8節　自由民権運動の弾圧と私擬憲法

1 治安法令

問1　新聞紙条例　問2　集会条例　問3　治安警察法　問4　ア　問5　保安条例　問6　ア　問7　イ　問8　エ　問9　〔解答例〕3年後の1890年には国会開設が予定されており，その主導権を政府が握ろうと考えていたため。　問10　エ　問11　ウ

② 私擬憲法
問1　①イ　②ウ　③オ　④コ　⑤ク　問2　イ　問3　植木枝盛　問4　『民権自由論』

第9節　立憲国家の成立
① 岩倉具視の憲法構想
問1　ア　問2　貴族院　問3　衆議院　問4　臣民

② 大日本帝国憲法
問1　大日本帝国憲法　問2　1889年2月11日　問3　枢密院　問4　イ　問5　ウ　問6　イ　問7　ア　問8　エ　問9　ウ

③ ベルツの日記
問1　黒田清隆　問2　ア　問3　ベルツ

第10節　教育勅語と初期議会
① 教育勅語
問1　教育勅語　問2　エ　問3　ウ　問4　ウ

② 黒田清隆首相の演説
問1　黒田清隆　問2　イ　問3　エ　問4　ア
補充問題　問1　鹿鳴館　問2　コンドル　問3　大隈重信　問4　山県有朋

③ 山県有朋の施政方針演説
問1　山県有朋　問2　1890年　問3　①主権　②利益　問4　朝鮮半島　問5　民党　問6　吏党　問7　立憲自由党

第11節　日清戦争
① 脱亜論
問1　①亜細亜　②文明　③朝鮮　問2　『時事新報』　問3　「脱亜論」　問4　福沢諭吉　問5　甲申事変　問6　金玉均(朴泳孝)　問7　天津条約　問8　大阪事件　問9　防穀令

② 『蹇蹇録』
問1　陸奥宗光　問2　青木周蔵　問3　日英通商航海条約　問4　イ　問5　朝鮮

③ 日清戦争の宣戦詔書
問1　1894年　問2　日朝修好条規　問3　甲午農民戦争(東学〈党〉の乱)　問4　済物浦条約　問5　イ

④ 下関条約
問1　①朝鮮　②自主　問2　イ　問3　台湾　問4　台湾総督府　問5　エ　問6　エ　問7　陸奥宗光　問8　李鴻章　問9　日清通商航海条約

⑤ 三国干渉
問1　ニコライ2世　問2　大津事件　問3　ウ　問4　遼東半島　問5　ドイツ・フランス　問6　臥薪嘗胆

⑥ 「自由党を祭る文」
問1　1900年　問2　自由党　問3　保安条例　問4　エ　問5　イ　問6　黒岩涙香　問7　ウ

第12節　日露戦争
① 日英同盟
問1　日英同盟　問2　1897年　問3　日英通商航海条約　問4　エ　問5　イ

② 反戦論・非戦論
問1　内村鑑三　問2　ア　問3　①日露　②日清　③朝鮮　問4　『万朝報』　問5　平民社　問6　イ
補充問題　問1　与謝野晶子　問2　『明星』

③ 日露講和条約
問1　ポーツマス条約　問2　1905年　問3　日本：小村寿太郎　ロシア：ウィッテ　問4　①韓国　②清国　③旅順　④大連　問5　関東都督府
補充問題　問1　日比谷焼打ち事件　問2　南満州鉄道株式会社

第13節　社会問題の発生
① 製糸女工の実態
問1　ア　問2　エ　問3　『職工事情』　問4　工場法　問5　横山源之助　問6　『あゝ野麦峠』
補充問題　問1　『女工哀史』　問2　雨宮製糸スト　問3　高野房太郎

② 工場法
問1　1911年　問2　①ウ　②イ　③ア

解答　11

問3　1916年　問4　〔解答例〕紡績や製糸業の資本家からの反対が強かったため。　問5　大逆事件　問6　労働基準法

3 近代の公害問題
問1　渡良瀬　問2　谷中村　問3　足尾銅山　問4　古河市兵衛　問5　田中正造

第14節　韓国併合
1 第2次日韓協約
問1　第2次日韓協約　問2　①統監　②外交　問3　伊藤博文　問4　漢城　問5　ハーグ密使事件　問6　義兵運動　問7　安重根

2 韓国併合
問1　韓国併合条約　問2　朝鮮総督府　問3　寺内正毅　問4　東洋拓殖会社　問5　ウ

第15節　明治期の近代思想
1 『文明論之概略』と『青鞜』
問1　①徳川　②読史余論　③太陽　④青鞜　問2　『文明論之概略』，福沢諭吉　問3　平塚らいてう　問4　〔解答例〕旧来の日本の歴史書には皇室の系譜や政府の歴史ばかりで国民が描かれていないことを批判した。　問5　ア　問6　イ　問7　大逆事件

2 戊申詔書
問1　戊申詔書　問2　桂太郎　問3　ウ　問4　日露戦争　問5　〔解答例〕すべての国民が心を1つにして勤勉・倹約・信義などに励み，なすべきことを怠らないようつとめなさい。

第7章　大正・昭和の日本とアジア

第1節　護憲運動
1 尾崎行雄の演説
問1　尾崎行雄　問2　桂太郎　問3　イ　問4　エ　問5　ア　問6　ウ　問7　〔解答例〕議会を無視する非立憲的な態度が問題とされた。　問8　大正政変

補充問題　問1　閥族打破・憲政擁護　問2　西園寺公望　問3　〔解答例〕内閣が陸軍の朝鮮駐屯2個師団増設の要求を退け，これにより上原勇作陸相が帷幄上奏権を使い単独辞職し，その後，陸軍が軍部大臣現役武官制をたてに後任を推薦しなかったため。

2 民本主義
問1　①民本　②君主制　問2　吉野作造　問3　黎明会　問4　東大新人会　問5　『中央公論』

第2節　第一次世界大戦と日本の参戦
1 井上馨の提言
問1　サライェヴォ事件　問2　第一次世界大戦　問3　ウ　問4　エ　問5　三国協商　問6　ア　問7　南洋庁

2 参戦の意図
問1　首相：大隈重信　外相：加藤高明　問2　1902年　問3　ウ　問4　ヴェルサイユ条約

3 二十一カ条の要求
問1　二十一カ条の要求　問2　首相：大隈重信　外相：加藤高明　問3　イ　問4　ア　問5　ア　問6　関東都督府　問7　〔解答例〕漢陽の製鉄所，大冶の鉄鉱石，萍郷の石炭で構成された中国の民間製鉄会社。　問8　袁世凱　問9　国恥記念日

4 中国進出への批判
問1　①青島　②満州　③山東　問2　石橋湛山　問3　小日本主義　問4　ア　問5　『東洋経済新報』

補充問題　問1　大戦景気　問2　船成金

第3節　社会運動の勃興
1 米騒動
問1　米騒動　問2　1918年　問3　シベリア出兵　問4　寺内正毅

2 部落解放運動
問1　全国水平社　問2　西光万吉　問3　イ　問4　(身分)解放令

第4節　普通選挙法と治安維持法
1 普通選挙法
問1　原敬　問2　〔解答例〕納税制限を直接国税10円以上納入者から3円以上納入者に引き下げた。　問3　エ　問4　〔解答例〕納税制限撤廃により社会主義勢力が伸長することを心配したため。　問5　加藤高明　問6　イ　問7　徴兵令　問8　1889年

2 治安維持法
問1　治安維持法　問2　加藤高明　問3　憲政会・革新倶楽部・立憲政友会　問4　〔解答例〕同年に日ソ国交が樹立された。　問5　田中義一　問6　四・一六事件　問7　近衛文麿　問8　イ

第5節　国際協調外交
1 ワシントン体制
問1　ワシントン海軍軍縮条約　問2　ハーディング　問3　加藤友三郎　問4　エ　問5　ア
補充問題　問1　6割　問2　髙橋是清　問3　日英同盟　問4　幣原喜重郎

2 九カ国条約
問1　九カ国条約　問2　イ　問3　ウ　問4　ア　問5　石井・ランシング協定

3 不戦条約
問1　①戦争　②人民　問2　不戦条約　問3　1928年　問4　内田康哉　問5　田中義一　問6　立憲民政党　問7　済南事件

第6節　恐慌と強硬外交
1 金融恐慌
問1　首相：若槻礼次郎　蔵相：片岡直温　問2　台湾銀行　問3　鈴木商店　問4　金融恐慌　問5　幣原喜重郎

2 東方会議
問1　東方会議　問2　対支政策綱領　問3　田中義一　問4　北伐　問5　山東出兵　問6　ア　問7　張作霖

第7節　満州事変とファシズムの展開
1 リットン報告書
問1　柳条湖事件　問2　南次郎　問3　ア　問4　関東軍　問5　リットン　問6　満州事変　問7　〔解答例〕国際連盟からの脱退を通告した日本は英・米との協調路線から離れ，ナチズムをとるドイツやファシズムのイタリアと接近し，三国による軍事同盟化を深めていった。

2 国際連盟脱退
問1　1933年　問2　ア　問3　エ　問4　イ　問5　1920年

3 二・二六事件
問1　西園寺公望　問2　鮎川義介　問3　真崎甚三郎　問4　ア　問5　ウ　問6　犬養毅　問7　斎藤実

4 天皇機関説問題
問1　貴族院　問2　美濃部達吉　問3　『憲法撮要』　問4　ア　問5　ウ　問6　国体明徴声明　問7　滝川幸辰

5 国家総動員法
問1　①国家総動員　②勅令　問2　近衛文麿　問3　企画院　問4　国民徴用令　問5　ウ

第8節　太平洋戦争
1 宣戦の詔書
問1　1941年12月8日　問2　①中華民国　②重慶　問3　エ　問4　イ　問5　イ

2 終戦処理の構想
問1　アメリカ・イギリス・中国　問2　大隈重信　問3　蒋介石　問4　1910年　問5　日露戦争　問6　ア　問7　エ　問8　Ⅰ：カイロ宣言　Ⅱ：ヤルタ協定　問9　エ

3 ポツダム宣言
問1　イ　問2　マッカーサー　問3　ア　問4　極東国際軍事裁判　問5　イ　問6　ロイヤル　問7　サンフランシスコ平和条約　問8　ウ　問9　ポツダム宣言　問10　アメリカ：トルーマン　イギリス：チャー

チル(のち，アトリー)　ソ連：スターリン

第8章　戦後の世界と日本

第1節　占領期の政治

1 五大改革指令
問1　五大改革指令　問2　幣原喜重郎　問3　選挙権　問4　エ　問5　イ　問6　〔解答例〕1925年に制定された治安維持法や政治犯・思想犯を取り締まる特高を廃止した。　問7　民主主義

2 日本国憲法
問1　1946年11月3日　問2　貴族院　問3　ウ　問4　ア　問5　平和　問6　国連平和維持活動協力法

3 教育の民主化
問1　松本烝治　問2　エ　問3　イ　問4　ア　問5　教育委員会　問6　教育基本法

第2節　冷戦の開始と講和

1 サンフランシスコ平和条約
問1　サンフランシスコ平和条約　問2　吉田茂　問3　①カ　②コ　③オ　④エ　問4　〔解答例〕朝鮮戦争の勃発により，アメリカは日本を資本主義陣営（西側）の一員として自立させ，反共の防壁としようとしたから。
補充問題　問1　ア　問2　〔解答例〕アメリカ・ソ連の妥協ができない中で，アメリカとの講和を優先する単独講和論とすべての交戦国との講和を主張する全面講和論が対立した。(64字)

2 日米安全保障条約
問1　日米安全保障条約　問2　吉田茂　問3　ア　問4　イ　問5　ウ　問6　〔解答例〕アメリカには日本の防衛義務がなく，条約の有効期限も明確に示されていなかったこと。
補充問題　問1　保安隊　問2　MSA協定（日米相互防衛援助協定）　問3　自衛隊

3 日ソ共同宣言
問1　①ソヴィエト　②国際連合　問2　日ソ共同宣言，1956年　問3　鳩山一郎　問4　イ

第3節　日本の経済大国化と新しい国際関係

1 国民所得倍増計画
問1　池田勇人　問2　①所得倍増　②国民総生産　③経済成長　問3　岩戸景気　問4　〔解答例〕岸信介内閣が日米安保条約改定をめぐり革新勢力と政治的に対立して退陣したのを受け，池田内閣では経済政策で革新勢力との政治的対立を避けようとしたため。

2 日韓基本条約
問1　日韓基本条約　問2　日本：佐藤栄作　韓国：朴正煕　問3　韓国併合条約　問4　①国際連合　②合法的　問5　ウ

3 日中共同声明
問1　①合法政府　②台湾　問2　日中共同声明，1972年　問3　日本：田中角栄　中国：周恩来　問4　日中平和友好条約

第2版　史料をよむ
日本史史料問題　分析と解説　解答

2015年7月31日　第2版1刷発行
2019年11月30日　第2版5刷発行

編　者　會田康範
発行者　野澤伸平
印刷所　明和印刷株式会社
製本所　有限会社　穴口製本所

発行所　株式会社　山川出版社
〒101-0047　東京都千代田区内神田1-13-13
　　　　　　電話　03-3293-8131（営業）　03-3293-8135（編集）
　　　　　　　　　　https://www.yamakawa.co.jp/
　　　　　　　　　　振替　00120-9-43993

表紙デザイン　黒岩二三[Fomalhaut]
本文デザイン　岩崎美紀

*

© 2015　Printed in Japan　　　ISBN978-4-634-01054-3
●造本には十分注意しておりますが，万一，落丁・乱丁などがございましたら，小社営業部宛にお送りください。送料小社負担にてお取り替えいたします。
●定価はカバーに表示してあります。